가사

가사

바이이 지음 권중달 옮김

■ 머리말
참으로 운 좋은 사람

신선한 아침, 나는 천천히 수목 사이에 있는 오솔길을 걸었습니다. 가을이 찾아왔지만 이번 가을은 여느 가을과는 달랐습니다. 단풍잎은 이미 가을서리를 만나서 붉게 물들었습니다.

바람이 한번 스쳐지나니 펄럭이던 단풍잎은 사뿐히 공중에 떠올랐다가 떨어집니다. 멀찍이서 바라보노라면 마치 시 같고, 그림 같으며, 조각조각 펄럭거리며 흩날리는 꽃잎과 같았습니다.

땅 위를 두텁게 덮은 낙엽이 마치 한 장의 카펫과 같습니다. 가볍게 그리고 부드럽게 그 위를 밟고 지나가보니 사각사각 소리를 냅니다.

몸을 굽혀 한 조각의 낙엽을 집어 들어 잠시 들여다보았습니다. 그 위에는 수정같이 반짝이는 이슬이 아직도 맺혀 있었습니다. 마치 그것은 생명의 순환을 차마 고별하지 못하여 흘리는 한 방울의 눈물 같았습니다.

낙엽아! 설마 너도 어찌 할 수 없는 고통과 사명을 가지고 있단 말이냐? 너의 생명의 여정은 그렇게 다시 한 바퀴 돌아 이미 대지라는 어머니의 품으로 돌아갔으니, 너는 마땅히 기뻐해야 하겠지!

손으로 낙엽 위에 있는 이슬을 문지르고, 낙엽조각을 가볍게 입에 물어 보았습니다. 약간 담백하고 씁쓸한 맛이 느껴졌습니다. 우리네 인생도 이와 같습니다. 쓰고 씁쓸한 것이 즐거움과 기쁨보다 많기 때문입니다.

우리들 한 사람 한 사람은 태어나는 그 순간부터 이미 생명의 쓰디 쓴 고난을 알기 때문에 울면서 태어납니다. 그리고 다시 탄생과 함께 모든 기쁨과 슬픔 그리고 만남과 헤어짐을 벗어나지 못하고 생명의 끝을 향해 달려갑니다.

어떻게 해야 진정으로 고통에서 벗어나 즐거움을 얻을 수 있으며, 기쁨과 슬픔, 만남과 헤어짐에서부터 해탈할 수 있을까요?

위대하고 자비로우신 불타는 우리를 위하여 한줄기 환히 빛나는 수행의 대도大道를 가르쳐서 이끌어 주었습니다. 우리는 그 길을 따라서 달려가기만 하면 진정한 쾌락과, 몸과 마음의 해탈을 얻을 수 있습니다.

가만히 생각해 보건데, 나는 얼마나 운이 좋습니까?

이번 생에서 진정으로 원만하게 깨달은 한 분의 큰 스승인 진푸티상사님을 만날 수 있었고, 아울러 그가 친히 전수해주는 제자가 되었습니다. 그리고 많은 시간을 그의 주변에 머물면서 나의 두 귀로 직접 그의 가르침을 들었고, 나의 온몸으로 직접 그의 위대한 인격의 힘을 느꼈습니다. 그리고 나의 두 눈으로 직접 그가 중생에 대하여, 자연에 대하여, 만물에 대하여 품고 있는 깊고 절실한 애정과 무한한 자비를 보았습니다.

진푸티상사님은 마치 장엄하고 웅대한 큰 산과 같으며, 그의 몸에서는 깊고 두텁게 가라앉은 평온함과 편안한 고요함이 발산되고 있습니다.

진푸티상사님의 법상[法相. 진리로 응집된 모습]은 장엄하게 모든 것을 다 받아들여서 높고 커다랗기가 그지없습니다. 하지만 경외심이 생기지 않는 평범하고 화평한 분위기를 자아내기 때문에 가까이 다가갈 수 있는 분이었습니다. 그의 이러한 평온함과 희열감 그리고 자연스럽고 풍부한 유머 감각은 수행으로 몸소 깨달은 분의 상징입니다. 그가 가르치는 법을 듣거나 혹은 그를 가까이서 만났던 사람은 모두 그의 지혜와 법우[法雨. 비처럼 내리는 진리]의 윤택함을 느낄 수 있습니다.

여러 해 동안 나의 온 몸과 온 마음은 그의 자애로운 빛줄기로 흠뻑 젖었습니다. 그의 음성, 그의 미소, 그의 눈빛, 잠자코 먼 곳을 응시하는 그의 자태, 그의 움직임 하나하나는 모두 나의 기억 속에 영원히 각인되었습니다. 그의 곁에 가까이 다가가는 사람, 그의 사진을 보며 그의 목소리와 얼굴을 떠올리는 사람, 혹은 그의 이름을 부르는 사람도 모두 더 없는 행복과 기쁨 그리고 편안한 행복을 느낄 수 있습니다.

그가 가장 절실하게 사람을 매료시키는 것은 높고 깊은 법력과 신령스럽고 변화무쌍한 방법으로 사람을 제도하고 사람을 구제하는 것만이 아닙니다. 그가 말을 토해내고, 가거나 머무는 사이에서도 흘러나오는 지혜와 진실함 그리고 중생제도의 큰 원력 때문일 것입니다. 그의 움직임과 태도 하나하나는 청정원만의 가장 진실한 모습이라 할 수 있습니다. 그가 스스로를 잊고 행하는 자비심 그리고 중생과 제자에 대한 따뜻한 관심과 사랑은 말로써 다 표현할 수가 없습니다.

진푸티상사님께서 나에게 베풀어주신 것은 단지 신심의 해탈과 보통을 초월한 능력뿐만이 아닙니다. 마음 속 깊은 곳에서부터 우러나오는 불법에 대한 끊임없는 믿음과 확고한 신념, 그리고 자연에 대하여, 중생에 대하여 그 은혜에 감사하는 마음이었습니다.

나의 모든 것은 진푸티상사님으로부터 지도 받고 전해 받았으며, 그로부터 가피와 격려에서 비롯되었습니다. 만약 그가 없었더라면 아마도 오늘의 나는 없었을 것입니다. 이러한 은덕은 내가 영원히 보답해도 끝나지 않을 것이며, 설령 나의 생명을 다 바쳐도 다 갚을 수 없습니다. 나는 단지 묵묵히 여러 사람들에게 전해줄 수 있을 뿐입니다.

진푸티상사님은 내 생명의 영혼이며, 내 심령의 영원한 안식처입니다. 상사님은 말씀하셨습니다.

"나의 생명에 불을 붙여서 암흑 속을 걸어가는 이웃들에게 길을 비추어 주니, 아무리 고통스럽더라도 나는 마음으로 바랍니다. 오직 중생들이 이고득락을 하게 된다면, 내가 지옥에 있든지 혹은 천당에 있든지 아무런 상관이 없습니다."

그의 지혜와 자비와 선량함 그리고 중생에 대한 깊은 애정은 언제나 나를 감동시키고, 나에게 영향을 주지 않은 적이 없었습니다. 그래서 나로 하여금 무엇이 진정한 불법인지를 알게 했고, 무엇이 진정한 깨달음인지를 알게 했습니다.

인생이란 한 조각의 부평초와 같아서 끝없는 고통의 바다 한가운데에 표류하고 정박하여, 힘도 도움도 없고 의탁할 곳도 기댈 곳도 없으며 방향도 없이 다만 결사적으로 발버둥치는 것일 따름입니다. 이 책 속에서 진푸티상사님은 우리들에게 어떻게 하면 고통의 바다 한가운데에서 신속하게 빠져나와 해탈하여 자유와 쾌락의 피안으로 도달하는가를 알려주고 있습니다.

진푸티상사님은 제창하셨습니다.

"우리는 지금 이 시대에 사람들 속에서 수행하고 사람들 속에서 깨닫고 사람들 속에서 원만성취해야 합니다. 아울러 지금 이 시대에 사람들 속에서 극락세계를 창조하여 누구나 현세극락세계의 참여자와 건설자가 되는 동시에 가장 큰 수혜자가 되기를 바랍니다."

또한 진푸티상사님은 늘 이렇게 말씀하셨습니다.

"현대의 수행자라고 하면 마땅히 인생의 도리를 깨닫고 생활 속에서 응용해야 하며, 우리들의 좋은 생각과 자비와 큰 사랑을 사사로움 없이 중생들에게 바쳐야 합니다. 그래서 인류에게 복을 주고, 사회에 복을 만들어 사람들 사이에서 죄악과 가난, 고난, 질병, 국경이 없으며, 또한 차별이 없는 극락정토를 창조해야 합니다."

다행스러운 것은 지금 내가 이렇게 귀중한 기회와 인연으로 여러 해 동안 진푸티상사님을 따라다니며 직접 본 것과 직접 몸소 느낀 것을 정리하고 기록하여 글로 만들었습니다. 이제 그대 앞에 헌정하여 그대와 함께 이 위대한 깨달은 분의 희노애락을 나누어 맛보고자 합니다.

나는 분명히 내 스스로의 능력의 한계가 있으며 글쓰기가 서툴러 진푸티상사님의 걸림 없는 지혜, 만물과의 원만함 그리고 일체 중생을 향한 자비와 큰 사랑을 남김없이 표현할 수 없다는 점을 너무나 잘 알고 있습니다.

하지만 나는 이렇게 기쁘고 이렇게 끝없이 감격합니다. 나는 시종 이 진실한 정성과 은혜에 감사하는 마음을 받들어서 그대와 함께 진푸티상사님의 진실한 이야기와 반야[般若, 지혜의 마음과 지혜의 어머니]와 같은 가르침에 공손하게 귀를 기울일 것입니다.

지금 내가 가장 말하고 싶은 한마디는 인연이 있어서 이 책을 읽는 그대야말로 더 없는 행운을 가진 사람이라는 사실입니다.

2004년 6월
바이이

■ 재판에 부쳐

　많은 독자와 푸티수행을 같이한 분들의 강렬한 요구에 부응하여 다시 한 번 여러분들을 뵙게 되었습니다.
　2005년에 《가사》가 출판된 이후로 우리는 각지에 있는 독자들로부터 두터운 관심과 사랑을 받았습니다. 어떤 분은 푸티법문에 대하여 흥미가 있다고 표현했고, 어떤 분은 이 책을 나누어 읽게 된 뒤로 개인적으로 생명에 유익했던 이야기와 진푸티상사님의 은혜에 감사하는 마음을 전해 왔습니다. 그리고 어떤 분은 여러 가지 귀한 의견을 주셨으며, 어떤 분은 그들 마음속에 있는 의혹에 대하여 이야기해 주었습니다. 더욱이 많은 분들은 자신들의 몸과 마음의 곤혹과 질병으로 생활하면서 일어나는 심각한 장애에 대해 이해와 도움을 요청하기도 했습니다.
　우리는 《가사》가 인연 있는 아주 많은 사람들에게 진실로 도움을 가져다주었고, 그들의 몸과 마음의 장애를 해결하여 주었다는 것이 가장 기쁘고 위로가 되었습니다. 그들이 말하길 《가사》를 펼쳐보면 짙은 단향 향기가 난다고 합니다. 그리고 잠든 꿈속에서 상사님을 뵙기도 하고, 심지어는 병 치료에 도움을 주었다고 합니다. 또한 수면에 문제를 갖고 있던 몇몇 수련생들은 놀랍게도 머리맡에 《가사》를 놓아두었더니 밤에 편안히 잠을 잘 수 있었습니다. 평소에 돋보기나 혹은 안경을 쓰고 책을 보거나 신문을 읽던 수련생들은 마음을 다하여 《가사》를 읽은 다음부터 자기도 모르는 사이에 시력이 정상으로 회복되어 어떤 도구를 빌어 사용하지 않고도 책 속에 있는 글자를 보는데 조금도 힘들지 않았습니다.

또한 《가사》로 인하여 위통, 두통, 요통, 퇴통 등의 문제가 사라지기도 했습니다. 《가사》를 읽은 후 많은 사람들이 벽곡을 했는데 3일이나 5일, 또는 한 달 내내 벽곡을 한 분도 있었습니다. 몇몇 수련생은 《가사》에서 상사님이 제시한 방법과 이념에 의거하여 수행하고서 다른 사람을 제도했습니다. 그리고 자신을 사회와 대중과 융합시켜서 새로운 생활 목표를 갖게 되어 참신한 대광명의 인생을 만들어내기 시작했다고 알려왔습니다.

《가사》가 세상에 얼굴을 내밀고 나서 4년 동안 푸티법문은 세계 각지에서 더욱 두드러지게 발전했습니다. 캐나다 도량은 명성과 특색을 갖고 있으며, 미국의 로스앤젤레스 도량에서의 과정도 그곳 사람들의 열렬한 호응을 받았습니다. 한국의 도량은 그 발전 속도가 남달랐습니다. 많은 여러 나라의 수련생들을 흡수하여 함께 들어 올리고 있으며, 싱가포르 등지의 신도들도 방법을 생각하고 있으며, 각종 푸티법문 활동에 참여하는 것을 통하고 한 걸음 더 나아가서 상사님과 인연을 맺고 있습니다. 현재 상사님은 대만에서 이곳 사람들과 널리 좋은 인연을 맺을 준비를 하고 있습니다.

2005년 8월 10일 캐나다 밴쿠버에서 거행한 첫 번째의 선禪수행건강훈련반은 생각지 못한 대단히 의미 있는 일이었습니다. 아마도 기회와 인연의 소치일 것이며, 상사님이 여러 해 동안 수행하여 증득한 에너지가 그가 온 세계, 즉 약사유리광여래불의 동방정유리세계로 들어가게 했을 것입니다. 그것은 한 조각의 푸른 색이며, 완전히 투명한 세계입니다. 그곳에서는 모든 것이 투명하고, 광명하며, 마치 생명을 볼 수 없는 것 같고, 어떠한 건축도 보이지 않습니다. 그러나 그렇게 편안하고, 자유롭고, 깨끗하며, 아름다워서 간단히 묘사하여 말할 수 없고, 어떤 언어로도 설명할 수 없습니다.

"바라건대 내가 내세에 아뇩다라삼먁삼보리를 얻을 때 스스로 몸에서 광명이 타오르고, 무량하고 무수하며 무변한 세계를 비추게 하소서."

상사님의 고생스런 노파심에서부터 하나하나 우리들을 자비롭고, 선량하며 스스로를 이롭게 하고 다른 사람을 이롭게 하도록 가르쳐서 이끌고 우리들로 하여금 아주 짧은 시간에 불가사의하게 다른 사람을 도울 수 있는 능력을 출현하게 하니, 이는 얼마나 수승한 하나의 법문입니까! 상사님은 우리를 이끌고 관장하여 금생에 약사여래부처님의 12가지 큰 소원을 실천하고 있습니다. 그는 능력이 없는 사람에게는 능력을 주고, 신체에 불편함이 있는 사람에게는 질병을 치료하고 상처를 치료하여 자신을 완전하게 합니다. 무겁고 큰 업장을 가진 사람이면 그는 스스로 지니고 있는 광명을 우리에게 보내주어 업장을 소멸하고, 마음과 몸을 깨끗하고 고요하게 합니다.

상사님의 자비의 힘과 절실한 보호 아래에서 우리는 자유롭게 수행하며, 생활 속에서 다른 사람을 제도하면서 직접 그의 발자취를 따라서 성불의 길로 걸어갑니다. 불법은 만나기 어렵고, 이 세상에서 수행하며 사람의 몸을 받기 또한 어려우니 금생에 깨달아 고생을 떠나서 즐거움을 얻고 몸 그대로 성불해야 합니다.

부처님의 인연이 모두 충족할 적에 중생을 널리 구제하기 위하여 인연 있는 사람들을 찾으며, 더 많은 사람들로 하여금 도道를 구하는 마음을 일찍 증득하게 합니다. 우리는 여러분들이 직접 그리고 더욱 가까이하는데 편리하게 하고 이로움을 얻는데 편하게 하고자 《가사》의 내용을 조금 수정하여 다시 출판하고자 합니다.

마지막으로 푸티법문을 애호하는 모든 분들과 푸티의 건설에 참여하는 모든 수련자들께 진심으로 감사하며, 큰 힘으로 지지해주고 온 마음으로 봉헌하는 여러분께 감사합니다. 바라건대 우리의 몸과 마음이 행복하고 일찍이 깨달음의 피안에 도달하기를 바랍니다.

2008년 7월 18일
타이페이에서 바이이

■ 옮긴이의 말
종교의 껍질을 뛰어 넘다

　이 책은 바이이가 쓴 《가사》를 우리말로 옮긴 것으로, 번역에 사용된 저본은 캐나다정토문화사가 2004년에 발간한 책이다. 저자인 바이이는 원래 신문기자로 활동하다가 진푸티상사의 설법을 듣고 귀의하여 지금은 진푸티상사의 자료 정리 업무를 맡고 있다.
　나는 2007년 겨울에 이 책을 처음 접했는데, 그 후에 정말로 우연히 진푸티상사를 만나는 인연을 가질 수 있었다. 그는 불교에 바탕을 두고 있지만 종교의 껍질을 뛰어넘은 사상가였고, 이를 실천하는 분이었다. 자비를 정치적으로 이용하거나 세력으로 이용하거나 혹은 자기의 지위 향상을 위하여 이용하는 일은 더더욱 없는 분이었다. 이 사상은 나의 평소 생각과도 일치했다.
　그동안 나는 스스로 생각해 본 일이 있다. 석가모니가 불교를 만들려고 했는가? 예수가 기독교를 만들려고 했는가? 이 분들은 종교, 사상, 인종, 상하 등등을 따지지 않고 자비를 베풀고, 사랑을 베풀었을 터인데, 그 분들의 그 정신을 그대로 이었다면 그 분들을 추종한다는 사람들은 종교전쟁을 일으켜서는 안 되는 것이었다. 지금까지도 끊임없이 계속되는 종교 간의 갈등은 이들 교주의 가르침을 따르지 않는 것이고, 자기 종교, 자기 종파를 위한 답시고 오히려 교주의 가르침을 버린 것은 아닌가?

그런데 진푸티상사는 이러한 종교와 종파를 뛰어 넘어 자비를 실천하고 있었다. 높은 강단 위에 앉아서 말로 자비를 베풀라고 하는 것이 아니고, 실제로 아무런 경계를 두지 않고 필요한 사람에게 이를 실천하는 것이었다.

지난 5월에 나는 볼일이 있어 대만에 갔다가 마침 그곳에 와서 푸티수련반을 지도하고 있는 진푸티상사를 만날 수 있었다. 이 책을 쓴 바이이가 이미 말했듯이 진푸티상사는 겉으로는 아주 평범했다. 저자가 말한 대로 그가 입은 바지는 10년은 넘음직한 헐렁한 면바지였고, 상의도 별 특색이 없었다. 사실 나는 그동안 공사석에서 많은 종교지도자들을 직접 만나 본 일이 있는데, 이 분들의 외모에서 풍기는 것이 우리 보통사람들과는 뭔가 다르다는 인상을 받았던 경험이 있다. 그런데 세계 20여 개국에 푸티법문의 지부가 있고 1년에도 몇 나라를 돌면서 푸티수련을 지도하고 설법하는 분이라는 상상과 그런 그가 당연히 갖추었을 것으로 생각되는 위엄 있는 복장과는 거리가 멀었다.

그날 수련지도를 끝낸 후 그를 만나려고 기다리는 사람들을 잠깐씩이나마 다 만나고 나서 내가 그와 마주한 것은 저녁 8시가 넘은 늦은 시간이었다. 이 시간쯤에는 피곤할 수도 있을 터였지만 그는 친절하게 자리를 권하며 나와 이야기를 나누었다. 한 시간 가량의 그와의 대화에서 그는 "이미 불법이라고 하면 불법이 아니고, 진정으로 자비를 실천하면 그것이 불법입니다."라고 말했다. 불법이라는 단어가 중요한 것이 아니고, 그 내용인 자비가 중요하다는 뜻이리라.

이 말은 현대인들이 앓고 있는 편 가르기 병에 대한 핵폭탄과 같은 경고였다. 두 사람만 만나면 나와 네가 있고, 사랑을 실천하겠다고 결성된 종교단체도 내 종교와 네 종교가 있고, 같은 교주敎主를 모신다는 사람들도 종파를 나누어 내 종파와 네 종파가 있는데, 그 종교와 종파를 뛰어넘어 진정한 자비를 실천하면 된다는 것이다. 자비를 앞세우되 종파를 내세울 일은 없다는 것이다.

그렇다! 백번 생각해도 그의 말이 옳았다.

이렇듯 깊은 인상을 가지고 귀국했던 나는 그 후에 진푸티상사가 한국에 들르게 되어 자연스레 다시 만나 담화하고 식사하는 기회를 가졌다. 그는 휴대용 젓가락을 가지고 다녔다. 휴대하기 편하게 하려고 긴 젓가락을 반으로 나누어 두었다가 사용할 때에 이어서 쓸 수 있도록 만든 것이었다. 왜 그것을 가지고 다니느냐고 물었더니, 그는 식당에서 무수히 버려지는 일회용 젓가락을 보면서 젓가락을 만들기 위해 잘려나가는 나무가 너무 아깝다는 생각이 들어서였다고 했다.

그의 행동과 생활은 억지가 없는 자연스러운 것이었다. 계율을 억지로 지켜서 만들어진 생활이 아니었고, 수행과정 속에서 자연스레 형성된 자연과 동화한 생활이었다. 벽곡 이야기를 하는 도중에 그는 이런 이야기도 했다. 어떤 부인이 금식을 하는데, 가끔 쓰러지니 어찌했으면 좋겠느냐고 물어 왔다는 것이다. 그 사람의 상황을 보니 고기를 먹어야 할 사람이어서 바로 '고기가 먹고 싶으냐?'라고 물었더니, 그 부인이 '그렇다'라고 하더란다. 그래서 고기를 먹으면 낫는다고 하여 돌려보냈다는 것이다.

수행자라고 하면 세속과 인연을 끊고 억지로라도 정을 끊어야 대단한 사람으로 여기는 풍토에 대해서 그는 감히 비판했다.

"정이 없다면 아직은 진정으로 깨달았다고 할 수 있는 것이 아니고, 사랑이 있어야 비로소 중생을 제도할 수 있다."

인간으로서의 정이 없이 어떻게 인간에게 자비를 베풀 수가 있겠는가? 나무에 대한 애틋한 정이 없이 어떻게 나무를 사랑하겠는가? 이웃에 대한 애틋한 마음이 없이 어떻게 이웃의 사정을 헤아려 보겠는가? 어찌 보면 우리는 이러한 애틋한 마음에서 출발하기 보다는 과시용 선행을 늘 보아왔다. 사랑했으면 되지 사랑했다는 생각을 왜 갖는가라는 근본적인 문제를 던지고 있는 것이다.

그와 얼마간 동행을 했는데, 그는 시시각각으로 사람을 감동시키기에 충분했다. 그는 불교에 바탕을 두지만 불교의 틀에 속박되지는 않았다. 그래서 종교와 인종과 국가와 사상에 상관없이 손이 닿는 곳이면, 인연이 닿는 곳이라면 자연스럽게 대상에게 꼭 필요한 자비를 베풀었다. 그래서 나는 그의 이러한 정신을 한국에 소개하는 것이 정말로 필요하다고 생각했는데, 대화과정에서 자연스럽게 이 책을 번역하여 출판하는 문제가 나왔고, 내가 이를 맡기로 했다.

사실 나는 지난 30년 동안 중국 송나라 시대 정치가이자 역사가인 사마광司馬光, 1019~1086이 쓴 중국역사서 《자치통감資治通鑑》과 함께 하는 삶을 살아오고 있다. 대학원 시절, 석, 박사 학위 논문은 물론 연구와 번역으로 점철된 역사학자의 길에서도 《자치통감》은 늘 동행자였다. 《자치통감》은 정년퇴직을 한 지금도 우리말 번역본을 출간하느라 눈코 뜰 새 없이 바쁜 나날을 보내게 해주고 있다. 내가 이것을 손에서 놓지 않는 이유가 있다. 물론 학문과 학계에 대한 봉사와 이 나라 문화산업의 기초에 일부를 기여하겠다는 생각에서다. 그러나 다른 한편으로는 도도히 흐르는 인간의 이야기를 읽다보면 끊임없이 이어지는 원인과 결과가 마치 불교의 인과론의 실상을 보여주고, 결국 인과론 앞에서 겸허해지는 인간을 발견하기 때문이다. 진푸티상사의 이 책을 읽는 동안 나는 수 없이 《자치통감》 작업에서 느낀 인과론을 다시 직설적으로 보는 듯한 느낌을 강열하게 받았다. 그것이 내가 이 책을 번역한 이유이기도 하다.

사실 나는 원래 이 책을 번역할 시간 여유가 별로 없었다. 그동안 진행해 온 《자치통감》 발간에 온 힘을 기울이고 있는 터인데, 2007년에 시작한 《자치통감》 번역본 발간작업은 그동안 총 32책 가운데 12책을 출간했고, 이번에도 4책 출간을 앞두고 마지막 교정을 하던 시기였기 때문이었다.

그러나 이 책을 통하여 종교와 종파의 겉껍질을 깨고 진정한 종교정신만을 실천하는 사람이 많아졌으면 좋겠다는 소망은 떠나지 않았다. 이 소망이 나로 하여금 이 책을 번역하도록 부추겼다.

이 책을 읽다보면 작자인 바이이가 누차 불가사의라고 말하는 것을 발견할 수 있다. 실제로 책에 실린 여러 이야기가 평범한 사람으로는 이해되지 않는다. 그런 일이 정말 일어났을까 하고 의심하는 분도 있을 것이다. 번역자인 나도 그것에 대해서는 증거를 댈 방법이 없다.

다만 이런 비유로 설명이 가능할 것 같다. 둘째 아이가 세 살 쯤 되었을 때 "아빠는 글을 다 읽어서 좋겠다."라는 말을 한 적이 있었다. 세 살짜리의 입장에서 보기에는 그 많은 글자를 다 읽는다는 것은 불가사의한 것이었으리라. 이제 겨우 가감승제加減乘除를 뗀 아이도 복잡한 미적분을 척척 하는 형을 불가사의한 듯 바라보리라. 그래서 나는 이 문제를 나의 수행수준이 그것을 이해할 만큼의 단계에 이르지 못한 것으로 치부한다.

다만 그런 이해하기 어려운 이야기들을 하는 목적은 결국 모든 사람에게 자비를 실천하게 하고 평화에 기여하게 하는데 있다는 것을 안다. 그리고 그 이야기들은 모두 방편인 것도 안다. 그의 진정한 목적은 불가사의한 기적을 전하는데 있는 것은 아니고, 인류가 평화롭게 자연과 조화를 이루며 살게 하려는데 있다. 병을 고치거나 기적이 나타나는 것은 자연과 합치할 때에 저절로 나타나는 현상인데, 우리는 이를 기적으로 보는 것은 아닐까?

사실 나도 이 작업을 하는 동안 작은 기적을 경험했다. 앞에서 말한 대로 《자치통감》의 발간으로 시간을 내기 어려운 상황에서 이 책의 번역을 시작했다. 그런데 그때부터 번역을 마친 날까지 30일 동안 자연스럽게 벽곡이 진행되어 물과 약간의 채소만을 먹고 지냈다. 처음에는 걱정이 되어서 진푸티상사의 제자인 쥐에 씽법사에게 물었더니 걱정하지 말고 진행하라고 격려한 덕택에 용기를 냈던 것이다. 그것도 그렇지만, 이 책의 번역작업 말고도 《자치통감》 16권에서 19권까지 4책 2,500쪽의 마지막 교정도 무사히 마치고 예정대로 발간했다. 그뿐이 아니다. 전에 없이 특강을 요청하는 곳이 많아졌는데, 귀임 대사들을 대상으로 외교안보연구원에서 3일 동안 특강한 것을 비롯하여 중소기업진흥공단과 노동연구원에서도 각각 한 차례씩 특강을 했다. 곡식을 한 톨도 입에 넣지 않고 하루에 4~5시간만 자면서 이 일을 다 해냈으니, 그래서 나는 이를 작은 기적이라고 여긴다.

　이 책의 번역을 마치면서 이 책을 읽는 독자들에게 번역자로서 감히 부탁한다면, 진푸티상사를 단지 하나의 기인奇人으로 보기에 그치지 말라는 것이다. 그의 메시지 속에 있는 정신에 감응을 빋아 그동안 자신을 둘러싸고 있던 두꺼운 벽―이웃과의 벽, 지역 간의 벽, 출신 간의 벽, 빈부간의 벽, 인종간의 벽, 종교와 종파간의 벽을 용감하게 깨고 인류애의 보편적 가치를 실현하는 일에 동참하는 분들이 많아지면 얼마나 좋을까 하는 바람도 가져본다.

2008년 9월 8일
옮긴이 권중달

차례

머리말_참으로 운 좋은 사람 5

재판에 부쳐 11

옮긴이의 말_종교의 껍질을 뛰어 넘다 15

시_부모님께 드립니다 24

진푸티 스스로를 말하다_나는 아주 평범한 보통사람입니다 26

이끄는 글 _우리가 모시겠습니다 30

화보 33

제1편 道를 찾다

환상의 경지 43 ▪ 진정한 고통 속에서의 기대 45 ▪ 어릴 적의 천당과 병고 48 ▪ 미친 늙은이 51 ▪ 가피를 받다 54 ▪ 금으로 된 열쇠 57 ▪ 환골탈태 63 ▪ 싱거웠던 무예 시합 65 ▪ 성스러운 경계 69 ▪ 성스러운 불 72 ▪ 달빛 76 ▪ 불법을 배우다 79 ▪ 학교를 눈물로 이별하다 89 ▪ 고뇌 속에 핀 꽃 92 ▪ 위험하고 사나운 챵바 99 ▪ 귀신도 걱정하며 지나가는 길 103 ▪ 용을 새긴 금반지 106 ▪ 신비한 예언 108 ▪ 목숨을 빼앗은 계란탕 113 ▪ 불공평함에 칼을 뽑아들다 117 ▪ 부처님께 예배하다 122 ▪ 사방에서 금빛 나는 부처님 128 ▪ 열심인 예 대사 132 ▪ 헤이뉴산에서 위험을 만나다 137 ▪ 목욕 142 ▪ 상서로운 구름이 돌아오다 144 ▪ 머리가 다섯인 뱀의 왕 147 ▪ 도를 증득하다 154 ▪ 중생이 너를 기다리고 있다 157

제2편 하늘의 道

인연을 맺다 163 ▪ 판유 대강도사건 167 ▪ 귀여운 챠오똥 172 ▪ 최고의 부호 183 ▪ 쑨 아저씨를 인터뷰하다 189 ▪ 친히 화타를 만나다 193 ▪ 구속 없는 여행 206 ▪ 베이따이허 211 ▪ 수업 216 ▪ 하늘이 보내 준 눈 220 ▪ 비취 목걸이 223 ▪ 티엔진에서의 강우 226 ▪ 처음으로 병을 치료하다 230 ▪ 달빛 아래에서 232 ▪ 나의 놀라움 238 ▪ 스승으로 모시다 241 ▪ 집으로 돌아가다 247

제3편 道를 논하다

시 같기도 하고 그림 같기도 한 밴쿠버 255 ▪ 진푸티상사님을 만나다 260 ▪ 천사 264 ▪ 산에 오르다 267 ▪ 불타 부인 273 ▪ 당신을 위해 죽다 294 ▪ 목사님이 치료를 부탁하다 304 ▪ 일곱 빛깔이 나는 가사 307 ▪ 보살이 성스러움을 드러내다 310 ▪ 목사의 의문 321 ▪ 마음속에 있는 천당 324 ▪ 치화 법사 327 ▪ 아프리카 어린이들 333 ▪ 신비한 소리 336 ▪ 무엇을 잡고 무엇을 버릴 것인가 339 ▪ 날개 돋친 채소 소매상 350 ▪ 사람을 해치는 탐욕의 병 361 ▪ 성탄절의 산타클로스 371 ▪ 자물쇠를 풀다 375 ▪ 지계를 말함 389 ▪ 심경과 환경 396 ▪ 사랑의 마음으로 세계를 보자 407 ▪ 원을 깨우쳐 주다 412 ▪ 해와 달과 같이 빛나다 415 ▪ 행운의 문을 열자 437

부록

【후록】 무엇을 깨달음이라고 하는가 443

【진푸티상사 연대기】 447

《가사》가 얼마나 큰 몫을 할 것인가 450

약사부처님의 열두 가지 큰소원 458

부모님께 드립니다

진푸티

비록 피가 다 흘러 곧 없어질지라도,
나는 그래도 일어납니다.
또 깊숙이 그리고 무겁게 쓰러져서
다시는 두 눈을 뜰힘마저 없을 때에도
그러나 나는 또 일어섰습니다.

매서운 불길이 활활 타올라
나를 태워 재를 만들어서
공중에 흩뿌려 놓더라도
나는 그곳에 의연히 서 있습니다.

악마는
참을래야 참을 수 없어서
그 날카로운 발톱을 뻗쳐서
또 한번 나를 찢고 부수니
나는 그 모진 아픔을 참기 어렵지만,

그러나
도리어 환희가 일어나니,
바로 그들의 잔인함이,
내 마음 밑바닥에서
그 한 조각의 빛을
분명히 나오게 합니다.

이로부터
하늘과 땅 사이에는
어떤 것도 다시
나를 상처내고 해칠 수 있는 것은 없었습니다.

왜냐하면
나는 형체가 없어서
막히고 거리낌 없이
하늘과 땅 사이에서
자유롭게 다닐 수 있으니까요.

【2004년 3월 1일】

■ 진푸티 스스로를 말하다
나는 아주 평범한 보통사람입니다

나는 아주 평범한 보통사람입니다. 오늘의 내가 있을 수 있는 것은 모두가 매우 운 좋게 가장 존귀한 스승을 만났기 때문이며, 대자대비하고 고난에서 구원하시는 부처님을 만났기 때문입니다.

아마 그대도 이미 만났거나 혹은 장래에 만날 수 있으며 우리 모두는 누구나 이러한 기회와 인연을 가질 수 있습니다. 그러나 사람마다 나타나는 결과는 아마도 서로 큰 차이가 있을 것입니다. 그 근본 원인이 어디에 있는지를 생각해 보면, 마음을 어떻게 장악하고 있으며, 자비롭고 선량한 마음을 품고 있느냐의 여부에 달려 있습니다.

그대가 이 책을 다 읽고 나면 아마도 회의가 생길 수 있습니다. 마치 세상의 기이한 우연은 모두 나 한 사람을 거치게 한 것 같고, 마치 믿기 어려운 하늘의 천일야화와 같다고도 생각할 것입니다. 나부터라도 갑자기 이런 책을 읽게 되면 아마도 똑같이 느낄 것입니다. 그러나 다른 방법이 없습니다. 이 안에 쓰여 있는 모든 것은 내가 겪으면서 지나온 것입니다. 여전히 사람들이 눈을 휘둥그레 뜨거나 혀를 내두를 이야기들이 아주 많지만 이 책에는 감히 채록하여 싣지 않았습니다. 단지 나 스스로의 기억 속에 영원히 귀중하게 감추어두겠습니다.

내가 이 책에 나오는 이야기에 대해 말하자, 작가인 바이이와 그녀를 도와서 녹음 자료를 정리하던 젊은 친구들도 믿지 못할 정도였습니다. 뿐만 아니라, 이미 십여 년 동안 나를 스승으로 따르던 제자들조차도 '정말 기이하다'고 생각했습니다. 그들의 눈빛 속에서 놀라움이 파도처럼 일렁이며 내게 전달되어 다가왔습니다.

이 책은 그대로 하여금 내가 경험한 것을 믿게 하려는 것이 아닙니다. 나는 아주 진실하게 생활하는 사람으로, 일반인들이 말하는 귀신에 관한 이야기에 대해서는 거의 눈을 돌리지도 않으며, 또한 나의 생명을 귀신의 세계에 맡기지도 않습니다.

여기에 실린 이야기는 모두 의미심장한 의미를 내포하고 있습니다. 바로 보배로운 창고를 여는 비밀스런 주문呪文에 비유되고, 나아가서 보배스러운 창고로 들어가는 특별한 길입니다.

내가 가장 즐겨 읽는 불경은 《금강경》, 《반야심경》, 《반야바라밀다심경》, 《법화경》, 《유마힐경》입니다. 나는 《유마힐경》을 거듭 읽을 때마다 유마힐 존자의 초탈과 지혜 그리고 용감함에 빠져 들어갑니다. 특히 《법화경》의 구절구절에서, 석가모니 부처님이 근본진리를 전해주던 당시에 부딪혔던 여러 가지 곤란함과 장애를 내가 진실로 체험해 알 수 있었던 것은 나를 가장 감격스럽게 했습니다. 중생을 제도하기 위하여 모든 방법을 다 생각하여서 여러 사람들을 교화했던 석가모니 부처님의 모습이 나로 하여금 다시 철저하게 '절대무아'의 대자대비를 인식하게 했습니다.

석가모니 부처님이 《법화경》을 강론할 때에 여러 해 동안 그를 쫓아다녔던 한 무리의 제자들이 있었습니다. 그들은 부처님의 법문을 이해하지 못하고 심지어는 의심을 품었으며, 심지어 마음으로 화를 내며 그를 떠나갔습니다. 사실상 이들 제자의 심령의 경지가 아직은 그러한 높은 수준에 도달하지 못하거나, 혹 그들은 아마도 부처님이 말한 법이 보통의 이치에 맞지 않는다고 여겼기 때문일 것입니다.

하지만 나의 입장에서 보면 이것은 진정한 '도道'입니다. 서로 다른 경지에 있는 사람은 도에 대한 이해가 다르며, 아울러 각기 스스로 그들이 이해하는 도를 준수하며 따릅니다. 이때 나도 같은 느낌을 갖습니다.

나는 나에게 장애와 어려움을 가져다 준 한 사람 한 사람에 대하여 진심으로 감사합니다. 바로 그들이 나에게 기회를 만들어 준 것이며, 나로 하여금 각각의 과정과 갖가지의 측면에서 세상을 인식하게 하고, 인생이 가슴속에 품은 뜻을 진실로 깨닫게 한 것입니다. 만약에 이처럼 뼈와 살을 도려내는 듯한 어려움과 연마가 없었더라면 나는 어려움과 싸워서 이기고 자아를 초월하며 깨달음의 동력을 얻을 수 없었을 것입니다.

바로 석가모니 부처님이 말한 것처럼 번뇌가 곧 보리[菩提, 지혜]

입니다.

  그대가 만약에 지혜를 얻고 깨달음을 얻고자 한다면, 그대는 반드시 진실하게 인생을 경험해야 할 것입니다. 오직 진실로 고통을 겪어야만 비로소 그 고통이 소멸되고, 그리고 난 다음에 홀가분함과 자유로움을 체험할 수 있습니다. 오로지 걷는 능력을 상실한 사람만이 행동의 자유가 얼마나 행복하고 진귀한 것인가를 가장 잘 아는 것과 같습니다.

  중생을 돕는 것이 나의 소원이고 희망입니다. 나의 선념이 한 점의 불꽃이 되어, 장차 그대의 마음 깊은 곳에 있는 자비의 화산에 점화되기를 기대합니다.

2004년 8월
진푸티

■ 이끄는 글
우리가 모시겠습니다

　서쪽으로 달리는 열차 안에서 몇몇 라마 스님들이 티베트어로 나지막하게 무언가 의논하고 있었다. 그 중 통역으로 보이는 사람이 몸을 일으켜 맨 앞줄의 승객 앞에 가서 앉으며 예의를 차린 다음에 말했다.
　"저희 불야[佛爺, 살아 있는 부처라는 의미로 쓰는 말]께서 그대를 청하여 좀 와달라고 합니다."
　승객은 진작부터 생각해 두었다는 듯이 살짝 미소를 띠며 몸을 일으켜서 통역을 따라갔다. 노활불[老活佛, 살아있는 부처]은 두 손을 모아 인사하고, 아주 열정적으로 승객을 맞이했다. 겉치레의 말 몇 마디를 하고 난 다음에 노활불은 가사 속에서 돋보기를 꺼내어 끼고서 승객의 관상과 손금을 자세히 살피더니, 이내 얼굴에 놀라움과 기쁜 감정을 띠었다. 그는 혼잣말을 하면서 한편으로 고개를 숙이고 승객의 손을 자신에게 바짝 붙이고, 반들반들한 이마에 갖다 대었다. 그런 다음에 그의 손에 입을 맞추고 또 입을 맞추었다. 한참 있다가 노활불은 승객의 손을 내려놓고 두 손을 모아 합장하고 승객을 향하여 절하고 또 절을 했다. 그러고는 몸을 돌려서 다른 몇몇 라마 스님들과 무언가를 의논했다. 얼마 안 있다가 통역은 지니고 있던 중국불교협회, 쓰촨성四川省정부, 아파이저우阿浿州정부 등의 기관에서 발급한 각종 증명서들을 꺼내 보이면서 승객에게 말했다.

"저희들은 쓰촨성 아파이저우의 한 사원에서 온 사람들입니다. 이번에 이렇게 나온 것은 진퍼스金佛寺의 환생한 부처를 찾기 위해서입니다. 저희 불야께서 고증을 거치고서 그대가 바로 우리가 찾는 환생한 금불이라고 말씀하시니 부디 저희들과 함께 가주시기 바랍니다. 사원은 나라에서 지급해준 땅과 각종 재산을 갖고 있어서 대우는 충분히 후할 것입니다.

그대가 간다면 몇 명의 경사經師들이 전문적으로 그대에게 경經을 전할 것입니다. 하늘이 준 그대의 자질을 보면 2~3년 안에 국내외 불교계에 큰 영향을 줄 것입니다. 그리고 불교계의 저명한 인사가 될 수 있을 것입니다."

승객은 조용히 말했다.

"나는 불법을 수련한 지 이미 여러 해 되어 대도가 아주 간단하고도 심오하다는 것을 깊이 알고 있습니다. 무릇 중생은 모두 불성을 가지고 있습니다. 부처님이 마음으로 원하는 것은 사람들 사이에서 몸을 드러내어 설법하여 사람들에게 선행을 하도록 권고하는 것이며, 그것을 천직으로 하고 있습니다.

한 사람만 이고득락離苦得樂하는 것은 슬픔이고, 여러 사람이 해탈되어야 진정한 기쁨입니다. 저는 이미 사람들 사이에서 사람들을 제도하여 이미 기쁨을 누리고 있으니, 감히 세속을 떠나 자신만 누릴 수 없습니다. 하늘이 나에게 재주를 내리셨으니, 이는 반드시 쓸모가 있을 것입니다. 하늘이 재능을 부여했는데도 쓰지 않는 것은 죄와 허물입니다.

호의에 감사드립니다. 각기 각자의 도를 다합시다."

이에 활불과 라마 스님들은 놀라움을 금치 못했고, 차 위에서 둘러싸고 구경하던 다른 승객들도 이 때문에 놀라워했다. 이 승객이 바로 나의 근본 큰 스승이고, 이 시대의 대 수행자, 크게 깨달은 자, 진푸티상사님이었다.

영광선경(靈光禪境), 2004년 10월 1일 Van Duson Garden에서 진푸티상사님
【촬영·적청(狄靑)】

1997년 6만여 명이 참가한 중국(산동 치박〈淄博〉)의 이재민 돕기 대회에 참가하고 있는 진푸티상사님

1998년 진푸티상사님이 초청을 받고 티베트를 방문, 티베트의 한 저명한 사원에서 라마승들이 드리는 하다와 예배를 받는 장면

2003년 7월 6일, 가사모양의 칠색상운(祥雲)이 재차 진푸티상사님의 거주지 상공에 나타났다.

2003년 여름, 진푸티상사님이 수련득도(修鍊得道)기간 자신의 갖가지 신기한 경력을 추억, 서술할 때 그의 거주지 상공에 늘 칠색의 성스러운 구름이 나타났다.

2003년 7월 17일, 관음보살 성도(成道)일 하루 전 진푸티상사님이 설법 후에 찍은 '불광이 내리 비추는' 사진

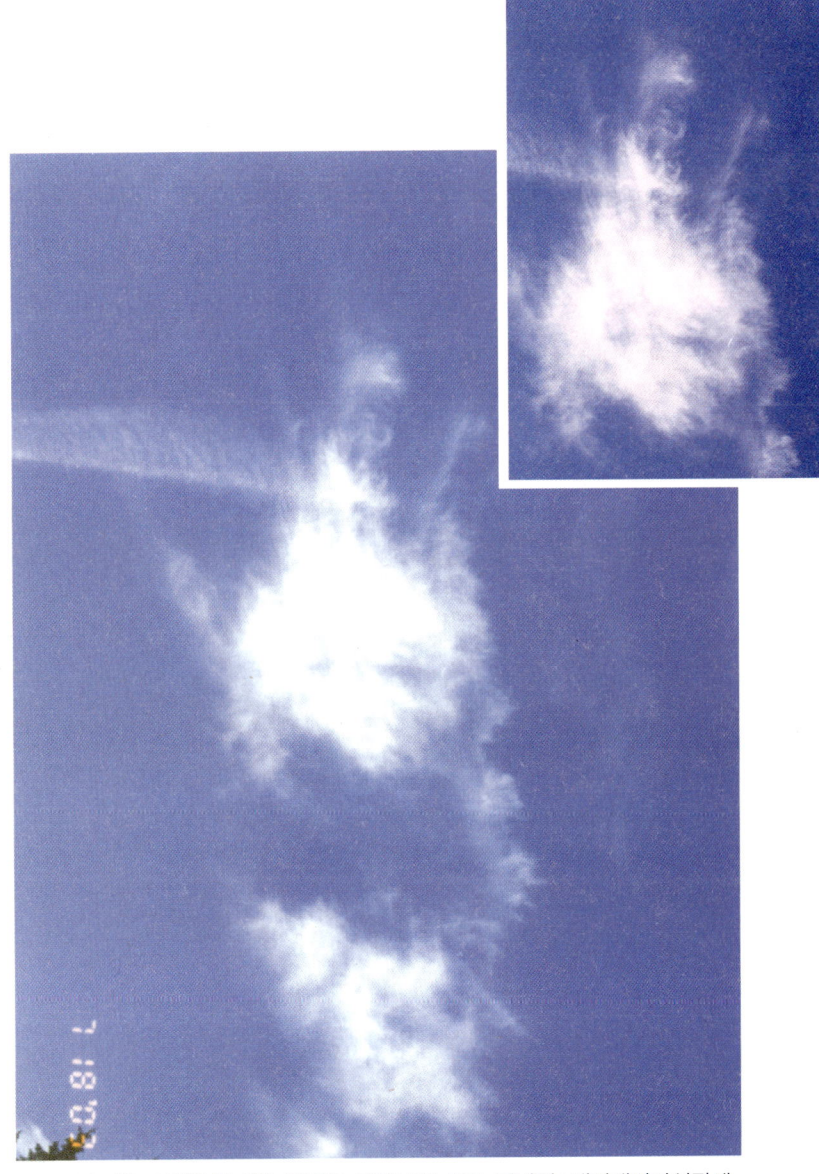

2003년 7월 18일(음력 6월 19일)은 관음보살 성도 기념일, 대자대비하신관세음보살의 성상(聖像)이 밴쿠버 진푸티상사님의 거주지 상공에 나타났다.

이 사진은 2003년 11월 8일, 진푸티상사님이 밴쿠버의 버나 벨(음역)호수 부근 한 특수한 '원(圓)'에서 찍은 사진, 이 '원'과 상사님이 그전날 명상경계에서 보았던 '원'은 똑같았다.

제1편

道를 찾다

곤경을 만나면 노력할 것을 알게 되니,
번뇌는 바로 보리이다.

실제 생활 속에서 그는 일찍이 허약하고 병치레가 많아 같은 또래 아이들이 뛰노는 즐거운 웃음소리 속에서 홀로 인생의 고난을 잠자코 받아들여야 했다. 단지 자신의 세계에서 몸을 숨기고 조심스럽게 환상에 잠기곤 했던 것이다. 이 모든 것들은 그가 생명에 대한. 진실에 대한 체험과 깨달음을 불러일으켰다.

환상의 경지

진푸티, 그의 속명은 띠위밍狄玉明이다. 어린 시절의 위밍은 몸이 약하고, 병치레가 많았다. 그리고 보통 아이들과는 달리 조용하게 혼자 있기를 좋아하던 아주 특별한 아이였다.

고요한 밤이 되면 늘 풀밭에 누워 별이 가득한 넓은 하늘을 바라보며, 마음으로 달과 얘기를 나누곤 했다. 때로는 밭두렁에 앉아서 대지에서 솟아오르는 빛과 기를 골똘히 주목하며 관찰하곤 했다. 그리고 그곳에서 위밍은 여러 들짐승들뿐만 아니라, 이전에는 한번도 본 적이 없던 많은 것들을 볼 수 있었다. 위밍은 항상 벽을 응시하며 깊은 생각에 잠기곤 했는데, 그때마다 과거와 미래의 모습이 마치 영화처럼 눈앞에서 스쳐 지나가기도 했다. 심지어 아무런 생각도 하지 않을 때에도 환영들이 나타나 그의 시선을 끌기도 했다.

훗날에 이르러서야 그 환영 속의 영상들이 무엇을 의미하는지 위밍은 알게 되었다. 영상 속의 빌딩 숲은 바로 위밍이 깨달음을 얻고 산에서 내려와 첫 번째로 설법을 했던 광저우廣州였다. 그리고 큰 나무 아래에서 편안하게 앉아 선정에 들어가 있는 복스럽고 단정하며 점잖은 사람이 바로 석가모니 부처님이었고, 흰 눈으로 뒤덮인 산 위를 걸어 다니곤 했는데 바로 그 산은 히말라야 산이었다. 그리고 거대한 대회장에서 셀 수 없이 많은 사람들이 누군가의 말을 귀담아 듣고 있었는데, 그 강단에서 말하고 있는 사람이 바로 위밍 자신이었다. 또 자신의 눈에 비친 밝고 깨끗한 달은 맑고 깨끗한 한 송이 연꽃이며, 보살*의 보배로운 자리였다. 그러면서 장래의 어느 날 자신이 그 자리에 올라앉아 물결치는 사람들을 굽어볼 수 있으리라 믿었다.

어린 시절의 위밍은 특출한 재주나 재능을 나타내는 특별한 이야기도 없이, 하루가 일 년처럼 지나치게 더디게 흐른다고 느꼈을 뿐이다. 하지만 항상 끝없는 환상 속을 거닐며 자신의 미래는 아주 완벽하게 아름답고, 더 이상 오를 수 없을 정도로 아주 높은 곳에 이를 것이라고 상상했다. 위밍이 상상하는 미래의 자신의 모습은 마치 하늘을 떠받치고 있는 거대한 신神과도 같았다.

상사님의 추억이 여기에 이르렀을 때, 나는 상사님의 눈 속에서 그의 어릴 적 천진난만한 모습을 본 것 같았다. 그것은 두 손으로 턱을 받치고 논두렁에 앉아 대지와 저 멀리 하늘에 떠있는 헤아릴 수 없는 것들을 바라보고 있는 어린 위밍이었다.

---

* 보살(菩薩): 불교 용어로 보리살타(菩提薩埵)의 약칭이다. 부처가 되기 직전의 사람을 일컫는 말이다.

진정한 고통 속에서의 기대

진푸티金菩提상사님*은 어린 시절의 기억을 회상하는 것조차 힘들어 했다. 또래아이들이 즐겁게 웃고 뛰놀던 동안에 위밍은 묵묵히 생명의 고난의 시간을 겪으면서 사람들의 냉정한 마음과 따뜻한 마음을 동시에 맛보고 있었다.

위밍은 겨우 네 살 때에 열여섯 살인 큰형과 한 살짜리 동생이 고통 속에서 자신의 곁을 영원히 떠나가는 것을 지켜볼 수밖에 없었다. 큰 형의 사인은 굶주림이었다. 그 당시는 온 나라가 재난 속에 파묻혀 있어서 모든 가정이 굶주림과 다투던 시절이었다. 게다가 설상가상으로 위밍의 아버지가 억울한 누명을 쓰고 감옥에 들어갔으니, 그렇지 않아도 가난하던 집안형편이 더더욱 어려워졌다.

큰형은 배고픔을 참지 못하고 소금에 절인 채소로 주린 배를 채우곤 했다. 하지만 그것이 원인이 되어 기관지염이 발병한 것

---

* 진푸티상사: 금빛 나는 보리라는 뜻으로 높은 스승이라는 의미를 가지고 있다.

이었다. 큰형의 병을 치료하기 위해 팔 수 있는 물건은 모두 내다 팔았고, 결국에는 많은 빚까지 지게 되었지만, 제때에 치료하지 못한 큰형의 병세는 점점 더 악화되었다. 결국 큰형은 가족들의 슬픈 통곡소리를 들으면서 그렇게 이 세상을 떠나갔다.

집안형편상 수수대를 엮어 만든 거적으로 큰형의 시신을 쌀 수밖에 없는 상황에 어머니는 더더욱 마음 아파했다. 다행히도 마음씨 착한 이웃이 눈뜨고 지나칠 수 없다며 옷이 담긴 작은 나무상자를 보내와 큰형의 장례를 치를 수 있었다.

이렇게 큰일이 벌어졌는데도 나무상자를 보내 온 이웃을 제외하고는 아무도 찾아오는 사람이 없다는 사실이 위밍은 너무나도 이상했다. 마치 아버지의 누명이 우리 가족을 세상 사람들의 동정심 밖으로 내몰아버린 것 같았다.

아직 젖도 떼지 못한 동생도 굶주리기는 마찬가지였다. 어머니 역시 주린 배를 채울 수 없어 젖이 제대로 나오지 않으니, 어떻게 동생에게 젖을 물릴 수 있겠는가. 동생 역시 아무것도 먹지 못했고, 제대로 한 번 소리 내어 울지도 못했다. 그날 동생은 위밍 옆에 누워 있었는데, 이 불쌍한 작은 생명은 아무런 소리도 내지 못하고 그렇게 조용히 떠나갔다. 굶주림으로 자식을 둘이나 떠나보내야 했던 어머니는 한 방울의 눈물조차 흘릴 기력이 남아있지 않았다. 그리고 고통을 이기지 못해 벽에 머리를 부딪치는 등의 자해 행동으로 자살을 꾀하기도 했다.

어린 위밍은 이런 처참한 모습들을 보며 생사이별의 깊은 아픔과 인생의 고난과 좌절을 너무 일찍 알게 되었다. 그때 위밍은 마음속에 하나의 원을 세웠다.

"이 세상에 굶주림이 없고, 질병이 없으며, 떨어져 헤어지는 일이 없다면 정말로 얼마나 좋을까!"

지금까지 상사님은 그때의 고통스런 일을 한번도 드러낸 적이 없었다. 스물한 살 때 정수리 안에서 '대폭발'이 일어난 이후에는 마치 그 당시의 경험을 잊어버린 것 같았다. 그러나 무슨 일인지 상사님은 이 책을 쓰는 과정에서 우리에게 어린 시절의 이야기를 해 주었다. 살려달라고 울부짖는 가슴 찢는 듯한 큰형의 절규, 어떠한 미동도 없이 꼼짝도 하지 않고 누워만 있는 동생, 그리고 어머니의 그 슬프고 고통스러운 통곡소리… 한 장면 한 장면의 처참한 영상이 영화처럼 상사님의 의식 속으로 되돌아왔다.

아마도 이는 가까운 사람들이 그를 생각하고 있는 것처럼, 이 모든 것을 우리에게 보여주고 있는 것일 것이다. 즉, 세상의 모든 생명이란 결국 이처럼 취약하고 무상하니, 우리가 아껴주고 사랑하고 지켜주어야 하는 것이 얼마나 필요한가를.

어릴 적의 천당과 병고

위밍이 여섯 살 되던 해의 일이다. 위밍의 집에 큰 경사와 큰 변화가 생겼다. 경사라 함은 아버지의 누명이 마침내 벗겨진 것이고, 변화라 함은 큰형과 동생이 묻힌 고향과 이별을 하고, 부모를 따라 칭하이성靑海省으로 이사를 간 것이다. 허베이성河北省에서 태어난 위밍은 처음으로 신비스러운 칭장靑藏고원을 밟았다.

그곳은 아름답고도 신비한 땅이었다. 하늘 높이 끝까지 솟아 있는 듯한 설산은 웅장하고 위엄 있는 건장한 거인 같아서, 위밍은 신선이 사는 천국에 대한 무한한 동경을 갖게 하였다. 소와 양들은 아무 걱정 없이 망망한 대초원에서 마음껏 노닐고 있었고, 양치는 소녀는 진실하고 순수하게 미소 띤 얼굴로 사람의 마음을 융화시켰다. 바람 속에서 사뿐사뿐 다가와 차곡차곡 쌓이는 라마 스님들의 경 읽는 소리는 마치 영혼의 깊은 곳까지 바로 통하는 것 같았다. 위밍의 몸과 마음도 꿈속의 동화 같은 이 아름다운 세계와 융화되어 갔다.

아름답고 신비한 칭장고원의 설산(雪山)은 한 세대 한 세대 이어가며 높은 덕을 지닌 대선사(大禪師)를 키워냈다.

칭하이에서의 생활은 위밍에게 난생 처음으로 '천당'에 살고 있는 듯한 기분을 느끼게 해 주었다. 더 이상 굶주림과 추위에 맞서 싸우지 않으며, 매일 배불리 먹을 수 있고 따뜻하게 입을 수 있게 되었기 때문이다.

그러나 해발 3,000~4,000미터에 위치한 칭하이 지역은 산소가 부족한 고원인지라 원래 몸이 허약했던 위밍의 건강이 다시 나빠져서 크고 작은 병들이 끊이지 않았다. 특히, 기침이 심하고 숨이 찼으며, 머리부터 발끝까지 온통 부스럼이 생겨 고름이 끊임없이 흘러내렸다.

위밍의 병을 치료하기 위해 그의 부모는 사방팔방으로 여러 가지 비밀스러운 처방과 영험한 약들을 찾아다녔다. 아버지는 수소문 끝에 민간요법으로 만든 고약을 만들어 위밍에게 발라주었지만 여전히 효과는 보이지 않았다. 이런 그의 상태는 부모를 몹시 초조하게 만들었지만 오히려 위밍은 조금도 불안해하지 않았다. 다만 늘 사람이 없는 곳에 숨어서 홀로 이 세계를 응시하곤 했을 뿐이다. 그러한 위밍의 행동은 위밍에게 있어 자연스런 선禪의 경지였고, 아무도 없는 것과 같은 황홀한 경험이었다.

미친 늙은이

황홀하고 황홀하다! 하루 그리고 또 하루가. 유유하고 유유하게 성스런 영혼을 배태하고 길렀다.

위밍의 병세는 좀처럼 차도를 보이지 않았고 매일 고통 속에 삶과 죽음의 가장자리에서 싸우고 있었다. 일곱 살 되던 그 해 3월에 위밍은 혼수상태에 빠져 여러 날을 보냈다.

위밍은 기억이 희미해져 황홀한 느낌 속에서 아주 멀고도 먼 길을 걸어 아름다운 곳에 이르게 되었다. 그곳은 푸른 산언덕에 꽃과 과일들이 드넓게 펼쳐져 있었고 잔잔한 시냇물과 지저귀는 새들의 울음소리가 들려왔고, 위밍은 그곳에 도취되어 놀기 시작했다. 모든 질병의 고통이 자신에게서 멀리 떠나간 것처럼 느껴졌으며, 마음을 활짝 열고 정신없이 노느라 집으로 돌아가는 것도 잊고 있었다.

그때였다. 백발에 하얀 수염을 길게 기른 노인이 커다란 흰 두루마기를 입고 나타났다. 그리고 노인이 짚고 있는 지팡이의 끝에는 표주박 하나가 달려 있었다. 노인은 사뿐사뿐 유유히 다가와서 자상하게 말했다.

"얘야, 놀이에 너무 빠지지 말거라. 부모님은 아직도 네가 집으로 돌아오길 기다리신 단다!"

노인은 말을 마치자마자 위밍의 손을 잡아 일으켜 집으로 데리고 왔다.

위밍이 두 눈을 번쩍 떠 보니, 가족 모두가 자신의 주변에 둘러앉아서 눈을 크게 뜨고 걱정스럽게 지켜보고 있었다. 옆에 앉아있던 어머니는 얼마나 울었는지 눈이 퉁퉁 부어 있었다. 위밍의 곁에 둘러앉아 있던 가족 모두는 기뻐서 소리를 질렀다.

"깨어났어, 깨어났다구. 얘가 살아왔어!"

사실 위밍은 아주 여러 날 혼수상태에 빠져 있었다. 위밍이 깨어나기 직전에, 갑자기 어떤 미친 늙은이가 집으로 뛰어 들어 오더니 입술을 실룩거리며 소리쳤었다.

"내가 아이 하나를 데리고 왔네."

그런 다음에 그 늙은이는 위밍의 앞으로 달려가서 위밍의 몸 위에 크게 획을 긋더니 다시 귀에 대고 무엇인가를 속삭이기 시작했다. 그리고 얼마 지나지 않아 위밍이 기적처럼 깨어난 것이다.

혼수상태에서 깨어난 위밍은 꿈속의 이야기를 가족들에게 들려주었다. 위밍의 말을 들은 가족들이 깜짝 놀랐다. 일곱 살이 되도록 온전하게 말 한마디 제대로 하지 못했던 위밍이었다. 그런데 생각지도 못한 생사의 갈림길에서 돌아온 후부터 보통아이들처럼 또박또박 말을 할 수 있을 뿐만 아니라, 한발 더 나아가서 꿈속의 이야기까지 구체적으로 했기 때문이었다. 이로 인해 가족들 모두는 입을 모아 이번 화를 통해 복을 얻었다며 대단히 기뻐했다. 집안사람들 모두 위밍의 모습에 감격하고 기뻐하느라 그 늙은이의 존재를 까맣게 잊어버리고 있었다. 한참이 지나고 비로소 늙은이의 존재를 깨달았을 때에는 이미 종적을 감춘 뒤였다.

가피를 받다

위밍이 한번도 직접 만나본 적이 없는 그의 할아버지는 소림파 무술의 한 지파의 두령으로 상당한 무술 고수였다. 또한 할아버지는 무술 실력의 고수였을 뿐만 아니라, 어느 정도의 특수한 능력도 갖고 있었다. 그렇지만 할아버지는 자기의 자식들이 모두 무술을 연마할 그릇이 아니라는 것을 깨닫고는 아들들에게 모든 것을 전수해 주지 않았다.

위밍의 아버지도 다른 형제들과 마찬가지로 할아버지의 무술을 수박 겉핥기 식으로 조금 배웠을 뿐, 모든 것을 전수 받지는 못했다. 위밍에게 병을 치료해주기 위해 아버지는 자기가 알고 있는 그 '겉껍데기' 무공을 시험 삼아 그에게 전해 주었다. 이런 무술 연습을 통해 위밍의 몸은 어느 정도 천천히 호전되기 시작했다.

열 살 되던 그 해에 하루는 위밍이 신들린 사람처럼 벽을 뚫어지게 쳐다보고 있었다. 그런데 갑자기 어떤 사람이 위밍의 어깨를 두드렸다. 고개를 돌려 보니 바짝 마르고 괴이한데다 걸인의 옷차림을 한 늙은이가 위밍의 주위를 빙빙 돌면서 입으로는 연신 소리 내어 중얼거리고 있었다.

"좋군, 좋아, 이 녀석은 제도될 수 있겠군! 이리 오너라, 내가 너를 도와주마."

순간 위밍의 머릿속은 텅 비어졌다. 말할 수도 없고, 또한 움직일 수도 없었다. 늙은이는 노란 보자기를 하나 꺼내어 위밍의 머리에 덮고서는 그에게 삼가 할 것을 알려 주었다.

"무엇을 듣든지 무엇을 보든지 간에 무서워하지 말거라."

시간이 얼마 지나지 않아서 위밍의 눈앞에서는 붉은빛이 하늘을 온통 꽉 채웠다. 석양노을 같기도 하고, 신선한 붉은 피 같기도 했다. 어렴풋한 가운데 아주 많은 소리가 섞여 있었다. 통곡하며 눈물 흘리는 소리, 책망하고 욕하는 소리, 웃는 소리, 싸우는 소리가 뒤죽박죽 섞인 듯한 소리가 났고, 이를 들은 위밍은 메스껍고 토할 것만 같았다.

잠시 후 이런 소리들이 사라지고 천지는 다시 고요함을 되찾았다. 이때 등 뒤로 어떤 작은 동물이 기어다니는 느낌은 아주 편안해서 위밍은 도취되지 않을 수 없었다. 순식간에 한 줄기의 붉은빛이, 정확하게 말하면 한 줄의 붉은 선이 정수리에서 심장과 배를 뚫고 지나갔으며 온몸에 전율을 느꼈다. 뒤이어 눈과 귀가 밝아져서 마치 완전히 다른 사람으로 바뀐 듯, 종래에 갖지 못했던 정신이 맑아지고 기분이 상쾌해지는 것을 느꼈다. 위밍은 그 늙은이에게 연신 고맙다고 인사했고, 늙은이는 웃으면서 말했다.

"됐어, 됐어. 다른 사람의 부탁을 받고 작은 힘을 썼을 뿐이야. 그렇게 감사할 것까지야 있나!"

　말을 마치고 한번 몸을 돌리자 늙은이는 곧 사라졌다.

　경험한 그날 이후부터 위밍의 몸에는 매우 큰 변화가 생겼다. 그의 몸이 점점 더 튼튼해지기 시작한 것이었다.

금으로 된 열쇠

세월은 화살같이 지나가 눈 깜짝할 사이에 위밍은 열한 살이 되었다.

한번은 학교에서 공부가 끝나 집으로 돌아오는 길이었다. 한 무리의 사내아이들이 저마다 손에 돌멩이를 몇 개씩 쥐고 어느 한 곳을 향해 던지고 있는 것을 목격했다.

위밍이 호기심에 달려가 보니, 아이들은 상처 입은 고양이 한 마리에게 돌을 던지고 있었다. 불쌍한 고양이는 이미 움직일 수 없을 만큼 심하게 다쳐서 돌에 맞을 때마다 처참하고 애처롭게 울부짖을 뿐이었다.

고양이의 애처로운 울음소리에 마음이 오그라들던 위밍은 아이들 앞으로 나아가 고양이를 그만 괴롭히라고 소리쳤다. 그러나 잔뜩 흥이 나 있는 아이들에게는 아무런 소용도 없었다. 다급해진 위밍은 결국 아이들 사이를 뚫고 들어가서 상처 입은 고양이를 안고 재빨리 달아났다.

눈앞에서 고양이를 빼앗긴 아이들은 위밍의 뒤를 쫓으며 돌을 던지기 시작했다. 쫓기고 쫓기는 가운데 위밍은 여러 차례 돌멩이에 맞았다. 그 가운데 돌멩이 하나가 정확하게 다리에 맞는 바람에 넘어져 위밍은 아이들에게 잡히고 말았다. 아이들은 벌떼처럼 몰려와 위밍을 에워싸고 한바탕 주먹으로 치고, 발로 걷어차면서 입에 담지 못할 욕을 해 댔다.

"야, 이 망할 놈의 고양이가 네 할아비냐, 네 할미냐?"

그리고 한 아이에게 얼굴을 정확히 걷어차인 위밍은 선홍빛 코피를 흘렸고, 머리는 윙윙거리기 시작했다. 그러나 위밍은 여전히 그 상처 입은 고양이를 놓지 않고 꼭 끌어안고 있었다.

다른 아이가 고양이를 빼앗으려 하자 위밍은 더욱더 몸을 웅크려 품속에 있는 고양이를 보호했다. 다시 그 아이는 돌을 들어 위밍의 머리 위로 내리치려 했고, 어쩔 도리가 없는 위밍은 두 눈을 꼭 감았다. 바로 그때였다. 어디선가 한마디 성난 고함 소리가 홀연히 들려 왔다.

"멈춰!"

놀란 위밍이 눈을 떠보니 백발이 성성한 노인이 서 있었다. 노인은 그 아이의 손에서 돌을 빼앗아서 한 손으로 움켜쥐자 그 거위 알만한 돌이 삽시간에 가루로 변했다. 그 모습을 지켜본 위밍과 아이들은 모두 눈이 휘둥그레졌고, 아무 말도 하지 못했다.

위밍이 정신을 차렸을 때에는 이미 아이들은 혼비백산 놀라 도망치고 없었다. 노인은 위밍을 부축하여 일으키며 얼굴의 핏자국을 닦아주면서 말했다.

"얘야, 일어나거라. 나와 함께 집으로 돌아가자!"

이 노인은 마침 이웃집에 다니러 온 이웃집의 친척이었는데 위밍에게는 아주 특별하고 고귀한 손님이 되었다.

노인은 고양이를 품에 안고 위밍과 함께 이웃집으로 갔다. 노인이 고양이와 먼저 집안으로 들어간 사이에 위밍은 마당에서 상처를 씻었다. 하지만 여전히 상처 입은 고양이가 걱정되어 견딜 수 없었던 위밍은 집안으로 들어가 고양이를 살펴보았다. 그런데 이상한 일이 눈앞에 펼쳐졌다. 신기하게도 고양이는 아무 일도 없었던 것처럼, 부상의 흔적도 전혀 없이 노인과 함께 활발하게 장난치며 한창 놀고 있었다. 위밍이 노인에게 물었다.

"할아버지, 이 고양이는 심하게 다치지 않았던가요?"

노인이 말했다.

"괜찮아, 이미 다 나았어."

위밍은 노인을 처음 봤을 때부터 너무나도 자상하고 친절한 분이라고만 느꼈는데, 노인의 옆에서 고양이가 아무 일도 없었던 것처럼 뛰어노는 것을 보니 더욱 불가사의하게 생각되었다.

"내가 오늘 신선을 만난 것인가?"

집으로 돌아온 위밍은 침대에 누웠으나 잠을 이루지 못하고 깊은 밤까지 뒤척였다. 낮에 있었던 일들에 대해서 아무리 생각을 해보아도 이해할 수 없는 일 투성이었다.

위밍은 두 눈을 크게 뜨고 천장을 뚫어지게 바라보고 있었다. 그런데 갑자기 일곱 살에 '혼수상태'에 빠져 있을 때에 자신을 집으로 데려다 주었던, 커다란 흰 두루마기를 입고 표주박이 달린 지팡이를 짚은 백발의 그 노인이 다시 눈앞에 나타났다. 노인의 옆에는 한 아이가 있었는데, 그 아이는 바로 위밍 자신이었다.
'이 할아버지는 나와 고양이를 구해준 그 할아버지가 아닌가?'
위밍은 이렇게 혼자 중얼거렸다. 그 노인의 정체를 알게 된 위밍은 몹시 흥분하여 다시 잠을 잘 수가 없었다. 곧바로 침대에서 내려와 집안을 빙빙 돌면서 빨리 날이 밝기만을 기다렸다.
다음날 아침이 밝자마자 위밍은 이웃집으로 달려갔다. 그리고 노인 앞에 무릎 꿇고 말했다.
"스승님, 저를 제자로 삼아주십시오."
노인이 자상하게 말했다.
"얘야, 너는 나이도 어린데, 무엇을 배우고 싶은 게냐?"
위밍이 말했다.
"무술을 배우고 싶습니다."
사실 무술을 배우고 싶다는 위밍의 대답은 자기도 모르는 사이에 튀어나온 말이었을 뿐, 스스로도 무엇을 배워야 할지 알지 못했다. 단지 노인을 스승으로 모시려는 생각뿐이었다.
노인이 말했다.
"안 돼! 안 돼! 나는 매우 엄격하게 제자를 받는단다. 그리고 네가 수련을 해내지 못할까 걱정이란다."
"아닙니다. 저는 꼭 해낼 수 있습니다. 스승님께서 무엇을 하라고 하시든지 저는 모두 해낼 수 있습니다!"
"그렇다면 좋다, 넌 참 씩씩하구나. 그러나 내 제자가 되려면 넌 내게 먹을 것과 쓸 것을 제공해야 한다. 나는 밥도 많이 먹고 술도 잘 마시는데, 어떠냐? 할 수 있겠느냐?"

위밍은 이 말을 듣고 나서도 한 치의 미적거림도 없이 바로 할 수 있다고 대답했다. 이렇게 해서 위밍은 노인의 제자가 되었는데, 그가 바로 위밍의 근본 스승인 인조仁祖 대사이다.

위밍은 이 일을 곧바로 가족들에게 알렸다. 이야기를 들은 아버지는 소중히 보관하던 좋은 술 몇 병과 밀가루 두 포대를 팔아서 마련한 식용유 두 병을 들고서 위밍과 함께 인조대사를 찾아갔다.

그 시절 위밍의 집안 형편은 스승을 봉양하기 위한 비용을 마련하기가 매우 버거운 상태였다. 그러나 가족들은 위밍이 훌륭한 스승을 만나게 된 것을 매우 기뻐하며, 즐겁게 그 고생을 감내하기로 다짐했다.

상사님은 이어서 그 자리에 있던 우리 몇몇 제자들에게 말했다.

"아마도 자네들은 인조 스승님이 나에게 제시한 조건이 그리 어려운 일이 아니라고 생각할지도 모르겠군. 하지만 당시에 인조 스승님 한 분을 봉양하는 비용은 우리 가족 모두의 한 달 생활비 절반에 가까웠다네."

그리고는 상사님이 말을 이었다.

"아마 자네들 모두 내가 큰 행운을 얻었다고 느꼈을 걸세. 그래. 확실히 난 행운아였어. 누구든지 살아가면서 이런 행운의 기회를 만나긴 하지만. 누구나 다 이런 행운을 거머쥐는 것은 아니네.

어떤 경우, 아주 자그마한 선한 일이라도 훌륭히 촉매작용을 일으킬 수 있어서 사물의 질과 양을 바꿀 수 있지. 또한 그 사람 원래의 인생행로를 고칠 수도 있네.

만약 명확하게 한 가지 선한 일을 하고 아울러 이 선한 일이 뚜렷한 결과가 있게 될 때에는 이 선한 일은 곧 훌륭한 촉매작용을 일으켜 사람의 처지를 개선시키거나 심지어 사람의 일생을 변화시킬 수 있네.

이것을 훌륭한 기회와 인연이라 부르지. 훌륭한 기회와 인연은 바로 살아가는 과정 속에서 행운의 기회로 비유해도 좋아. 그대가 인생이란 망망한 미궁에서 오랫동안 배회할 때 이런 일이 생겼다면 그 일은 자네를 시험하는 하나의 열쇠인 셈이지.

이때 자네는 착한 마음을 가지고 행동을 지휘해야 한다네. 그렇게 한다면 자네는 곧 행운의 문을 열 수 있는 황금열쇠를 얻게 되는 거야. 실제로 착한 일은 작아도 그 공덕은 작지 않아. 이와 반대로 악한 마음을 가지고 행동한다면 이는 바로 불행의 도화선을 끌어당기게 되어, 인생의 고통과 번뇌와 곡절이 이것에 따라서 온다네.

이 고양이가 바로 나의 기회와 인연이 되었지. 고양이를 구한 행동은 나에게 행운의 문을 여는 황금열쇠가 된 것일세."

환골탈태

스승님을 모신 그날부터 위밍의 인생은 새롭게 달라졌다. 스승님이 위밍에게 한 가지 특별한 지침을 내렸다. 그것은 매일 새벽 3시에 일어나서 기린원麒麟園이라는 인기척이 없는 후미진 곳에서 무술을 연마하는 것이었다. 이때에 반드시 혼자 가야 한다고 덧붙였다. 이에 위밍은 매일 새벽 3시면 어김없이 일어나서 기린원에서 무예를 연마했다.

기린원은 나무가 우거진 숲속에 위치하고 있었는데, 이른 새벽이라 그곳은 늘 캄캄하고 음습했다. 그리고 찬바람은 위밍의 뼛속까지 사정없이 찔러댔다. 천성적으로 담이 작고 연약한 위밍으로서는 머리카락이 쭈뼛쭈뼛 곤두설 정도로 너무 무서웠지만, 가지 않을 수는 없었다. 부들부들 떨리는 이를 악물고 혹시 모를 일에 대비하여 몽둥이 하나를 손에 들고 전전긍긍하면서 홀로 무섭고 음침한 숲속을 뚫고 걸어갔다. 숲속에서 시도 때도 없이 울부짖는 야수들의 울음소리가 위밍의 가슴을 더욱 조이고 놀라게 했다.

위밍은 힘든 무예 연마보다 집에서 기린원까지 가야 하는 그 길이 훨씬 더 고생스러웠다. 한 달쯤 지나자, 비로소 길이 익숙해진 위밍은 더 이상 무섭지 않았다. 훗날이 되어서야 스승님이 왜 그곳에서 자신에게 무예를 연마하게 했는지, 그 진실한 깊은 뜻을 알게 되었다.

반년 정도 이런 기초 훈련을 거치고 나서야 인조 스승님은 위밍 앞에서 좌선하기 시작했다. 하지만 위밍은 단지 옆에서 스승님의 좌선을 지켜보기만 했다. 그리고 좌선을 마치고 스승님이 떠난 후에 위밍은 늘 스승님이 앉았던 자리에 몰래 앉아 스승님의 모습을 따라하며 조용히 느껴보곤 했다.

싱거웠던 무예 시합

칭장 고원은 많은 고수들을 배출한 곳이었다. 인조 스승님이 온 지 얼마 되지 않아서 어떤 한 고수가 스승님이 평범한 보통사람과는 다른 분이라는 것을 알아차리게 되었다.

하루는 그 지역에서 대단히 유명한 예葉 대사가 기린원으로 찾아와 인조 스승님에게 무예대결을 신청했다. 스승님은 거절하지 않았고, 두 사람은 바로 겨루기를 시작했다.

예 대사는 걸음걸이가 깊고 무거웠지만 동작은 날쌔고 힘이 있으며 사나웠다. 손을 한번 내밀면 바로 스승님의 얼굴에 닿을 정도였다. 그러나 인조 스승님의 몸이 단지 한번 번뜩 빛났을 뿐인데, 예 대사는 바로 십여 미터 밖으로 멀리 나가떨어졌다. 두 사람의 속도가 워낙 빨라서 다른 사람은 두 눈으로 그 상황을 좇을 수도 없었다.

예 대사가 재빨리 일어나 바로 기와 힘을 모아 움직였는데, 손등에 시퍼런 핏줄이 갑자기 튀어 올랐다. 그는 손짓을 바꾸며 안정적으로 나갔다. 손을 들어 올리고 발은 놓는 순간에도 마치 천

근의 힘을 실은 것 같았다. 그 기세를 보면 맨손으로 버드나무도 충분히 뽑을 만했다. 예 대사의 이런 기세를 보고 있으니 위밍은 스승님 걱정으로 손에 땀이 날 지경이었다.

그러나 인조 스승님은 여전히 평정심을 유지하며 아무런 얼굴 표정의 변화가 없었다. 예 대사의 주먹과 다리가 습격해 올 때에 스승님의 옷소매 안에서 한 덩어리의 에너지가 번갈아가며 튀어나왔다. 인조 스승님의 왼손바닥이 예 대사의 머리를 향하고 오른손바닥이 예 대사의 복부를 향했다. 스승님의 손바닥은 마치 강력한 자석과 같아서 예 대사를 꼼짝달싹 하지 못하도록 보이지 않는 우리 안으로 가두었다. 시퍼런 핏줄이 불뚝 솟아있던 예 대사의 두 손은 마치 무형의 고무줄에 감겨 있는 듯 더 이상 힘을 쓸 수도, 몸을 뺄 수도 없는 상황이었다.

예 대사의 벌겋던 얼굴은 새하얗게 질려버렸고, 콩알만 한 큰 땀방울들이 끊임없이 흘러내리고 있었다. 입고 있던 옷은 땀에 젖어서 몸에 찰싹 달라붙었고, 흐물흐물해진 몸은 땅 바닥에 뒤틀린 채 쓰러져있었다. 예 대사는 온 힘을 다해 일어서려고 했지만 제대로 일어서지 못한 채 다시 '쿵'하고 소리를 내며 넘어지고 말았다.

한참이 지나서야 예 대사는 부들부들 떨며 간신히 일어났다. 그는 몹시 부끄러워하는 얼굴로 인조 스승님을 향해 무릎을 꿇고 말했다.

"인조대사님, 이 무술은 어떤 무공입니까? 제가 아무리 힘을 쓰려고 해도 두 팔은 말을 듣지 않고, 다리는 흐물흐물 풀리는 것이 마치 전기에 감전된 것처럼 넋이 나가버렸습니다. 저에게도 그 무공을 가르쳐주실 수 있으신지요?"

인조 스승님이 말했다.

"사람이 무예를 연마하여 몸을 튼튼히 하는 것은 좋은 일이지요. 그러나 남을 해치려는 마음을 가져서는 안 되오. 나는 무공을 사용한 일이 없고, 단지 그대의 살기殺氣를 풀어서 되돌려줬을 뿐이라오. 살기가 너무 센 것이 바로 그대의 치명적인 약점인 게지요. 그대에게 바라건대 평화롭고 착한 마음으로 스스로 무예를 실천하면 좋겠소."

예 대사는 스승님의 말을 듣고 깜작 놀라 혀가 굳은 듯 제대로 대답하지 못했다. 한편에서 이 대결을 지켜보던 위밍은 마치 구름 속으로 들어가 한 뭉치의 안개를 본 것 같았다. 위밍은 속으로 중얼거렸다.

'이게 무슨 무예시합이야? 때린 것도 없고, 또 싸운 것도 없고, 분명한 손짓 하나 보지 못했는데…. 스승님의 동작은 마치 사람이 나무 인형을 가지고 노는 것 같잖아'

위밍은 의아해 하며 예 대사에게 물었다.

"예 대사님, 대사님들은 이런 것도 무예시합이라 합니까? 방금 전 시합에서 대사님의 어떤 손짓 하나도 보지 못했습니다. 그런데 대사님은 어떻게 졌다고 인정하십니까?"

이에 예 대사는 부끄러워하며 말했다.

"만약 정말 싸운다면 어디 제대로 손이라도 한번 뻗을 수 있겠는가? 손을 뻗는 사이에 이미 몇 번은 죽고도 남았을 걸세."

그때 예 대사의 대답은 나이 어린 위밍에게는 정말로 이해할 수 없는 말이었다.

'정말로 재미있군! 두 분의 무예대결은 나이든 할머니들이 싸우는 것보다 훨씬 싱겁군!'

어찌되었든 위밍은 스승님에 대해 한없이 탄복했다. 스승님은 손 한번 제대로 휘두르지 않았는데, 이제껏 그 누구에게도 항복한 적이 없다는 예 대사가 바로 패배를 인정하다니! 인조 스승님의 본 모습은 얼마나 대단한 것일까!

성스러운 경계

경번*은 고원의 세찬 바람을 받으며 쉬지 않고 소리 내며 펄럭이고 있었다. 그것들은 마치 주문을 외우며 상서로운 소식을 먼 곳까지 전하고 있는 듯했다. 일진일진一陣一陣, 일파일파一波一波로 닥치는 힘은 안에서 시작하여 밖으로 흩어지고 있었다. 이곳에 피어있는 꽃은 더욱 향기롭고 하늘은 더 푸르며 물 역시도 더 맑았다. 이곳의 모든 것은 특별한 영적 성품을 지니고 있어서 한 세대 또 한 세대를 지나면서 헤아릴 수 없는 선사대덕禪師大德을 만들고 있었다.

이날도 달빛은 맑고 깨끗했으며, 무성하고 빽빽한 숲은 진하고 시원한 숨소리를 발산하고 있었다. 이른 아침 기린원에 도착한 위밍은 무예수련을 하지 않고, 멀지 않은 곳에 있는 샘물가에서 놀기 시작했다. 아직 어린 나이였던 위밍은 스승님이 오지 않

---

* 경번(經幡): 티베트·칭장 등의 지역에서는 불교경전의 문구를 천에 써서 줄에 매달아 놓는다. 이 경전에 쓰인 글귀가 바람을 타고 멀리 멀리 퍼지라는 의미에서 불경 깃발이라 할 수 있다.

자 쫴가 나서 게으름을 피운 것이다.

샘물이 밖으로 솟아나는 소리는 고요하고 인적 없는 이 새벽을 한없는 깨끗함으로 드러냈다. 위밍은 샘물을 손에 담아 한껏 들이마시더니, 가슴 깊숙이 청량함이 스며드는 느낌이 들었다. 그날의 기억은 오늘날까지 위밍에게는 여전히 새롭다. 다시 위밍은 샘물에 손을 담그고 얼굴을 적셨다. 자신의 피부가 반질반질 빛나고 부드러워진 것을 느꼈다. 그러고 나서 위밍은 또 다시 인조 스승님이 앉았던 자리로 돌아와 그동안 곁눈으로 익혔던 스승님과 같은 모습으로 앉아 좌선하기 시작했다. 얼마 시간이 지나지 않아서 어디선가 어렴풋한 소리가 들려왔다.

"천계가 어떤 곳인지 궁금하지 않느냐?"

위밍은 생각했다.

'하늘나라는 어떤 곳일까? 정말 한번 가보고 싶다.'

위밍이 이런 생각을 하자마자 순식간에 몸이 떠올라 이미 하늘 높이 떠있었다. 높은 하늘 위에서 대지를 굽어보는 것은 마치 어른이 되어 타보았던 비행기에서 지상을 내려다보는 느낌과 같았다.

위밍은 몹시 흥분하여 또 다른 생각을 해보았다.

'이왕 올라왔으니 세상이나 한 바퀴 돌아볼까?'

그러자 위밍의 눈앞에는 세계 전역의 풍경들이 계속해서 펼쳐졌고, 그 하늘 위를 마음껏 날아다녔다. 그리고 방금 전의 목소리가 다시 들려왔다.

"나중에 다시 보거라. 장래에 너는 전 세계를 두루 돌아다닐 것이다!"

 말소리가 끝나자 위밍은 자신이 다시 땅으로 돌아온 것을 느꼈다. 천천히 눈을 떠 보니, 맑고 깨끗하고 담백한 향기가 공중에 감돌며 미묘하고 오묘한 소리들이 들려왔다. 그날, 인조 스승님은 기린원에 오지 않았고, 그 다음날도 마찬가지였다. 위밍은 계속하여 인조 스승님이 앉았던 자리에서 좌선을 했다.

 얼마 후에 위밍은 자기가 천수천안 관세음보살이 된 것 같은 느낌이 들었다. 그 위력은 비할 데가 없고, 기세는 당당했으며, 화신化身이 한량없고, 변화가 무궁하여 할 수 없는 일이 없었다. 셋째 날, 넷째 날… 그 후 그렇게 계속 한 달여 동안에 위밍은 이런 특별한 선禪의 경지 속에 있었다.

 인조 스승님은 그동안 비록 줄곧 모습을 드러내지 않았지만, 관세음보살이 늘 위밍의 눈앞에 나타나 위밍과 융화하면서 서로 통했다.

성스러운 불

인조 스승님에게 무예를 배우기 시작하면서 위밍의 몸은 많이 튼튼해졌으며, 이전의 병들도 점점 호전되어 갔다. 그런데 이날은 오후부터 갑자기 오한이 나기 시작하여 머리가 어지럽고 정신이 아물아물 해지는 것이 앉거나 누워도 편안하지 않았다.

위밍이 괴로워하는 모습에 걱정이 된 어머니는 생강 물을 끓여주었다. 뜨거운 생강 물을 마신 위밍은 많은 땀을 흘리며 깊은 잠에 빠져들었다. 얼마 후에 잠에서 깨어 보니 이미 한밤중이었다. 그때 눈앞에 있는 까만 벽에서 새의 모습을 하고 있는 하얀색의 무언가를 보았다. 그 하얀 새 모양의 형상이 기린원 방향으로 날아가는 것을 본 위밍은 갑자기 정신이 번쩍 들었다.

위밍은 서둘러 침상에서 나와 옷을 갈아입고 무예수련장으로 향했다. 그리고 늘 좌선하던 그곳에 자리를 잡았다. 얼마 후, 찬 바람이 획획 불기 시작하더니, 이내 한기가 뼈 속까지 스며들었다. 위밍은 이를 덜덜 떨고 온몸을 웅크리며 생각했다.

'왜 이렇게 추운 걸까?'

온몸이 얼어붙는 듯한 추위를 견디기 힘들었던 위밍은 곧장 집으로 도망치고 싶었다. 이렇게 망설이고 있는 사이에 신비한 목소리가 또다시 들려왔다.

"네 몸속에 있는 화로에 불을 붙여 몸속 깊은 곳까지 뜨겁게 달구어 보거라."

목소리를 듣자 위밍의 불안한 마음은 바로 안정되었으며, 목소리가 시키는 대로 생각하기 시작했다. 그러자 갑자기 위밍의 몸은 활활 타오르는 불덩이를 담은 화로가 된 것 같았다. 불덩이는 몸속의 오장육부 모두를 몽땅 태우기 시작했다. 얼마 지나지 않아 위밍의 몸에서 그을음 냄새가 풍겨 나왔지만 전혀 아랑곳하지 않고 계속 태우고 또 태웠다. 얼마나 긴 시간이 지났는지 모르지만 신비한 목소리가 또다시 들려왔다.

"큰불이 작은 불로 변하고, 큰 덩어리가 작은 덩어리로 변하며, 아래에서부터 위로 올라간다."

위밍은 계속하여 목소리가 지시하는 대로 따랐다. 몸속의 큰 불덩이는 수정처럼 빛나는 비둘기 알 만한 크기의 작은 덩어리로 변했으며, 아랫배에서 머리끝까지 올라와 삽시간에 눈앞이 마치 밝은 등불에 비춰지는 것 같았다.

수련을 마친 뒤에는 그을음 냄새가 더욱 심했다. 위밍이 자기 몸 이곳저곳을 살펴보니 그 냄새는 흡사 옷이 탄 듯한 냄새였다. 다시 옷을 벗어서 살펴보니, 놀랍게도 입고 있었던 속옷 가운데 아랫배 부분이 타서 이미 누렇게 그을려 있었으며, 그것을 살짝 손으로 쥐어보니 모두 산산이 부서졌다. 솔직히 당시 위밍은 타버린 속옷이 내심 아까웠다.

상사님이 이 불에 관한 경험을 말했을 때에 나는 그의 몸과 그의 주위에서 불타고 있는 빛을 보며 그 이야기를 실감할 수 있었다. 이야기를 듣는 내내 그 특이한 불빛을 보면서 나는 생각했다. 이 불빛은 도대체 어떤 에너지일까? 어떻게 지금도 불빛이 나타날 수 있을까? 상사님의 말씀을 들을 때에 이 에너지가 통하게 되었단 말인가? 이야기 도중 휴식을 취할 때에 나는 상사님에게 물었다.

"상사님께 여쭈어 보겠습니다. 방금 상사님께서 불에 관한 경험을 말씀하실 때에 저는 상사님의 몸에서 불이 타오르는 것을 보았습니다. 제 생각에 이는 아마도 어떤 에너지를 통하게 만든 것이 아닌가 합니다. 만약 이 이야기를 책에 써 넣으면 이 책을 읽는 사람들 역시 이런 에너지를 느끼고 받아들일 수 있을까요?"

"물론이지. 다만 읽는 이가 진실하게 몸으로 체득해야만 가능하지."

"역시 그렇군요! 제가 여기서 먼저 독자들을 대신하여 상사님께 감사드리겠습니다."

말을 마치고 나는 상사님에게 깊은 예를 표했다.

상사님은 말했다.

"자네가 여러 사람들을 위해 생각하고, 그들을 위해 법法을 찾는다니 자네의 공덕은 장차 무한할 걸세."

그날 상사님과 헤어질 때는 이미 새벽 2시가 넘은 깜깜한 밤이었다. 그런데 어두운 길을 지날 때면, 내가 보려는 곳들이 오히려 모두 환해지며 아주 똑똑하게 보이는 것이 마치 불빛이 비추는 것 같았다. 이런 불빛은 그 후로 7~8일 동안 나를 따라다녔다. 그 며칠 동안에 나는 밤만 되면 오로지 어두운 곳만을 찾아 산책하면서 이런 특별한 불빛의 미묘함을 체험하곤 했다.

달빛

　위밍이 화공火功을 수련한 다음부터 그가 좌선했던 자리의 땅이 직경 약 3미터에 달하는 흰색 원으로 점점 변해갔다. 그 주변의 땅과는 전혀 다른 색으로 변하고 있었던 것이다. 아무리 생각해보아도 이런 색의 변화는 결코 사람의 힘으로 할 수 있는 것이 아니었다. 이 원형의 땅은 마치 하나의 부들방석에 아주 순수한 달빛이 내리비추고 있는 것 같았다.
　십 년간의 수행이 끝나고 이곳을 떠날 때에 위밍은 다시 이곳으로 와서 그 땅을 바라보았다. 멀리서도 그 달빛은 이미 눈 속에 들어와 비추었고, 두 손을 내밀어 만진 원형의 땅은 여전히 흰색을 띄고 있었고 깨끗하며 부드러웠다. 위밍은 자신도 모르게 눈물이 샘솟는 듯 했다.
　인조 스승님은 위밍에게 이렇게 고상한 교리와 심오한 참선을 가르쳐 주고도 오히려 선禪과 불佛에 대해서는 한마디도 언급하지 않았다. 인조 스승님은 불법의 정화와 선기를 모두 이 깨끗한 달빛 속에 융화시켜 위밍에게 전해 주었다. 그리하여 위밍 스스로 보름달같이 원만하고 부드럽게 캄캄한 어둠 속에 있는 고독한 심령들을 밝게 비춰줄 수 있도록 하게 했다.

상사님의 마음에는 지난날 그때를 추억할 때마다 지금도 여전히 부드러운 달빛 같은 희열이 흐르고 있다. 그는 이러한 특별한 나날들과 이러한 따뜻하고 부드러운 달빛을 마음속 깊이 품고 있다.

내가 상사님을 떠난 후에 얼마동안은 상사님에 대한 그리움이 솟구칠 때면, 언제나 밤하늘을 바라보며 마음속에 가득 찬 그리움과 축복을 달님에게 보내주었다. 나는 저 달님이 바로 상사님이기 때문에 나의 목소리를 들을 수 있다는 것을 안다. 또한 나 역시 정말로 달 위에 있는 상사님이 나를 향해 고개를 끄덕이며 미소 짓는 모습을 보았다. 매번 이럴 때마다 나의 마음속은 따스함과 에너지로 다시 충만 되곤 하였다.

위밍이 달빛의 부드러운 감정에 충민해 있던 이유는 이전에 그가 겪었던 사건에 있었다. 위밍이 여섯 살이 되던 해에 아버지는 큰형과 누나들을 데리고 달밤에 가난을 피해 도망치게 되었다. 그런데 바로 그날이 8월 15일 추석날 밤이었으며 몇 년이 지난 어느 날, 달이 밝은 밤에 그들은 다시 고향으로 돌아왔다. 이 적막하고 고생스러웠던 세월 동안 위밍은 달이 밝고 별이 드문 밤이면 늘 창문가에 엎드려 가족들이 돌아오기만을 기다렸다.

하루는 그윽한 빛을 발하는 신비한 작은 토끼 한 마리가 집 뒤에서 뛰어나왔다가 눈앞에서 언뜻 사라지는 것을 보았다. 위밍은 친구들을 불러 함께 이 토끼를 기다렸지만, 사람들이 많이 있다는 것을 눈치 챈 듯 이 토끼는 다시 나타나지 않았다. 위밍은 늘 깊은 밤이면 새파랗고 그윽한 두 눈을 가진 시라소니, 오소리, 여우가 자주 창문가에서 나타나는 것을 보았다. 마을에서 산짐승들을 만난다는 것은 참으로 보기 드문 일이었지만, 위밍은 그렇게 작은 동물들과도 인연을 맺었다.

불법을 배우다

그 후에 위밍은 또 다른 고수 한 분으로부터 불법을 배웠다. 이 고수는 제10대 판첸班禪 라마의 경전스승이었다. 그는 음침하고 어두운 토굴 속에서 살았다. 이 스승님은 위밍에게 아주 잘해주었지만 아주 엄격했기 때문에, 이전보다 훨씬 강화된 수행이 시작되었다.

스승님은 낮에는 위밍에게 글을 가르치며 무공수련법 이론을 가르쳐주었고 이에 관련된 구결*들을 암송하게 했다. 저녁에는 위밍과 함께 좌선을 했는데, 스승님은 좌선할 때에 불을 켜는 것을 허락하지 않았다. 그리고 그 시간에 침대에 올라가서 자는 것은 고사하고 앉아서 조는 것도 용납하지 않았다. 그렇게 한번 앉아서 좌선이 시작되면 온 밤을 지새웠다.

첫째 날 저녁에 스승님의 지시대로 좌선한 지 얼마 안 되어 위밍은 옆에 앉은 스승님의 머리 위에 둥그런 빛이 나타나는 아주

---

*   구결(口訣): 외우기 쉽도록 요점만을 정리하여 만든 글이다.

기이한 현상을 목격했다. 그 빛은 점점 밝아지며 원래 캄캄하던 집안을 은회색으로 비춰주어 마치 보름달빛이 흘러든 것 같았다. 위밍은 이상하게 생각하지 않을 수 없었다. 이튿날 위밍은 스승님에게 이것이 어찌된 일인지를 물었다. 스승님이 말했다.

"일은 무슨 일. 아무런 일도 아니다. 열심히 수련하면 자연히 이루어지는 것이지, 무엇이 궁금한 게냐?"

그러고는 스승님은 다시 이어 말했다.

"너도 수련을 한 달 정도 하고 나면 둥근 빛이 나타날 게다. 만약 그렇지 못하면 나는 너를 이곳에서 쫓아낼 테다. 물론 제자로도 받아들이지 않겠다!"

위밍은 이 말을 듣고 하마터면 울음을 터트릴 뻔했다.

"스승님, 지금 저를 협박하시는 겁니까?"

위밍의 다급해하는 모습을 보며 스승님이 웃으면서 말했다.

"그렇다고 너무 겁낼 필요는 없다. 다만 마음을 다해서 배우고 연마하며 진심으로 실천한다면, 자연스럽게 물 흐르듯 둥근 빛이 나타나게 될 것이다."

한 달 후에 위밍은 정말로 수련에 성공했다. 위밍이 정좌하고 있을 때에 머리 위에 둥근 빛이 나타났을 뿐만 아니라, 어둠 속에 있는 물체를 똑똑히 볼 수도 있었다. 그러나 사물은 극도의 상황에 이르게 되면 반드시 반대 현상이 나타나게 된다. 어둠 속에서 물체를 보는데 익숙해진 위밍은 오히려 밝은 곳에 나오면 물건을 잘 볼 수 없었다. 그래서 스승님은 위밍에게 다시 한 달 동안 눈동자 훈련을 시켰다.

이 수련을 마친 후에 위밍은 시력을 회복했을 뿐만 아니라 몇 가지 특별한 능력을 갖게 되었는데, 그 중 하나가 바로 인체를 투시할 수 있는 능력이었다.

기본적인 수련을 익히게 한 다음에 스승님은 또 위밍을 자기의 사매에게 소개시켜 주었다. 스승님의 사매는 쉰 살 정도 되는 노파였다.

처음 만났을 때의 노파는 기름때로 번들거리는 자주색 긴 두루마기를 입고 있었고, 허리에는 노란색 허리띠를 두르고 있었으며, 아주 낡고 누추한 짚신을 질질 끌고 있었다. 또 허리가 구부정했으며 지팡이를 짚고 있었다. 머리에 두른 검은 수건 사이로 누런 머리카락이 드러나 있었고, 주름이 가득한 얼굴과 앵무새 부리 같은 코를 가지고 있었다. 다만 예리한 빛을 뿜고 있는 작은 눈만이 겨우 그녀가 보통사람들과는 다른 무언가가 있음을 느끼게 했다.

위밍과 스승님이 노파의 집 안으로 들어서자 크게 외치는 소리가 들렸다.

"제자야, 왔느냐? 나는 이미 몇 시간 전부터 너를 기다리고 있었다."

스승님이 웃으며 말했다.

"역시 사매의 법력은 대단하구만. 이런 선견지명이 있으니 말이야. 내가 자네에게 제자 위밍을 데려 왔다네."

스승님은 위밍의 손을 잡아끌며 말했다.

"위밍아, 이리 와서 얼른 새 스승님께 인사드려라. 이제부터 이 스승님에게서 법술을 배우거라."

위밍은 급히 새 스승님에게 인사를 올렸다. 노파는 작은 눈을 살짝 뜨고는 위밍을 훑어본 다음 고개를 끄덕이며 말했다.

"괜찮아! 괜찮아! 좋아, 이 제자는 내가 거두어들이지."

새 스승님의 집 바닥에는 많은 그림과 기호들이 그려져 있었다. 이튿날부터 스승님은 위밍에게 방위에 따라 몇 가지 규정된 동작을 가르쳤으며, 아울러 주문을 암송하게 했다. 그리고 몇 개의 기호를 그리는 훈련을 하면서, 그것을 매일 반복하여 연습하도록 했다.

스승님은 신비스러우면서도 한편으로는 아주 괴팍스러웠다. 그리고 스승님의 집은 마을에서 멀리 떨어진 산속의 후미진 곳에 있어, 누군가 병을 치료받고자 스승님을 찾아오는 경우를 제외하고는 집은 늘 조용했다.

스승님은 겉으로는 성질이 사납고 변덕이 심했지만, 속마음은 매우 자애롭고 선량했다. 기쁠 때면 보통사람보다 더 크게 웃으며 곧잘 농담도 했지만, 화를 낼 때에는 폭풍 속에 비가 몰아치는 것 같았다. 스승님의 법력은 높고 강하여 바람이나 비를 불러올 수도 있었다. 바람 한 점 없이 맑은 날에도, 스승님이 두 팔을 벌리고 몇 마디 주문만 외우면 곧 바람이 불어 닥쳤다.

한번은 스승님이 밖에서 약초를 캐고 있었는데, 갑자기 한바탕 모진 바람이 몰아치더니 광주리 안에 있던 약초 뿌리 몇 토막을 흔들어 놓았다. 그리고 검은 구름이 몰려오면서 비를 뿌리려 했다. 이 일은 스승님을 크게 노하게 만들었다. 이때 스승님은 검은 구름을 바라보며 두 손을 들어 주문을 외우기 시작했다. 그러자 놀랍게도 검은 구름이 갈라지며 그녀의 머리 위에 파란 하늘이 드러났다.

그 밖에도 스승님은 법력으로 집을 옮기기도 했다. 어느 날 위밍에게 솥을 걸어놓은 부뚜막 가까이에 머리를 놓고 자라고 했다. 부뚜막은 너무 더러워서 찌든 기름내가 나기 때문에 그쪽으로 눕기는 싫었지만, 감히 스승님의 말씀을 거역할 수는 없었.

위밍은 시키는 대로 잠시 누워 있다가 스승님이 잠든 것을 확인하고는 다시 조용히 머리를 돌리고 잤다. 그리고 날이 밝기 전에 스승님보다 먼저 일어나 조용히 다시 머리의 방향을 돌렸다.

둘째 날도 위밍은 또 마음대로 머리를 돌리고 잤다. 잠든 지 얼마 되지 않아 위밍은 한기를 느끼고 잠에서 깨어났다. 눈을 떠보니 옆에 솥이 걸려있는 부뚜막은 그대로 있었지만, 집은 사라지고 별이 가득한 하늘이 눈앞에 바로 보였다. 또한 자신의 머리는 이상하게도 솥 걸린 부뚜막을 향해 누워있었다.

순산 이 모든 것이 스승님이 자신에게 내린 벌이라는 것을 알게 된 위밍은 무릎을 꿇고 용서를 빌었다. 그리고 다시 집을 제자리에 옮겨와 달라고 부탁했다. 그러자 스승님의 한마디가 들려왔다.

"이놈아, 지금 너는 집 안에서 한창 잘 자고 있지 않느냐!"

위밍이 눈을 비비고 다시 살펴보니 정말 그렇지 않은가! 스승님은 여전히 방안의 침대에서 자고 있고 자기도 여전히 집 안의 부뚜막 옆에서 자고 있는 것이었다.

스승님은 또 축지술과 비행술이 있어서 온다고 말하면 정말로 왔고 가려고 생각하면 바로 갈 수 있었다. 어느 날 스승님은 위밍과 함께 달빛 아래서 무예 수련을 하던 중에 갑자기 달을 가리키며 말했다.

"얘야, 달에서 사람이 내려오는 구나."

위밍이 스승님이 손가락으로 가리키는 방향을 바라보니 황홀하게 달에서부터 가볍게 무예 수련장으로 내려오는 한 사람의 그림자가 보였다. 잠시 후에 스승님은 말했다.

"손님이 가려나보구나. 배웅하러 가야겠다."

말이 채 끝나기도 전에 스승님은 마치 발밑으로 꺼져내려 간 것처럼 아무런 종적도 없이 사라졌다. 그리고 얼마 후에 스승님은 집 안에서 고함을 쳤다.

"얘야, 어서 들어오너라."

위밍은 그저 신기할 뿐이었다.

또 한번은 이런 일도 있었다. 현縣 소재지에 살고 있는 스승님의 여동생을 보러간다며 위밍에게 함께 가겠냐고 물었다. 현 소재지는 스승님이 살고 있는 곳에서 50여 리나 떨어져 있었지만, 오랫동안 밖에 나가보지 못한 위밍은 당연히 나가서 바람이라도 쐬고 싶었다.

스승님은 간다고 말하자마자 바로 출발했다. 그런데 얼마 지나지 않아 위밍과는 대단한 거리 차이가 생겨났다. 물론 위밍이 아무리 애써 뛰더라도 따라잡을 수 없는 거리였다. 스승님은 할 수 없이 되돌아와 위밍을 겨드랑이에 끼고 혼자서 중얼거렸다.

진푸티상사가 1991년에 하산하여 불법을 전수할 때의 모습

"이런, 이런. 정말로 쓸모없는 놈이로군. 이놈아, 잠자코 눈이나 감고 있거라."

위밍은 스승님의 말대로 두 눈을 감았다. 다만 두 귀로 바람이 이는 소리를 들었을 뿐인데, 곧이어 "도착했다."는 스승님의 목소리가 들렸다. 위밍이 눈을 떠보니 이미 현 소재지에 있는 스승님의 여동생 집에 도착해 있었다. 돌아오는 길 역시 마찬가지였다. 여동생의 집까지는 왕복 백리가 넘는 거리인데, 스승님이 여동생 집에 머물러있는 동안을 제외하고는 모두 밥 한 끼 먹는 시간도 채 걸리지 않았다.

스승님에게는 철로 된 신비한 궤짝 하나가 있었다. 항상 자물쇠로 잠가두었는데 그 안에는 노란 천으로 싼 경서를 넣어두고 있었다. 스승님은 늘 이 경서들을 꺼내서 보았는데 어떤 때에는 이걸 보면서 한편으로는 중얼거리면서 손으로는 무엇인가를 쉬지 않고 그리고 있었다. 경서를 읽는 스승님의 목소리는 크지 않아 뭐라고 하는지 알아들을 수도 없었다. 위밍은 경서의 내용이 무척 궁금했다.

어느 날 스승님은 멀리 볼 일이 있어 다음날이 돼서야 돌아올 거라며 위밍에게 집을 잘 보고 있으라고 말했다. 위밍은 스승님이 오늘 중으로는 돌아오지 않는다는 사실에, 그 신비한 경서를 꺼내보고 싶은 마음을 참을 수가 없었다.

위밍은 '살짝 꺼내보고 다시 넣어놓자'라고 생각하고, 궤짝에 달린 자물쇠를 풀러 힘들게 뚜껑을 열어보았다. 하지만 노란 보자기만 들어있을 뿐 경서는 어디에도 없었다. 기대했던 경서를 보지 못한 위밍은 몹시 안타까웠지만, 얼른 그 노란 보자기를 도로 상자 안에 넣고 원래대로 잘 잠갔다.

그날 오후, 다음날에나 돌아온다던 스승님이 집으로 돌아왔다. 집에 들어서자마자 위밍을 바라보며 물었다.

"이놈, 지금 뭐하고 있는 게냐?"

위밍이 황급하게 말했다.

"저는 좌선하고 있습니다."

"그래? 너는 나의 경서를 보고 싶지 않느냐?"

위밍은 더 당황해서 계속 말했다.

"예, 스승님, 보고 싶어요. 정말 보고 싶습니다."

스승님은 위밍의 앞에서 그 궤짝을 열고 경서를 꺼냈다.

'어, 이상하네. 내가 열었을 때는 아무것도 없었는데?'

위밍은 아주 의아하게 생각했다.

이때 스승님은 경서를 펼치더니 옛날 티베트문자로 된 한 단락을 가리키며 물었다.

"위밍아, 너는 이 구절이 무슨 뜻인지 아느냐?"

"모릅니다."

"그래? 그럼, 내가 알려주지. 이 말은 바로 스승을 등지고 나쁜 일을 하는 자는 징벌을 받아야 한다는 뜻이니라."

위밍은 그 말을 듣자마자 눈앞이 캄캄해졌다.

'이젠 끝장이구나, 내게 큰 벌을 내리시려나보다. 정말 큰일났다.'

위밍은 바로 잘못한 것을 인정하고 스승님에게 너그러이 용서

해달라고 빌면서 말했다.

"스승님, 잘못했습니다. 다시는 그러지 않겠습니다."

하지만 스승님은 위밍을 벌하지 않았고, 그 이후로 얼마 동안 경전 속에 들어있는 비결 몇 가지를 전수해 주었다.

어느덧 위밍이 스승님에게서 불법을 배운 지 여섯 달이 되었다. 이 엄격한 여섯 달 동안, 위밍은 남에게 알려지지 않는 신비한 많은 법술을 배웠으며, 위밍에게는 영원히 잊을 수 없는 많은 추억을 남겼다.

학교를 눈물로 이별하다

특별한 경험과 특별한 신분, 거기다가 이미 앞에서 말한 특별한 수행까지 했으니, 원래 다른 아이들보다 좀 특별했던 위밍은 다른 아이들과는 아주 다르게 변했다. 이로 말미암아서 다른 아이들에게 백안시되기도 하고, 업신여김을 받는 것도 이미 일상사가 되었다.

어느 날 이른 아침 위밍은 혼자서 집으로 돌아오고 있었다. 위밍은 큰형의 새 선글라스를 끼고 나온터라 무척 신이 나 있었다. 그런데 갑자기 키가 180센티미터노 넘는 넝치 큰 녀석이 위밍의 앞을 가로막았다. 위밍보다 서너 살 많은 우페이吳飛라는 녀석이었다.

"어라, 너 선글라스를 꼈네?"

우페이는 보고 알면서도 일부러 물었다.

"우리 형 거야."

"그 선글라스, 이리 내놔!"

우페이가 명령조로 말했다.

"내가 왜 이걸 줘? 안돼!"

"내 놓을 거야? 안 내놓을 거야? 안주면 때린다!"

"나도 너를 때릴 수 있어."

위밍은 약해보이지 않으려고 소리를 질렀다.

"요 자식이 입만 살아가지고. 한번 맞아 볼래!"

말하는 사이에 우페이는 이미 위밍의 왼팔을 비틀어 등 뒤로 돌리더니 무방비상태였던 위밍을 한 번에 내동댕이쳤다. 이 틈에 우페이는 위밍의 위에 올라타서 연신 주먹을 날렸다. 잠깐 사이에 위밍의 눈에서는 불꽃이 튀고 선홍빛 피가 콧구멍에서 흘러나왔다. 선글라스는 이미 우페이의 손에 들어가 있었다. 우페이는 쓰러져있는 위밍의 얼굴 위로 선글라스를 낀 자기 얼굴을 들이대며 의기양양하게 말했다.

"봐라. 그러길래 그냥 말로 할 때 내놨으면 안 맞았잖아?"

적당한 기회를 엿보던 위밍은 우페이의 콧등을 향해 바로 일격을 가했다.

"아악!"

덩치가 큰 우페이는 비명소리와 함께 땅바닥에 넘어졌다. 위밍이 땅에서 일어나 보니 우페이는 이미 코피가 터져 흐르고 있었다.

공교롭게도 우페이의 아버지와 그 지역 파출소장은 옛 동창이었다. 위밍은 즉시 구치소로 압송되었고 그날 집으로 돌아갈 수 없었다. 구치소에 갇힌 지 나흘째 되던 날에 파출소에서는 위밍이 다니는 학교의 선생님과 학생을 포함한 모든 주민을 소집하여 위밍에 대한 비판투쟁대회를 열었다. 겨우 열다섯 살이었던 위밍은 뜨거운 햇볕 아래 비판투쟁을 받는 자리에서 온몸이 떨리도록 정신없이 얻어맞아서 거의 의식을 완전히 잃다시피 했다. 파출소장은 위밍에 대한 안 좋은 여론을 조성하기 위하여 여러 사람들에게 학교 담임선생님이 작성한 평가서를 보이고 다녔다.

"위밍은 예전부터 나쁜 짓을 많이 했던 아이예요. 나는 위밍이 언젠가 감옥에 들어갈 거라는 걸 이미 알고 있었어요."

사실 위밍은 늘 학교 밖에서 불법을 배우느라 학교에서 공부한 날짜는 손가락으로 꼽을 정도였다. 학교에서의 위밍은 말수가 적은 과묵한 아이로 이전에는 어떠한 문제도 일으킨 적이 없었다. 그럼에도 학교와 선생님은 사실과 다른 평가서로 나이 어린 위밍에게 또 한 차례 깊은 상처를 안겨 주었다.

위밍은 구치소에 보름 동안 갇힌 다음에야 비로소 풀려났다. 학교로 돌아간 위밍은 학교친구들이 자신을 대하는 태도는 그나마 참을 수 있었지만, 선생님과 얼굴을 마주대하는 것은 견디기 힘들있다. 학교와 선생님을 이해하고 받아드릴 수 없었던 위밍은 이때부터 학교에서 배우기를 그만두었고, 이후 다시는 학교에 발을 들이지 않았다.

고뇌 속에 핀 꽃

 이러한 일련의 사건들은 나이 어린 아이에게는 그야말로 청천벽력과 같은 충격과 상처로 남았다. 이때부터 위밍은 매우 고독하게 깊이 침묵했다. 그리고 사람들의 조소와 회피하는 눈길은 예리한 칼날이 되어 위밍의 가슴을 찔렀다. 그리하여 위밍은 늘 사람이 없는 구석에서 멍하니 앉아 있거나, 때로는 얼굴이 눈물로 범벅이 될 정도로 통곡하곤 했다.
 위밍의 부모는 이런 위밍의 모습을 보며 몹시 가슴아파했다. 혹시 위밍에게 무슨 병이라도 생길까봐 여러 방법으로 위밍을 다독여 주었다.
 이런 얼마간의 세월동안 위밍은 늘 자신의 비참한 어린 시절을 생각하곤 했다. 그때 칭하이靑海 시닝西寧에서 일하던 아버지는 연세가 많고 편찮으셨던 외할아버지의 병을 치료하기위해서 정말로 몹시 아끼던 자전거를 팔았다. 그 자전거는 30위안을 주고 산 낡은 것이었는데, 세심하고 손재주가 있는 아버지가 일부 부품들을 사서 다시 조립하고 장식하고, 칠도 새로 하여 완전히 새것처럼 만들었다. 그런 자전거를 어떤 사람이 50위안을 주고 사갔다. 그런데 아버지는 이 일로 '투기꾼 모리배'란 죄명으로 2년 동안 감옥살이를 살게 되었다.

아버지가 억울하게 감옥에 갇히자 생활이 곤란했던 어머니는 위밍을 품에 안고 형과 누나들을 데리고 고향인 허베이河北로 돌아왔다. 하지만 그곳에서의 생활 역시 '인간지옥'과 다름없는 삶이었다. 그곳에서 어머니는 항상 '비판투쟁'을 당하고 업신여김을 받았다. 날마다 일하고 돌아오면 온몸이 떨릴 정도로 피곤하고 배고팠지만 먹을 밥도 없었다.

심지어 아버지의 친조카조차도 '비판투쟁'에 연류 될까 두려워 온갖 터무니없는 구실을 만들어서 어머니를 해코지하기 일쑤였다. 겁먹은 어머니는 낮에도 그 집 앞을 지나지 못했다. 그때 아직 어린 소녀였던 누나도 늘 남에게 맞아 시퍼렇게 멍든 얼굴로 울며 집으로 달려왔지만, 어느 누구에게도 억울함을 말할 수 없었다.

몇 년 후, 아버지의 억울한 누명이 벗겨지고 온 가족이 칭하이로 돌아왔지만, 학교 선생님들과 친구들은 여전히 위밍을 전과자의 아들로 취급하며 부당하게 그에게 벌을 주고 훈계하고 때리며 욕했다.

아버지 역시 다시 건축공사장으로 출근했지만, 여전히 사람들은 아버지를 무시하고 업신여겼다. 공사장 사람들은 아버지에게 가장 힘들고 험한 일을 시켰고, 그에 비해 월급은 가장 적게 주었다. 위밍의 기억 속 아버지는 일을 마치고 집에 돌아오면 항상 어두운 표정으로 우두커니 앉아있는 모습이었다. 생활이 점점 어려워지자 어머니는 어디선가 낡아 빠진 헌 손수레를 구해서 거리의 고물을 주워다 팔면서 가정살림에 보태기도 했다. 이렇듯 위밍의 부모는 모두 열심히 노력했지만 항상 남들에게 천대와 멸시 그리고 모욕만을 받았다.

    이 모든 것들은 어린 위밍의 마음속에 깊고 깊은 상처와 고통으로 낙인찍혀 오랫동안 지워지지 않았다. 그리고 점차 무형의 원한이 위밍의 마음속에 차곡차곡 쌓여서 꼭 복수하겠다는 생각이 끊임없이 그 어린 마음에 자라게 되었다. 위밍의 머릿속에는 점차 하나의 관념이 형성되었다.

    '이 사회는 약육강식이 지배하는 사회로 매우 잔혹하고, 냉혹하고 적막하다. 사람들끼리 정도 없으며, 누군가 어수룩해 보이면 바로 속이려고 달려든다. 이 사회는 너무나도 기형적인 모습이다. 힘 있는 자가 곧 진리이며 승리자가 되어 모든 걸 소유할 수 있다. 나는 반드시 무예를 열심히 수련하여 강하고 힘 쎈 사람이 되어야 한다. 이런 강한 사람이 되어야만 남들에게 업신여김을 받지 않고, 부모님과 가족들을 보호할 수 있다. 그렇지 못한다면 다른 사람들에게 갈기갈기 찢겨 영원히 고개를 들고 살아갈 수 없게 된다.'

    그리고 위밍은 마음속에서 하나의 나아갈 길을 찾아내고는 이렇게 결심했다.

    '나는 비록 뛰어난 재주는 없지만 무예를 수련한 밑천을 가지고 있다. 내 한 몸 힘써 수련하여, 모든 사람과 싸워 이겨서 천지

간에 우뚝 서야 한다. 정정당당하며 위풍당당하게 이 약육강식의 세계에 우뚝 서야 한다. 사람이란 기껏해야 몇 십 년 밖에 살지 못하는 생명인데 두려워하고 무서워하며 숨어 살기보다는 차라리 한번 겨뤄보는 것이 낫다.'

이렇게 마음을 먹은 후부터 위밍은 단 한번의 게으름도 피우지 않고 스승님이 전수해 준 무예를 열심히 수련하기 시작했다. 그리고 위밍은 스스로의 마음을 다지곤 했다.

'매일매일 발전해 어제의 나를 뛰어 넘어야 하며, 오늘의 나를 이겨내야 한다.'

무예를 수련할 때에 위밍은 말뚝이나 모래주머니를 원수로 생각하고, 내미는 손끝은 칼같이 칼질하여 한 동작 한 동작이 심장을 뚫어 목숨을 빼앗는 듯이 어떤 감정도 의로움도 없이 살기를 품고 힘으로 자신을 보호하고 적을 굴복시키려 했다.

위밍이 수련을 시작한지 얼마 되지 않아 말뚝의 나무껍질이 모두 벗겨졌고 두 겹으로 된 모래주머니도 찢어져 다시 바꿔야만 했다. 그리고 그의 손 역시 살가죽이 갈라지고 피가 났으며, 오래된 상처가 아물기도 전에 다시 새로운 상처가 생기곤 했다. 또 위밍은 '매 발톱 기술'을 연마하기 위해 항아리를 들어 올리는 수련을 꽤 오랜 시간 했었는데, 이때 변형된 손가락들은 지금까지도 완전히 회복되지 못하고 있다.

눈 깜짝할 사이에 또 3년이란 세월이 지났다. 이러한 고통스러운 훈련 과정은 위밍의 신체와 기백을 단련시켰고, 또한 그의 의지를 더욱 굳세게 만들었다. 이제는 그 누구도 그의 적수가 되지 못했으며, 감히 그를 업신여기는 이도 없었다.

다만 원수를 갚겠다는 복수심은 위밍의 의식 속에서 더욱 확고히 자리를 잡아갔다. 심지어 위밍은 일종의 특별한 환각 기예를 수련해냈다. 일단 나쁜 사람을 만나면 잠재되어 있던 또 다른 자신이 큰 용이 되어 날카로운 검을 들고 뛰쳐나와 상대방을 죽였다. 그때 투과되는 그의 눈빛은 모든 사람을 압박할 만큼 예리한 빛이었다.

무예를 수련하는 동시에 위밍은 날마다 일정한 시간을 내어 좌선과 수행을 병행했다. 그러나 복수심은 수그러들지 않고 점점 더 불타올랐고, 구체적으로 누구에게 먼저 원수를 갚을 것인가를 기회를 엿보며 보복을 계획하기 시작했다.

그러던 어느 날 위밍은 평소와 같이 깊이 명상 중이었는데, 어디선가 낮은 목소리가 들려 왔다.

"너는 왜 원수를 갚으려 하느냐?"

위밍은 대답했다.

"그들이 나와 가족들에게 상처를 주었기 때문입니다."

"그들이 무엇 때문에 너와 너의 가족들을 해쳤느냐?"

"그들은 우리가 가진 것이 없어 업신여겼고, 힘이 없다고 무시했습니다."

"왜 그랬다고 생각하느냐?"

"그들은 나쁜 사람들이기 때문입니다."

그러자 목소리가 계속 말했다.

"사실은 그들은 아둔하고 미련하며 욕심으로 가득차서 단지 눈앞만 보고 앞으로 어떤 일이 닥칠지 모르고, 또 어떻게 되든 상관하지 않기 때문이다. 네가 지금 그들에게 복수하는 것은 손바닥 뒤집는 것처럼 쉽지만 그 결과가 어떨지는 생각해 본적이 있느냐?"

위밍은 생각했다.

'그렇다. 이런 원수들의 무지함과 아둔함이 그들 자신에게 가져온 것은 무엇일까? 그들은 아마도 일시적인 통쾌함과 만족감을 느끼겠지만, 이 일시적인 통쾌감은 도리어 엄청난 원한과 죄악을 심어 놓았을 뿐이다. 그러므로 그들은 장래에 천만 배의 노력으로도 이를 회복할 수 없을 것이다. 내가 지금 그들에게 복수하거나 심지어 죽이는 것쯤은 그리 어려운 일이 아니다. 하지만 천진난만한 자식들과 행복에 젖어 있는 그들은 지금 이 순간 누군가가 자신들을 향해 복수의 칼날을 갈고 있다는 것을 알고 있을까?'

이때 위밍의 머리속에 하나의 영상이 떠올랐다.

'내 안의 또 다른 내가 손을 한번 휘두르니 원수는 땅에 쓰러졌고, 선홍빛 피가 바닥을 적신다. 두려움에 젖은 큰 눈을 깜박거리는 원수의 아이는 벽 밑에 앉아 부들부들 떨고 있다. 이때부터 아이는 고아가 되어 사방으로 유랑하게 된다.'

그 아이의 눈빛은 위밍의 환각 속에 오래 오래 머물러 있었다. 그날 이후부터 위밍은 그 어떤 불공평한 일이 있어도 다시는 복수의 칼을 잡지 않았다. 어쩌다 마음이 움직일 때면 바로 천진하고 순수한, 그러나 놀라 겁에 질려 있는 커다란 두 눈이 떠오르게 되었다. 그러면 위밍의 두 눈에서도 눈물이 고여 마치 자기가 바로 원수에게 부모가 살해당한 고아인 것 같았다.

　드디어 어느 날 위밍은 자기가 일찍이 세워 놓았던 복수의 서원을 포기했다. 그리고 이렇게 포기해버린 것 때문에 한바탕 크게 울었다. 마침내 위밍은 드디어 자아를 찾았고, 적과 싸워 이기고 복수하려는 강열한 심경을 뛰어넘었다. 그리고 자기 자신과 싸워 이겨서 원한과 악한 생각을 없애고 타인을 용서하고 적을 용서하는 마음을 갖게 되었다.

　이 모든 옳지 않은 것은 일종의 역연[逆緣, 인연에 위반됨]인가? 사실 수행과정에는 역연이 적지 않다. 그것은 일종의 양분인데, 연꽃이 핀 연못 속의 진흙탕은 비록 매우 더럽고 악취가 나지만 그러나 양분을 받아서 자란 꽃은 도리어 가장 향기롭고 아름다운 이치이다. 이런 사고의 전환은 말하기는 쉬워도 행동으로 옮기는 것은 바다에서 바늘을 찾는 것처럼 어렵다. 왜냐하면 이는 심령의 온갖 고통 속에서 단련되어 나오는 것이기 때문이다! 상사님은 이를 가리켜 '고뇌 속에 핀 꽃'이라고 했다.

위험하고 사나운 챵바

열여섯 살 되던 해, 위밍은 좌선을 통해 선禪의 경지에 올랐을 때였다. '허난현河南縣'이란 글자가 며칠 동안 계속 눈앞에 나타났다. 또한 끝이 보이지 않는 설산에는 소와 양들이 떼 지어 있고, 깎아지른 듯한 높은 절벽 위에서는 좁은 오솔길을 지나는 이의 밝은 웃음소리가 들렸다. 그리고 금빛 반짝이는 금반지 하나가 보였다. 위밍은 생각했다.

'이것은 틀림없이 허난현으로 찾아가라는 뜻일 거다. 그곳엔 분명 어떤 기회와 인연이 나를 기다리고 있을 거다.'

그리하여 위밍은 허난현이라는 곳이 칭하이성 황난저우黃南州에서도 한참 떨어진 곳에 있으며, 티베트족과 몽골족이 모여 사는 소와 양이 많은 보배의 땅임을 수소문 끝에 알게 되었다.

당시에는 황난저우로 가는 장거리 버스가 없었기 때문에 그는 화물을 운송하는 트럭을 타고 가기로 마음먹었다. 위밍은 황난저우로 통하는 길 입구에서 지나가는 트럭 운전기사들을 향해 웃는 얼굴로 10위안짜리 지폐 두 장을 흔들었다.

이때 위밍은 "돈으로는 무엇이든 살 수 있다."라고 소리치는 사람들의 마음을 비로소 알 수 있었다. 그가 들고 있던 지폐는 마치 신령과 통하는 주문 같아서 쌩쌩 달리는 차들을 비웃듯이 멈춰 서게 했고, 위밍은 아주 쉽게 황난저우로 가는 트럭을 탈 수 있었다.

그때 동행한 트럭 운전기사는 챵바强巴라는 티베트족 청년으로, 체격이 크고 우렁찬 목소리는 아주 거칠었다. 이미 강한 예지 능력을 가지고 있던 위밍은 차에 오르자마자 챵바가 마음속으로 생각하고 있는 것을 꿰뚫어볼 수 있었다.

'점심 먹을 때 이 녀석에게 바가지를 씌워야지. 만약 이 녀석이 싫다고 한며 그냥 중간에 내팽겨 쳐 버리면 그만이야.'

위밍은 운전에만 정신을 집중해야 할 사람이 탐욕스러운 생각으로 승객에게 바가지를 씌울 생각만 하는 것은 옳지 않다고 생각했다. 이에 위밍은 챵바를 인도시키고자 곰곰이 생각하다가 챵바의 솜저고리에 걸려있는 불감*을 보며 이야기를 꺼냈다.

"아저씨, 아저씨 목에 걸린 불감이 정말로 아름답군요."

챵바는 호기에 차서 말했다.

"그러냐? 이건 췌시確西활불께서 가피**한 거란다."

칭하이, 티베트 일대의 사람들은 대대로 불교를 신봉하여 일반적으로 고승들이 가피한 법물을 몸에 지녀 호신부로 삼았다.

---

* 불감(佛龕): 은으로 만든 합인데, 그 안에 불상(佛像)을 넣어 두고 있다.
** 가피(加被): 물건이나 사람에게 은택을 주는 것이다.

"저 역시도 불교를 믿고 있어요. 타얼스塔爾寺의 줴시활불이 저의 좋은 친구입니다. 제 목에 걸고 있는 이 길상줄*도 바로 줴시활불께서 제게 선물로 주신 거예요."

챵바는 손을 내밀어 위밍의 목에 걸려있는 그 길상줄을 만지작거리고, 얼굴에 문지르며 생각했다.

'틀렸구나, 틀렸어. 보아하니 점심엔 내가 이 녀석한테 밥을 사게 생겼구나!'

그러면서도 한편으로는 의심을 계속했다.

'혹시 이 녀석이 줴시활불의 지인이라며 나를 속이고 있는 것은 아닌가?'

챵바의 트럭은 모래자갈로 덮인 길을 빠른 속도로 달리고 있었다. 갑자기 불길한 기운을 느낀 위밍은 챵바에게 차를 천천히 운전하라고 다그쳤다. 그러나 챵바는 위밍의 말에 콧방귀를 뀌며 말했다.

"이 녀석아. 네가 운전하는 거냐? 내가 내 차를 운전하는 거다."

위밍도 큰 소리로 부르짖었다.

"아저씨! 제발 속도를 낮춰주세요!"

챵바는 비록 내키지는 않았겠지만 위밍의 말에 속도를 잠시 늦추었다. 바로 그때였다. 뒤에서 달려오던 지프차 한 대가 그들을 추월하고 앞으로 달려 나갔는데, 그 지프차는 그들보다 약

---

* 길상줄(吉祥帶): 목에 걸고 다니면 좋고 상서롭다고 하는 줄을 말한다.

50미터 앞선 곳에서 갑자기 미끄러지더니 서너 번 데굴데굴 구르고 나서야 멈춰 섰다. 원래 그곳은 Z자형 급커브 구간이었던 것이다. 위밍과 챵바는 급히 차에서 내려 지프차에 타고 있던 사람들을 구조했는데, 다행히도 심하게 다치거나 죽은 사람은 없었다. 무사히 구조를 마치고 두 사람은 다시 트럭에 올라서 가던 길을 계속 달렸다. 챵바는 식은땀을 흘리며 더듬거리며 변명하듯 말했다.

"시간이 급하다보니 빨리 갈 수밖에 없었단다."

위밍이 말했다.

"아저씨, 그래도 상황을 보고 빨리 가야 할 곳에서는 빨리 가고 천천히 가야 할 곳에는 천천히 가야하지요."

이때 위밍에 대한 챵바의 태도는 이미 확실히 변해서 말투도 한결 부드러워졌다.

귀신도 걱정하며 지나가는 길

위밍을 태운 트럭은 구불구불한 좁은 길을 겨우 겨우 지나가고 있었다. 챵바가 말했다.

"곧 귀신 길에 다다르게 되겠군!"

그곳은 매우 좁은 길이 이어진 구간으로 한 번에 한 대의 자동차만이 지날 수 있는 곳이라서 만약 두 대의 자동차가 서로 마주치면 그 중 한 대는 반드시 좀 넓은 곳으로 후진한 다음에 다른 한 대를 먼저 지나게 해야 한다고 챵바는 설명했다. 그리고 해마다 여기서 자동차가 산 아래로 추락하는 사고가 발생하여 사람들이 '귀신도 걱정하며 지나가는 길'이라 부른다고 말했다.

위밍은 왼쪽 차창 밖을 내다보았다. 길의 왼쪽 아래는 붓이 서 있는 듯 바닥이 보이지 않는 깊은 절벽으로 바라보는 것만으로도 머리카락을 곤두서게 했다. 그때 갑자기 승합차 한 대가 앞에 나타났다. 급하게 그들을 향해 달려오는 모습이 이미 통제력을 상실한 것처럼 보였다. 위밍이 탄 차는 오르막을 오르고 있었는데, 오른쪽은 산의 벽이고, 왼쪽은 낭떠러지 절벽이었다. 마주 오는 차는 내리막을 달리고 있었고 왼쪽 즉 낭떠러지 절벽 쪽에서 빠른 속도로 내려오고 있었다. 겨우 차 한 대 밖에 지날 수 없는 좁은 길이어서 그 승합차를 피하기 위해 챠바는 급히 브레이크를 밟고 산 쪽으로 바짝 붙였다. 너무 바짝 붙인 나머지 오른쪽 백미러가 산의 벽에 긁혀 부러지면서 귀를 찢는 듯한 소리가 났다.

순식간에 마주오던 차는 그들 옆을 지나쳐 가더니 곧바로 낭떠러지로 떨어졌다. 그들은 눈앞에서 그 차가 산골짜기로 추락하는 것을 바라 볼 수밖에 없었다.

어찌 손 쓸 틈도 없이 이 비극적인 사건은 눈앞에서 순식간에 벌어졌고, 위밍의 마음은 그 차와 함께 산골짜기로 떨어진 듯 처참하여, 마치 온 세상이 그 순간에 파멸되는 것 같았다. 위밍과 챠바는 얼른 차에서 뛰어내렸다. 아래를 향해 내려다보니 계곡의 밑에서는 붉은 핏물이 점점 떠오르고 있었다. 그들은 그곳에서 멍하니 서서 한 마디 말도 할 수 없었다.

이때에 위밍은 부처님께서 말씀하신 '삶과 죽음이 무상하다.'라는 말을 뼈에 사무치게 체험하고 또 이해할 수 있었다. 생명이란 이렇게도 취약하고 이렇게도 예상할 수 없는 것이라고.

그들은 죽은 사람들을 위해 불경을 외우고 천도한 다음 깊은 상실감에 빠진 채로 그곳을 떠났다.

챠바는 절벽 아래로 떨어진 차가 주州정부의 차라는 것을 알고 가까운 마을에 도착하자마자 바로 전화를 걸어 신고했다. 나중에 들은 이야기이지만 차 안에 있던 사람들은 주정부에 근무하는 국장 한 명과 네 명의 수행원들이었는데, 이 다섯 명 가운데 단 한 사람도 살아남지 못했다고 했다.

그날 점심을 먹을 때 챵바와 위밍은 서로 앞 다투어 돈을 내겠다고 했다. 챵바는 워낙 날쌔고 용맹하며 보통이 넘게 힘이 세어서 한 손으로 젊은이 하나쯤은 번쩍 들어 올릴 수 있는 정도였다. 이날 점심에 챵바는 놀랍게도 10여 근의 고기를 먹었다.

용을 새긴 금반지

 챵바는 그 지방에서 꽤 인기가 있어서 위밍에게 적지 않은 도움과 많은 편의를 제공해 주었다. 황난저우에 도착했을 때에 폭설로 인해 산에 오르는 차량이 전면 통제되자, 챵바의 사장은 허난현으로 가지 말라고 충고했다. 이에 챵바는 다른 차를 소개해주어 위밍이 허난현으로 갈 수 있도록 해주었다. 그 차에는 이미 많은 사람들이 타고 있어서, 위밍은 트럭 뒤에 달린 적재함에 겨우 탈 수 있었다. 적재함에는 아무런 칸막이도 없어서 찬바람이 뼛속까지 파고들었고, 눈꽃이 얼굴에 닿을 때마다 마치 칼로 찌르는 듯 아팠다.
 네댓 시간 후에 드디어 차가 허난현에 도착했을 때에 위밍의 온몸은 뻣뻣하게 얼어있었다. 사람들은 위밍을 차에서 내리게 한 다음 햇볕 있는 곳에서 볕을 쬐게 했다. 그리고 어느 마음씨 착한 사람이 근처 식당에서 얻어온 뜨거운 물 한 그릇을 건네주어 그의 몸은 비로소 서서히 따뜻해졌다.
 식당 주인의 성姓은 저우周씨였는데 위밍이 외지에서 온 사람임을 알고 그에게 이곳 식당에서 지내라고 권했다. 주인이 내준 손님방의 침대에 깔린 것은 풀로 짠 멍석인데 손으로 살짝만 눌러도 물이 새어나올 정도로 습했고, 방안의 냉기는 뼛속까지 파고들 정도였다. 그러나 음식점 규정에 의하면 밤에 잠잘 때에만 겨우 쇠똥난로를 피워 몸을 따뜻하게 할 수 있었다. 저녁 무렵이 되어서야 뚱뚱한 주인집 아줌마가 만두 같이 생긴 둥그런 물건을 한 아름 안고 들어와 난로에 집어넣었다. 이것이 바로 주워온 마른 쇠똥이었다.

꽁꽁 얼어있던 사람이 갑자기 따뜻한 불을 쬐니, 몸이 녹는 기분이 영 이상했다. 몸 안에서는 냉기를 밖으로 내뿜고, 몸 밖에서는 열기가 몸을 달구는 통해 몸은 냉기와 열기가 치열하게 싸우는 전쟁터가 되어버렸다. 이런 상황을 견디기 어려웠던 위밍은 밤새도록 좌선을 했다. 좌선하던 중 갑자기 한 마리의 금빛 교룡이 그를 향해 날아왔다. 금빛이 번쩍하더니 이내 사라졌다. 이튿날 아침에 놀랍게도 위밍의 가운데 왼손가락에는 금빛 용이 휘감고 있는 금반지 한 개가 끼워져 있었다.

그 당시 그곳에는 금반지를 낄 수 있을 정도의 능력 있는 사람은 거의 없었다. 그러하다보니 금반지가 끼워진 위밍의 손이 유난히 눈에 띄었다. 그 다음 날 식당 주인인 저우씨는 위밍의 손에 끼워진 금반지를 보고서는 몇 배나 더 친절하게 대해 주었다.

위밍은 한가하고 할 일이 없을 때면, 식당에서 만두 찌는 기술을 배우고 심부름도 하면서 유쾌한 시간을 보내고 있었다.

신비한 예언

위밍이 허난현에 도착한지 사흘째 되던 날이었다. 손님 세 사람이 식당에 왔는데, 주인집 아줌마는 위밍에게 그 손님 중 한 사람이 이곳 현縣의 부현장이라고 알려주었다. 부현장이라는 사람은 키가 별로 크지 않고 얼굴에는 주름이 가득했는데, 현의 간부라기보다는 이곳의 토박이 농부처럼 보였다. 그와 동행한 비서와 운전사가 오히려 더 우아하고 점잖게 생겼다. 부현장은 앉자마자 거들먹거리며 말했다.

"예전처럼 요리를 올리게!"

위밍은 주인집 아줌마와 함께 요리와 술을 가져다 올리며 일을 도왔다. 그런데 웬일인지 부현장은 위밍을 뚫어져라 쳐다보며 눈을 떼지 못했다. 위밍은 그가 그렇게 쳐다보자 좀 당황스러웠다. 어떤 지역에서는 보통 모르는 사람이 그렇게 자신을 뚫어지게 주시한다는 것은 한번 싸워보자는 뜻일 수도 있기 때문이다. 이때 부현장이 위밍에게 말했다.

"얘야, 나에게 손을 좀 보여주겠니?"

위밍이 잠시 머뭇거리다가 손을 내밀었다. 부현장은 그의 손을 잡고 자세히 훑어보았다. 그의 비서도 다가와서 한참 동안이나 자세히 살펴보았다. 그런데 갑자기 부현장이 위밍 앞에 무릎을 꿇고 엎드려 말했다.

"이제서야 제가 드디어 진짜 주인님을 만났습니다."

위밍은 당황해서 어찌할 바를 몰랐다.

"이게 무슨 일입니까? 아줌마, 혹시 저 아저씨는 벌써 술에 취한 건 아닐까요?"

주인집 아줌마가 즉시 말을 끊었다.

"위밍, 함부로 말하지 말거라. 이 분은 우리 현의 부현장님이시다!"

그러자 부현장이 자기 신분증을 내보이면서 말했다.

"오해하지 마십시오. 자 보십시오. 저의 신분증입니다."

위밍에게 건낸 신분증에는 사진까지 붙어있었는데 정말로 부현장이 틀림없었다. 이어서 부현장은 자신의 어머니는 티베트족이고 아버지는 한족漢族인데, 사신은 내내로 관상술에 전통한 집안 출신으로, 전문학교를 졸업한 후에 정부 기관에 들어가서 지금은 이곳의 부현장이라고 되었다고 설명했다.

또한 작년에 어떤 신통한 사람이 일 년 안에 천하에 둘도 없는 대성인大聖人이 찾아올 것이라고 알려주었는데, 자신은 그때부터 그 대성인을 줄곧 기다리고 있었다고 했다. 마침 오늘 오전 회의 내내 앉아 있을 수도 서 있을 수도 없을 정도로 알 수 없는 불안감에 휩싸여 기분전환이나 할 겸 이곳에서 점심을 먹으려고 왔는

道를 찾다 109

데, 의외로 그토록 자신이 기다리던 사람을 만나게 되었다는 것이다.

부현장의 이러한 설명을 듣고서야 불안했던 위밍의 마음이 비로소 가라앉았다. 부현장은 재차 위밍의 왼손을 잡고 다시 한 번 자세히 살펴보더니 말했다.

"그대는 분명히 나의 용의 주인이십니다."

그리고는 위밍에게 본인과 부모의 사주팔자 등을 물어 보았고, 위밍의 대답을 듣고는 몹시 흥분하며 말했다.

"틀림없습니다! 틀림없어요! 당신은 제왕, 아니 그러니까 성인입니다."

위밍이 말했다.

"농담하지 마십시오."

부현장이 말했다.

"내가 부현장이나 되어서 어찌 농담을 하겠습니까?"

위밍이 말했다.

"부현장님이 봤을 때, 내 모양새가 성인의 모습이라고 생각하십니까?"

부현장이 말했다.

"아직은 때가 안 되었습니다. 때가 되면 그대도 곧 알게 될 겁니다."

위밍의 손금을 본 후부터 부현장은 줄곧 땅바닥에 경건하게 무릎을 꿇고 있었고, 위밍이 일어나라고 몇 번을 얘기했지만 그는 그렇게 하지 않았다.

이에 주인집 아줌마가 손을 내밀어 부현장을 끌어당기며 조급하게 말했다.

"부현장님, 얼른 일어나세요. 이러시면 저희는 어떻게 합니까?"

도리어 부현장은 주인집 여자에게 눈을 부릅뜨고 화를 내며 말했다.

"네가 뭘 안다고 그러는게냐! 다시 한 번 나를 끌어당기면 가만두지 않을 테다!"

그리고서는 계속 위밍에게 말했다.

"저에게는 간곡히 바라는 것이 하나 있습니다."

위밍은 '어쩐지, 분명히 관상을 봐준 돈을 요구할꺼야!'라고 생각했다. 그래서 천천히 금반지 낀 손을 바지주머니에 넣으며 물었다.

"그게 무엇인가요?"

부현장은 바닥에 꿇어앉은 채로 간절하게 말했다.

"그대가 지에게 관직을 내려주시기를 바랍니다! 그렇지 않으면 저는 일어나지 않겠습니다."

위밍이 의아하여 두 눈이 휘둥그레졌다.

"뭐라고요? 관직을 내려달라고요?"

부현장이 말했다.

"예, 그렇습니다. 제발 저에게 관직을 내려 주십시오."

그러자 위밍은 어쩔 수 없이 다시 되물었다.

"그럼, 좋습니다. 부현장님은 어떤 관직을 바라십니까? 문관입니까, 아니면 무관입니까?"

부현장이 말했다.

"무관을 주시길 바랍니다."

위밍은 어쩔 수 없이 말했다.

"좋습니다. 그럼 당신을 천지대장군으로 책봉합니다."

부현장은 전통예법에 따라서 세 번 절하고 땅에 엎드리고는 아홉 번 머리를 조아린 다음에 몸을 일으켜 주인집 아줌마를 보면서 말했다.

"태산을 알아보지 못하니 자네는 정말 눈 뜬 장님이구려. 자네 집에 이렇게 귀한 손님이 들어오셨는데 말이야. 오늘 이후로 이분께 필요한 모든 경비는 전부 내가 부담하겠네."

그런 다음에 부현장은 위밍을 자기 집으로 초대하며 손님으로 와주길 간곡히 청했다.

목숨을 빼앗은 계란탕

이날도 역시 식당 일을 돕고 있던 위밍에게 주인아저씨가 다가와 말했다.

"내가 오늘 특별히 자네만을 위한 계란탕과 야채만두를 준비했네."

주인의 그득한 성심은 실로 위밍을 감동시켰다. 일반적으로 야채만두는 고급 요리에 속하지 않지만, 칭하이성의 이 외진 작은 읍내에서는 소고기와 양고기가 넉넉한 것에 비해 채소가 귀하기 때문에 이곳에서는 특별한 음식이었다.

위밍이 계란탕을 마시려고 국그릇을 든 순간, 주인아저씨의 두 살 난 아이가 갑자기 위밍에게 안아달라고 뛰어들어 그만 국그릇을 떨어뜨려 바닥에 국이 엎질러졌다. 그러자 밥상 밑에 엎드려 있던 개가 계란탕을 핥아먹었다. 그런데 갑자기 그 개가 몸을 비틀거리더니 몇 발자국 내딛고는 그대로 땅에 쓰러져 코와 입에서 흰 거품을 토해내고 있었다. 위밍이 놀라며 말했다.

"아니, 아저씨. 갑자기 이 개가 왜 이럽니까?"

신기한 금반지

주인아저씨는 갑자기 살기어린 눈빛으로 위밍에게 식칼을 들이대며 고함을 쳤다.

"너 이 자식, 계란탕 속에 무언가 넣었다는 것을 미리 알고 있었구나!"

위밍은 주인아저씨의 말을 이해하지 못하고 다시 물었다.

"지금 뭐라고 하시는 겁니까?"

주인아저씨는 위밍이 정말로 내막을 모르고 있다는 것을 알고는 잠시 씩씩거리더니 갑자기 핑계거리를 하나 만들어냈다.

"네 이놈, 우리 집 반지를 훔쳐가다니. 당장 내놓지 못할까!"

이때서야 위밍은 주인아저씨가 재물을 탐내 자신의 목숨을 해치려 했다는 것을 깨달았다. 위밍이 물었다.

"아저씨. 아저씨의 반지 뒷면에 글자가 있습니까?"

주인아저씨는 당황해하며 급히 얼버무렸다.

"있었던 것도 같은데, 금金 뭐라고 쓰여 있는데, 잘 기억나지 않아."

위밍이 대답했다.

"틀렸습니다. 뒷면에는 아무 글자도 없습니다."

그러자 주인아저씨는 야만스럽게 말했다.

"글쎄 글자가 있든 없든 상관없어. 아무튼 그 반지는 내꺼라구. 당장 내 놓거라."

이에 위밍이 말했다.

"내가 아저씨에게 이 반지를 줄 수는 있어요. 하지만 아저씨가 이걸 받을 수 있을까요?"

주인아저씨는 입 안 가득 누런 이빨을 모두 드러내며 흉악하게 웃으며 말했다.

"뭐 받을 수 있고 없고가 있겠어? 금반지 하나일 뿐인데. 금으로 된 산이라도 나는 받을 수 있지."

위밍은 조용히 반지를 빼내어서 가볍게 밥상 위에 내려놓고, 방으로 들어가 짐을 꾸려서 의연하게 식당을 떠났다. 주인아저씨는 미친 듯이 좋아하며 그 용이 감고 있는 금반지를 집어 들었다. 하지만 그는 반지에 새겨진 금룡의 눈에서 희미하게 붉은 빛이 뿜어져 나오고 있다는 것을 보지 못했다.

그로부터 1년이 지나고 챵바가 위밍을 만나러 왔다. 그때 챵바가 위밍에게 소식 하나를 전해주었다. 그것은 그 식당에 대형 화재가 일어나서 위밍의 반지를 빼앗았던 주인아저씨는 온몸에 화상을 입고 식물인간이 되었다는 것이다. 이 이야기를 전해들은 위밍은 길게 한숨을 내쉬며 생각했다.

'에이, 이게 모두 욕심이 불러온 화지!'

그리고 또 1년이 지난 어느 날, 위밍에게 불가사의한 일이 또 다시 일어났다. 자신의 집 서랍 속에서 그 식당 주인아저씨에게 주었던 금반지를 발견한 것이다. 그 금반지는 여전히 찬란한 금빛을 번득이고 있었다.
'아니, 이럴 수가! 금반지가 저절로 돌아오다니!'
훗날, 위밍은 이 용이 감고 있는 금반지로 많은 사람들의 병을 고쳐주었다.

여기까지 회상을 마친 상사님은 가슴이 벅차오른 듯 말했다.
"돈과 재물이란 실제로 중성中性이어서 사람을 도울 수도 있고 또 해칠 수도 있단다. 착한 마음을 지니고 돈과 재물을 잘 이용하면 생활에서 필요한 것을 해결할 수도 있고. 사회와 사람들에게 복을 만들어 주어서 공덕을 쌓을 수가 있지. 그렇지만 만일 마음에 나쁜 생각을 갖고 만족할 줄 모르고 욕심을 부릴 때에는 돈과 재물은 곧 사람을 불구덩이로 밀어 넣어 몸은 다치고 망가지며 명예는 찢어지게 되지."

불공평함에 칼을 뽑아들다

오랜 시간 수행과 무예수련을 거친 위밍은 점차 건장한 청년으로 변했다. 어깨와 팔은 근육들이 탄탄하게 자리 잡고, 피부색은 햇볕에 알맞게 그을려 구릿빛을 띠고 있어 마치 고대 무사들처럼 갑옷을 입고 있는 것 같았다. 어느 날 저녁, 친구인 아촨阿川이 우울한 얼굴로 그를 찾아 왔다. 서른 살 남짓한 아촨은 흐르는 눈물 때문에 제대로 말을 잇지 못했다.

아촨이 살고 있던 건물이 이번에 강제철거령을 받았는데, 이주할 곳을 정해주지도 않은 채 벌써 건물을 허물고 있다는 것이었다.

이 철거공사의 담당자는 아주 질 나쁜 깡패로 무뢰배들을 풀어서 철거민들을 내쫓는 일들을 자행하고 있었다. 그곳의 일반주민들은 이들을 두려워해 저마다 피하지 못해 안절부절 했다. 이로 인해 대다수의 철거민들은 이들의 행패로 인해서 어쩔 수 없이 일찌감치 이사를 갔다.

그러나 아촨의 집은 마땅히 이사 갈 곳도 없어서 계속 머물러 있었는데, 이 불한당들은 건물의 전기를 모두 끊고, 가족들을 찾아와 수시로 위협했다. 그리고 아촨의 집에서 식료품을 모조리 빼앗아갔을 뿐만 아니라, 문틈에다 대고 분뇨를 뿌리기도 여러 번이었다. 아촨의 노모는 화병이 나서 몸져누웠고, 어린 아이들은 하루 종일 두려움에 떨며 불안해하고 있다는 이야기였다.

위밍은 이 말을 듣고서는 두말없이 몸을 일으켜서 시비를 가리고자 그들을 찾아갔다. 건물 2층에 그들의 두목을 찾아 위밍은 어두컴컴한 계단을 따라 위로 올라가고 있었다. 한 무리의 불한당들은 위밍과 아촨 두 사람이 아무런 무기도 들지 않은 맨손인 것을 확인하고는 뒤따라 올라왔다. 그들을 뒤쫓는 사람들은 점점 많아져서 2층에 이르렀을 때에는 십여 명에 달했다. 위밍은 반쯤 허물어진 벽에 몸을 기대었는데, 생각지도 않은 흙칼*이 손에 잡혀 집어 들었다.

위밍은 흉악하게 생긴 두목에게 물었다.

"당신이 여기 책임자 같은데, 당신 수하들이 저지른 못된 일들을 알고 있소?"

두목은 부끄러운 줄도 모른 채 사실을 인정하고는 다시 위밍에게 누구이고 무엇을 하려고 왔는지를 되물었다. 위밍은 영민한 꾀를 내어 말했다.

"내가 누구인지 말한다면 너희들은 기절할 것이다. 너희들이 노인을 모욕하고 다른 사람의 식량을 빼앗았으며, 게다가 남의

---

* 흙칼: 건축할 때에 콘크리트나 벽을 바를 때 쓰는 둔탁한 작은 도구이다.

집에다 분뇨까지 뿌렸다. 그 노인은 지금 너희들에게 화가 나서 몸져누워 일어나지도 못하고 있다."

위밍의 말이 채 끝나기도 전에, 두목은 불같이 화를 내며 말했다.

"가만 보아하니 너는 목숨이 필요 없는 모양이구나. 감히 내 일에 간섭하다니! 얘들아, 이놈을 없애버려라."

그때였다. 위밍의 등 뒤에 있던 놈들이 위밍의 어깨를 휘어잡았고, 두목은 칼을 휘두르며 위밍을 덮쳐왔다. 위밍은 피할 곳이 없었다. 급한 김에 얼른 천근이 내려앉는 동작으로 땅바닥에 앉자, 몸 뒤에서 위밍을 끌어안고 있던 사람의 상반신이 위밍의 머리 위에 덮어졌다. 그리고 그 순간 "아이고!" 하는 소리와 함께 두목의 칼은 곧바로 그 사람의 어깨를 내리찍었다.

두목은 실수로 자신의 부하를 찌른 것을 보고는 더욱더 거칠게 위밍을 향해 위협적으로 칼을 휘둘렀다. 위밍이 옆으로 얼른 비켰지만 속도가 늦어서 그만 손가락을 베였다. 위밍은 가지고 있던 흙칼을 본능적으로 재빠르게 던졌고, 그것은 바로 두목의 머리에 명중했다. 상대방은 바로 땅에 넘어졌고 선혈이 흘러 나왔다.

도적을 잡으려면 두목부터 잡아야 한다. 이 불한당들은 세상에서 다시없는 두목이 순식간에 피를 흘리며 쓰러지는 것을 보자 강한 적수를 만났다는 것을 알고 모두 놀라서 주춤거리며 겁을 먹기 시작했다. 모두들 손가락 하나 까딱이지 못하고 숨죽여 멍하니 그곳에 서있기만 했다. 위밍도 두목의 상태가 걱정스러워서 긴급히 구급차를 불러 아찬에게 두목을 병원으로 데려가도록 했다. 며칠이 지나서 아찬은 한편으로 신기해하고 다른 한편으로 기뻐해하며 위밍을 찾아와 말했다.

"그 두목이 죽었어!"

위밍은 크게 놀라서 얼굴빛이 변했다.

"뭐라고?"

아찬이 말을 이었다.

"두목의 죽음은 자네와 관계없어. 그날 두목은 가벼운 찰과상을 입었을 뿐이라서 병원에 입원하지도 않고 바로 집으로 돌아갔었네. 이틀 전만 해도 그는 건물 철거를 지휘할 정도로 건강했는데, 그가 서있던 층이 무너져서 건물 속에 파묻혀 버렸지. 사람들이 그를 발견했을 때에는 이미 숨이 끊어져 있었다네."

아찬의 입은 쉴세 없이 움직이며 떠들어대고 있었지만, 위밍은 아무 것도 들리지 않았다.

인생이란 얼마나 무상한가? 강하다는 것만을 믿고 약한 자를 업신여기던 사람이 어찌 자기가 하기 싫어하는 일은 남에게도 시키지 말라는 말의 의미를 알겠는가! 또한 하늘의 법도는 넓고 넓어 성글기는 하지만 놓치는 것이 없다는 것을 어찌 알겠는가! 그렇게 사납고 위풍이 있었던 사람이 자기가 걸어온 일생을 되돌아보며 자신이 지은 죄를 참회할 겨를도 없이 눈 깜짝할 사이에 이렇게 한줌의 재가 되어 저승으로 갔으니, 이 얼마나 슬픈 일인가!

두목은 자신의 강한 힘을 아껴 바른 일에 사용하여 자신이 속한 아름다운 생활을 창조하지 못했다. 오히려 두목은 자신의 힘만을 믿고 악행을 저지르기 일쑤였으니, 결국에는 자신의 아까운 생명만 일찍 마감한 셈이 되었던 것이다.

입장을 바꾸어 생각하면서 위밍은 자기 자신을 떠올렸다. 이 몇 년 동안 위밍은 무공과 법력으로 자신의 몸과 정신을 강건히 함으로써 행동과 동작이 민첩해졌기 때문에, 과거의 연약하며 무시당하던 모습은 이미 모두 사라지고 찾아 볼 수 없었다. 그러나 위밍은 상당 기간 동안 수행의 새로운 진전이 없다고 느끼고 있었다. 마치 평지를 걷고 있는 것처럼 높이 오르려고 해도 올라가지 못하고, 반대로 내려갈 수도 없었다. 심령이 무언가에 의해 꽉 막혀 있으며, 돌파구를 찾지 못해서 오랫동안 같은 자리에서 배회하고 있는 듯한 기분은 감당하기 힘든 고통이었다.

아마도 위풍당당한 체격과 보통사람을 뛰어 넘는 법력이 그로 하여금 자만한 마음을 갖게 하여 수행의 진전을 막고 있었는지도 모른다. 어떻게 해야 이러한 외형적인 것에 얽매이지 않고, 진정한 나를 찾아 자기를 초월할 것인가? 그는 간절히 그 방법을 찾고 있었다.

부처님께 예배하다

용이 감긴 금반지가 되돌아온 그날 밤에 위밍의 꿈속에 할아버지가 수염과 머리카락을 휘날리며 나타났는데, 기분이 상쾌했다.

"얘야, 네가 알고 있는지 모르겠지만, 지금의 네 생명은 부처님께서 주신 거란다. 원래 넌 큰 재난을 만나 목숨을 보장하기 어려운 운명이었지. 하지만 부처님께서 저우 씨네 집 아이의 손을 빌려서 독약이 든 국을 땅에 엎지르게 하여 네 목숨을 살려주신 거란다.

너를 대신해 계란탕을 먹고 목숨을 잃은 그 개는 네가 전생에 구해준 적 있는 천陳씨 성을 가진 그 고장의 현관이었단다. 그와 그의 가족은 누군가에게 억울한 모함을 받았는데 네가 법력을 사용하여 황상에게 그의 억울함을 알렸고 결국 그는 누명을 벗게 되었단다. 천 현관은 감격하여 눈물을 흘리며 다음 생에는 자신의 생명을 걸고 목숨을 구해준 은인에게 보답할 것을 다짐했단다. 그리고 금생에 그 현관은 저우 씨네 식당에서 개 노릇을 하면서 전생의 은혜에 보답하려는 자신의 소망을 이루기를 기다린 거란다.

이번에 그는 너를 보호했기 때문에 무한한 공덕을 쌓게 되었단다. 그래서 지금은 무우의 천계[*]에서 신선이 되어 있지.

바라건대 너도 빨리 보리[菩提. 무상의 지혜]를 증득하고 큰 소원을 밝히며 끝없는 법력으로 천하 중생을 제도하여 부처님이 만들어 주신 자비와 큰 은혜에 감사드려야 하느니라."

할아버지는 말을 마치고는 가볍게 떠나갔다.

화들짝 놀라 잠에서 깬 위밍은 부처님의 마음에 깊이 감동하면서 동시에 많은 생각에 빠져들었다. 위대한 부처님은 언제나 자신이 가장 위급할 때에 묵묵히 구해주셨다. 하지만 자신은 이제껏 어떠한 필요나 요구 없이 스스로 부처님을 향해 경건하게 향 한번 피우거나 과일 하나, 꽃 한 송이 올린 적 없었다는 생각이 들었다. 위밍은 마음 깊숙이 부끄러움을 느끼고 마음속 깊이 참회했다. 스스로 부처님을 존중하지 않은 것을 참회했고, 스스로의 끝없는 욕심^{**}을 참회했으며, 몸을 낳아준 부모님이 허물이 있다하여 존중하지 못하고 이해하지 못했으며 공경하지 못한 것을 참회했다. 그리고 전생과 금생에 맞서 범접했던 모든 중생에

---

* 천계(天界): 불교에서는 사방에 네 개의 세계가 있다고 알려진다. 동쪽에는 유리광세계, 남쪽에는 환희세계, 서쪽에는 극락세계, 북쪽에는 무우세계이다.

** 원주: 스스로 이미 그렇게 많은 법력을 가졌지만 아직도 조금도 만족함이 없이 추구하는 것을 말한다.

게 깊이깊이 참회했고, 자기가 의식적으로나 무의식적으로나 어떤 하나의 생명에 대해 상처를 주거나 해롭게 한 것을 참회했다. 또한 동시에 중생과 자신은 뿌리가 같고 근원이 같지만, 시작이 없는 겁* 이후로 스스로의 무지로 인해 그들에게 만들어준 고통과 분노, 비애와 불행에 대해 지금 기꺼이 몇 배로 갚기를 원했다. 그리고 가장 어렵고 가장 깊은 참회는 바로 스스로 이미 가지고 있었던 증오심과 복수심에 대한 것이었다.

위밍의 마음은 점차 가벼워지고 편안해지기 시작했다. 매번 참회를 할 때마다 위밍은 머리를 땅에 대고 절을 했다. 아울러 머리를 땅에 대고 절을 할 때에 몸의 세포 하나하나가 모두 '나'이고, 이 무수한 '내'가 전 세계, 나아가서는 우주와 허공에 퍼져 있으며, 이 무수한 '내'가 함께 부처님을 예배하고 염불하는 것을 관상**했다.

그런 다음에 위밍은 정좌를 하고 눈을 감고는 거대하고 자비하신 부처님이 허공에 서서 상서로운 소식을 발산하는 모습을 관상했다. 그는 의식과 상상을 이용하여 한 가지 동작을 덧붙여 예배를 진행했다.*** 이런 과정을 반복하다 보면 정말로 머리를 땅에

---

* 겁(劫): 불교의 시간을 재는 단위로 범어의 kalpa의 약칭으로 거의 무한한 시간을 말한다.
** 관상(觀想): 진푸티의 선법(禪法)은 관상선(觀想禪)이라고 하는데, 이는 선(禪) 수행을 하면서 눈을 감고 실제 본 것으로 상상하는 방법이다.
*** 원주: 정좌를 한 그는 머리를 40도부터 90도로 숙여 자기 머리가 이미 바닥에 닿았다고 관상을 한 다음에 다시 천천히 머리를 드는 것이다.

대고 예배하는 것 같았다[*].

이렇게 30~40일간 참회하고 예배하고 나니, 위밍이 예배를 할 때마다 옆에서 지켜보던 사람들은 늘 위밍에게 말했다.

"당신의 동작은 이미 멈춰져있습니다."

그러나 위밍은 여전히 예배하고 있었고, 중간에 끊이지 않았다고 느꼈다. 또 얼마 후 위밍은 예배를 하던 중에 천상에 있는 자신을 보았는데, 그곳은 대단히 매력적인 경치와 아름다운 색채로 뒤덮인 곳이었다. 그곳에는 많은 보살과 천인들도 함께 있었는데, 마치 위밍을 향해 예의를 차리며 이렇게 말하는 것 같았다.

"이곳으로 그대가 돌아온 것을 환영합니다."

위밍은 무한한 기쁨과 상서로움으로 충만해졌다. 오랫동안 만나지 못했던 지인을 만난 것 같은 무한한 기쁨을 느꼈다. 그리고 멀지 않은 곳에 금빛과 자주 빛을 발산하고 있는 높은 연화대 위에는 위밍이 가장 존경하는 대자대비하신 부처님이 앉아서 그를 향해 고개를 끄덕이며 미소를 짓고 있었다. 이때 위밍은 마치 무수한 어려움과 비바람을 거친 유랑아가 드디어 오랜 세월 동안 이별해 있던 자애로운 아버지를 만난 것처럼 눈물이 샘솟는 듯했다.

위밍은 부처님을 향해 빠르게 달려 나갔다. 연화대 아래에서 만 가지 마음속의 말들은 울음소리가 되어 흐느껴 터져 나왔다. 한 바탕 울음을 쏟고 나자 위밍의 몸은 천천히 날기 시작했다. 어

---

* 원주: 관건은 이러한 관상과 생각과 공경심을 유지하는 것이 중요한 것이라고 제시하였다.

디선가 나타난 한 송이의 꽃구름이 위밍을 받쳐주었고, 부처님의 진짜 모습을 볼 수 있게 되었다. 위밍은 부처님의 대자대비, 대지대혜, 대위대용을 강열하게 받아들였다.

그리고 나서도 위밍은 여전히 온몸과 온 마음으로 참회하고 예배했다. 의식은 있지만 의식이 없었고, 염불하지 않는데도 염불하고, 절하지 않았는데도 절하는 특수한 상태로 아주 빠르게 빠져 들어갔다. 그의 하나하나의 세포가 바로 하나의 '나'이고, 이 무수한 '나'가 모두 함께 예배하고 염불하며, 이 무수한 '나'가 허공에 널리 퍼져 있었다.

또 얼마간의 시간이 흐르자 위밍의 주변으로 오색구름이 나타났고 입에서는 오색 빛이 발산되었으며, 그 빛은 공중에서 모여서 흩어지지 않고 한 송이 아름다운 꽃으로 변했다. 머리를 땅에 대고 절하고 예배하면 이와 같은 일이 매일매일 반복해서 계속되곤 하였다.

어느 날 하루는 위밍의 인당에 하나의 엷은 남색 구슬이 흩어져 발산되었다. 구슬은 호흡에 따라서 그의 이마 부근에서 나왔다 들어갔다 했다. 구슬은 갈수록 점점 더 밝게 드러났고 에너지도 점점 강해져서 호흡에 따라서 몇 미터 밖까지 멀리 날아갈 수 있었다. 그리고 위밍의 몸은 옥 같이 부드럽고 윤기가 나 반들거리며, 기이한 향내를 발산하기 시작했다.

이때부터 위밍은 고기냄새만 맡으면 악취로 느끼게 되고, 칼날만 보아도 마음이 도려내는 듯 아팠으며, 누군가가 고기를 들고 있는 모습을 보면 마치 그 자신의 살을 들고 있는 것처럼 느껴져 몹시 고통스러웠다.

사방에서 금빛 나는 부처님

　이날의 선정 속에서 위밍은 영원히 잊어버릴 수 없는 하나의 장면을 보게 되었다. 그것은 끝도 없고 한도 없고 헤아릴 수도 없는 많은 생명들이 고통 속에서 신음하고 울부짖으며 다투는 모습이었다. 그리고 그곳 한가운데에 있는 높은 좌대 위에는 금빛 찬란한 부처님이 단정하게 앉아계셨다. 부처님은 네 개의 얼굴을 가지고 있었는데, 각각 동서남북을 향하고 있었다.
　금빛 부처님은 중생들이 슬퍼서 부르짖는 소리를 듣고 사면의 얼굴에서 수정같이 맑은 눈물을 흘리고 있는 것이었다. 부처님은 일곱 색깔의 빛을 비추고 있는 큰 손을 천천히 들어 중생들을 하나하나씩 가볍게 받들어 일으키고, 그들의 상처와 아픔을 어루만져 주었는데, 모든 생명들이 미소 지을 때까지 멈추지 않았다.
　위밍은 선정 속에 들어가서 그 금빛 부처님의 얼굴을 자세히 살펴보았는데, 놀랍게도 그 금빛 부처의 얼굴이 바로 그 자신의 얼굴이었다.
　"어떻게 내 얼굴이 부처님의 얼굴일까? 마음속의 마귀가 장난을 치고 있기라도 한단 말인가?"

위밍은 자신에게 몹시 화가 났으며, 부처님을 존중하지 않고 하늘 높고 땅 넓은 줄을 모르는 스스로를 책망했다. 그는 자신에게 징벌을 내리며 부처님 앞에서 수 없이 머리를 숙여 절을 하면서 부처님의 얼굴을 잘못 본 것에 참회했다.

그러나 그 후로도 며칠 동안은 선정에 들 때마다 계속 똑같은 영상이 눈앞에 나타났다. 이에 그는 선정에 들어가는 것을 회피하고자 아예 좌선하러 가지 않았다. 위밍은 아침 일찍 밖으로 나가서 시험 삼아 뛰어 보기도 하고 혹은 건축공사장에 가서 고된 인부노릇을 하면서 자기에게 체벌을 가하기도 했다. 공사장에서 2미터 높이의 얼개 위를 향해 벽돌을 던지는 일을 했는데, 다른 사람은 한 번에 두 개씩 던졌지만 그는 열두 개씩 던졌다. 하루에 이천여 개의 벽돌을 던지고 집에 돌아오면 피곤하여 침대에 오를 기력조차 없었다.

어느 날 위밍의 아버지는 건축공사장에서 젊은 인부들이 담장을 많이 삐뚤어지게 쌓아 놓은 것을 보고, 자발적으로 다시 허물고 바르게 쌓는 일을 도맡아 했다. 아버지는 젊은 인부에게 시범을 보이며 지도하여 서너 시간 만에 겨우 담장을 다시 쌓았다. 그러나 일을 마친 아버지는 너무나도 피곤하여 허리를 펴고 일어서지를 못했다. 사실 아버지는 허리를 다쳐서 고약을 붙이고 있었으며, 이미 자신의 작업을 하느라 몹시 지치고 피곤한 상태로 아버지 스스로는 자신을 감당할 수 없는 상태였다. 힘들게 일하는 아버지를 보고 마음이 아팠던 위밍은 집으로 돌아오는 길에 아버지에게 말했다.

"아버지, 아버지는 연세가 많고 허리도 아프신데, 이렇게 많은 일을 하시다가 몸이라도 상하시면 어쩌시렵니까?"

아버지는 아주 태연하게 말했다.

"부실하게 지어진 집에 사람이 살게 되면 위험할 수도 있단다. 그러니 잘 만들지 않으면 안 된단다. 내가 좀 더 많이 일한 것이야 무슨 대수겠느냐. 속담에 할 수 있는 사람이 더 수고한다고 했는데, 무엇을 네 일 내 일이라 하겠느냐."

아버지의 말씀 한마디 한마디가 위밍의 심금을 울려주었으며 마치 의식적으로 자신에게 하는 말인 것 같았다.

얼마간의 시일이 지난 다음에 위밍이 또 선정에 들었는데, 눈앞에 나타나는 광경은 여전히 똑같았다. 금빛 나는 좌대 위에 단정히 앉은 부처님은 그의 일곱 색깔의 빛이 나는 오른손을 들어 고통 속에 있는 생명들을 하나씩 구해주고 있었다. 위밍은 또 부처님 앞에 가까이 가서 존경하는 눈길로 그의 얼굴을 바라보았는데, 아! 어찌하여 아직도 자신의 얼굴이냐 말인가?

뒷걸음질 치며 자책하는 위밍의 귓가에 아버지의 목소리가 들려왔고, 그 소리는 한 가닥 실구름이 되어 상공에서 감돌고 있었다.

"할 수 있는 사람이 더 수고하는 것이지, 무엇을 네 일 내 일이라 하겠느냐."

위밍은 갑자기 깨달았다. 그렇다. 부처님의 얼굴이 자신의 얼굴이면 또 어떻단 말인가? 수행이란 결국 무엇을 위해 하는가? 좌선하는 것을 곧 수행이라고 할 것인가? 단지 좌선만 하면 성불할 수 있는가? 부처님은 다만 선정 속에만 안주安住하는가? 선禪이란 무엇인가? 그렇다면 '자慈·비悲·희喜·사捨'는 선이 아닌가? 선은 정定을 만들고, 정은 혜慧를 만드는데 혜는 무엇을 만들어 내는가?

위밍은 자기를 가장 감동시킨 것이 바로 부처님의 대자대비이고, 보살의 대원대행이라는 것을 깊이 깨달았다. 당시에 석가모니 부처님은 중생들이 고통을 떠나 즐거움을 얻게 하기 위함이었으니, 비로소 고생하며 수행하고 좌선하여 선정에 들어가 선정 속에서 커다란 지혜를 얻고 커다란 해탈을 얻었는데, 그런데 도대체 무엇을 해탈시켰다는 것인가? 아! 위밍이 해탈시킨 것은 바로 인류가 괴로워하는 근원이고, 벗어 버린 것은 모든 탐념에 대한 집착이며, 버린 것은 자아이고, 얻은 것은 중생이었다!

열심인 예 대사

황난저우에 갔던 날부터 위밍과 챵바는 친구가 되었고, 챵바는 차를 몰고 근처를 지날 때마다 언제나 위밍을 만나러 왔다. 또 항상 위밍에게 얼마간의 불법수행의 방법들을 가르쳐 달라고 하기도 했다. 챵바는 성격이 많이 좋아져서 예전처럼 그렇게 난폭하지 않았다.

이때 위밍은 이미 병을 치료할 수 있는 약간의 능력을 갖고 있었는데, 항상 자기가 할 수 있는 최선을 다해 다른 사람들의 병을 치료해 주었다.

공교롭게도 예전에 인조 스승님과 무공을 겨루었던 예 대사란 분도 위밍의 집에서 그다지 멀리 떨어져있지 않은 곳으로 이사를 왔다. 예 대사는 자주 위밍을 만나러 왔고, 올 때마다 항상 식량이나 과일 같은 것들을 가지고 왔다.

한번 예 대사는 위밍의 신발이 해져서 발가락이 밖으로 나온 걸 보고 새 신발을 사가지고 집으로 와 직접 위밍에게 신어 보게 했다. 이 일로 위밍은 깊은 감동을 받았고, 아버지라 해도 이렇게 잘해줄 수 없다고 생각했다. 위밍은 감격하여 예 대사에게 말했다.

"예 대사님, 저에게 이렇게 잘 대해주시니 정말 몸 둘 바를 모르겠습니다."

예 대사는 말했다.

"그런 말 말아라, 위밍아. 우리는 오래 전부터 알고 지낸 사이가 아니더냐. 나와 자네 선생님과도 연분이 있다고 할 수 있으니, 후배를 돌보는 것도 역시 나의 책임이지."

위밍이 말했다.

"대사님, 대단히 감사합니다. 앞으로도 많이 가르쳐 주십시오."

예 대사는 고개를 저으며 말했다.

"애석하게도 자네는 능력이 좀 모자라네."

그런 다음에 혼자서 자문자답하듯이 말했다.

"자네 능력이 자네 선생님의 백분의 일이라도 따라갈 수 있다면 정말 좋겠네."

예 대사는 병을 고치는 능력이 매우 비범하여, 날마다 그를 찾아오는 사람들이 줄을 이었다.

어느 날 위밍은 멀지 않은 곳에서 몇몇 사람들이 무언가를 둘러싸고 있는 것이 창문 밖으로 보였다. 위밍이 달려 나와 사람들을 비집고 들어가 보니 한 중년 부인이 창백한 얼굴을 하고 고통스럽게 땅에서 뒹굴며, 쉰 소리를 내며 소리치고 있었다. 옆에 있던 한 중년 남자가 수심에 찬 얼굴로 말했다.

"아이고, 정말이지 어찌할 방법이 없구나. 우리는 병을 고치기 위해 모든 병원을 두루 다녔지만 모두 고칠 수 없다고 하네. 여기에 사는 예 대사님이 아주 비범하다고 해서 이렇게 먼 길을 찾아 왔는데, 대사님마저도 방법이 없다니. 아! 전생에 죄가 많아 벌을 받는 모양이군."

위밍이 앞으로 다가가서 자세히 물었다.

"무슨 병입니까?"

중년 남자가 대답했다.

"두통이오. 아프기만 하면 이렇게 이성을 잃는다오."

이 말을 들은 위밍은 땅바닥에 쓰러져 고통스러워하고 있는 중년 여인을 자세히 관찰했다. 그리고는 한숨을 쉬며 말했다.

"확실히 쉽지 않겠군요. 이 병의 뿌리는 적어도 20년은 되었네요."

위밍은 바닥에 쓰러져있는 그 여인을 부축하여 일으키며 따뜻하게 말했다.

"나를 좀 보십시오. 나의 눈을 보십시오."

여인은 고개를 들고 흐릿한 눈길을 위밍의 눈으로 옮겼다. 위밍의 에너지가 그녀의 손을 거치고, 눈을 거치고, 눈길을 거치고, 소리를 거쳐서 그녀에게 전해졌다. 여인의 눈빛은 점점 맑고 고요해졌고, 안색도 점점 혈색이 돌았다. 그런 다음에 숨을 한번 몰아쉬었다. 그녀는 머리를 두드려 보더니 말했다.

"머리가 아프지 않은 것 같아요! 아! 정말 아프지 않아요!"

여인은 기뻐서 어쩔 줄 몰라 했다. 그녀는 가벼운 걸음으로 걸어 보기도 하고, 뛰어보기도 하더니 연신 고함을 질렀다.

"아프지 않아요! 나는 이제껏 지금처럼 이렇게 머리가 가벼워 본 적이 없어요!"

위밍이 오히려 머리가 좀 어지러워지는 것을 느꼈다. 그 후에 그녀의 가족들이 위밍을 찾아와 감사해 했다. 이때부터 위밍은 병을 잘 고친다는 명성이 널리 퍼졌으며, 그에게 병을 고치러 오는 사람이 갈수록 많아져서 그는 쉴 새 없이 바쁜 나날들을 보내고 있었다.

그리고 며칠이 지나고 예 대사가 적지 않은 선물을 가지고 위밍의 집에 찾아 왔다. 대사는 경탄해 마지않으며 위밍에게 말했다.

"여보게, 자네는 재주를 가지고 있으면서 드러내질 않았더군. 역시 자네 선생님이 자네를 잘못 선택하지 않았어."

"대사님 과찬이십니다. 앞으로도 대사님께서 많이 가르쳐 주십시오."

예 대사는 말했다.

"자네는 여전히 겸손하구만. 그러니 이렇게 가까이 있으면서도 자네의 이런 재주를 몰라볼 수밖에!"

그런 다음에 탄식조로 말했다.

"후생이 가외라*!"

---

* 뒤에 난 사람은 두려워할 만하다는 뜻으로, 후배는 나이가 젊고 의기가 장하므로 학문을 계속 쌓고 덕을 닦으면 그 진보는 선배를 능가하는 경지에 이를 것이라는 말이다.

道를 찾다 135

이날 위밍은 예 대사의 몸에서 파도 같은 에너지가 뭉클뭉클 발산되고 있다는 것을 느꼈는데, 이는 이제껏 느껴보지 못한 것이었다.

병을 고치러 오거나 도와달라고 오는 사람들이 많으면 많을수록 위밍은 예전처럼 한가하게 좌선하기가 어려웠다. 그러나 위밍은 매일매일 알차고 즐거운 나날을 보냈다.

석 달 뒤 어느 날 아침에 예 대사가 위밍을 찾아왔다.
"여보게 위밍, 최근에 근처에 있는 헤이뉴산黑牛山에 세상에서 진귀한 보물이 있다는 게 느껴지는데, 자네는 어떤가?"
위밍이 말했다.
"아니요. 아마 저의 능력이 아직 모자라서겠지요."
예 대사가 다시 말했다.
"자네, 나하고 헤이뉴산에 한번 가서 도대체 그곳에 어떤 보물이 있는지 함께 찾아보지 않겠나?"
헤이뉴산은 북쪽 산 뒤에 있는 황량하고 가파른 산봉우리로 산세가 험하여 평소에는 그곳에 가는 사람이 거의 없었다. 위밍은 비록 그 보물에 대해서는 별다른 관심은 없었지만 예 대사 혼자 그곳에 갔다가 무슨 위험이라도 만날까 걱정이 되어 대사와 함께 가기로 약속했다. 그리하여 두 사람은 함께 헤이뉴산을 올라갔다.

헤이뉴산에서 위험을 만나다

헤이뉴산으로 가는 길은 갈수록 좁고 험했다. 그들이 산골짜기에 도착했을 때는 벌써 점심때가 되어 있었다. 온통 험한 절벽으로 둘러싸인 주변을 둘러보고 위밍은 마음속으로 생각했다.

'정말 험한 산세로구나. 만약 여기서 전쟁이라도 일어난다면, 이 골짜기에서는 어느 쪽이든 살아 돌아갈 수 없겠구나.'

두 사람은 아주 빠른 속도로 정상에 올라갔다. 산 정상에 오르자 그렇게 좁고 험준했던 길은 삽시간에 탁 트인 끝없는 장관이 펼쳐지자, 위밍의 마음이 상쾌해졌다. 예 대사도 감탄하여 말했다.

"참으로 인간세계에 있는 선경이로구나!"

대사는 앞에 있는 돌출된 곳을 가리키며 말했다.

"내 느낌에 그 신비한 에너지는 바로 저기에서 올라오는 것 같으니, 가서 좀 보세."

그리고 또 말했다.

"자네는 젊으니 반드시 뭔가를 발견할 수 있을 걸세."

돌출된 곳 앞에서 걸음을 멈추고 내려다보니, 아래는 만길 깊은 낭떠러지였다. 찬바람이 이따금씩 불어와 얼굴에 부딪쳤고, 위밍은 한 모금 찬 기운을 들이켜 정신을 가다듬었다. 그리고 바로 눈을 감고 온몸으로 그 신비한 에너지를 감지하기 시작했다. 그런데 갑자기 거대한 힘이 뒤에서 위밍을 습격해 왔다. '악!' 하는 외마디 소리와 함께 위밍의 몸이 자신도 모르게 앞으로 기울어져 낭떠러지로 떨어지려고 했다. 이 위급한 상황에서 위밍은 반사적으로 공중에서 몸을 휙 돌려 손을 내밀어 절벽가의 암석을 틀어잡았다. 위밍은 공중에 매달려 있었으며 음침하고 싸늘한 산바람이 몸속을 꿰뚫고 지나는 것을 느꼈다.

"예 대사님, 구해주세요!"

위밍이 크게 외쳤다. 그렇지만 예 대사는 완전히 다른 사람처럼 바뀌어 모질게 웃으며 말했다.

"나보고 구해 달라고? 이 미련한 녀석! 관 속에 들어가서도 왜 죽었는지 모를 녀석 같으니라고. 좋아, 그렇다면 네가 왜 죽어야 하는지 알려주지. 예전에 너의 스승에게 패하고 나서부터 줄곧 나는 몸과 마음을 다 받쳐서 복종할 생각이었다.

그런데 몇 년 후에 생각지도 못하게 이번에는 네 손에 패하게 되었다. 사람이란 한마디 말을 얻으려고 다투고, 부처는 한 가닥 향불을 가지려 한다고 했다. 나는 지금 이런 상황을 결코 받아들일 수 없다!"

이 말을 들은 위밍은 몹시 괴로웠고, 눈앞에 있는 이 사실을 받아들일 수 없었다.

"예 대사님, 오해십니다. 저는 줄곧 대사님을 아버지처럼 생각했습니다. 그리고 한순간이라도 대사님에게 맞서고자 한 적이 없습니다."

예 대사는 냉소적으로 말했다.

"나에게 맞선 적이 없다고? 그럼 왜 나의 환자들이 모두 네가 있는 곳으로 몰려갔느냐? 나는 진작부터 너를 없애려고 생각했었다. 지금 네가 할 수 있는 것은 오로지 죽는 길뿐이다!"

그러나 예 대사는 말을 마치기 무섭게 '악'하는 외마디 비명과 함께 바닥에 거꾸러졌다. 도대체 무슨 일이 일어났는지 어리둥절하는 위밍 앞에 챵바가 나타났다. 챵바는 솥뚜껑만한 큰 손으로 위밍의 겨드랑이를 잡아서 위로 끌어올려놓고는 다급하게 위밍에게 물었다.

"어때, 다친 곳은 없니?"

"없어!"

챵바는 땅 위에 쓰러져 작은 미동도 없는 예 대사를 가리키며 말했다.

"나는 이 늙은이가 좋은 사람이 아니라는 것을 일찍부터 알아보았지. 그를 따라 여기까지 오다니. 자네는 어찌 이리도 우둔한가? 나는 줄곧 자네 뒤를 따라왔었는데 중간에 그만 놓쳐버렸지. 만약 내가 조금만 늦게 왔느라면 사네는 죽은 목숨이었을 서야. 이 늙은이는 나에게 맡기게."

"함부로 하지 말게!"

위밍이 급히 손을 흔들어 만류했지만, 예 대사의 등에는 비수가 꽂혀 이미 선혈이 옷자락을 물들이고 있었다. 원체 힘이 있고 용맹했던 챵바는 이 위급한 찰나에 정확히 예 대사에게 칼을 날렸던 것이다. 예 대사는 고통스러워하며 온 힘을 다하여 말했다.

"나를 죽이지 말게. 제발 나를… 살려… 주게."

위밍이 손을 내밀어 예 대사의 상처를 눌러 지혈시키고 치료해 주었다. 피가 멎자 위밍은 땅에서 한줌의 흙을 쥐어 두 손에 넣고 힘껏 비볐다. 그런 다음에 한 손으로 천천히 예 대사의 등에 꽂혀있던 비수를 뽑아냈고, 다른 한 손으로는 그 흙을 예 선생님의 상처에 바르고 손으로 그 위를 눌렀다. 약 30분가량 지난 후에 위밍이 말했다.

"큰 문제는 없을 것 같습니다."

위밍은 예 대사를 부축해 일으켰다. 예 선생님은 한동안 눈물을 흘리면서 말했다.

"위밍! 나를 죽여주게. 나는 이제 더 이상 살 면목이 없네. 자네 볼 낯도 없고. 왜 늙으면 늙을수록 점점 바보가 되는지……."

위밍이 예 대사의 말을 잘랐다.

"대사님, 제가 나이가 어려 대사님을 범했을 지도 모릅니다. 대사님은 그때 바로 저에게 지적을 해주셔야 했습니다."

예 대사는 엉엉 울기 시작했다. 예 대사의 행동은 위밍을 오랫동안 곤혹스럽게 만들었다. 예 대사는 무공이 높고 강하여 이미 많은 사람들의 존경을 받아 명성도 높았으며, 재물도 모자라지 않았다. 게다가 그들 두 사람은 평소에 왕래하며 언제나 서로 예의로 대하고 서로 공경했다.

그런데 도대체 무엇이 예 대사를 이런 독한 상황으로 몰고 왔는가? 자기가 본래 가지고 있던 명성이나 혹은 지위가 위협 받았다고 느낀 것일까? 인생이란 이토록 무상無常하고 세상일이란 예견할 수 없다는 것을 어찌 알았겠는가! 또한 자신과 관련된 사람과의 일이 영원히 자신이 소유하는 것을 의미하지 않는 것을 알았겠는가!

위밍은 이로부터 중생들의 고통에 대해 더욱 깊게 깨달았다. 예 대사처럼 여러 해 동안 수행을 한 사람도 처음부터 끝까지 명리名利에 대한 추구를 버리지 못하고 이익에 다다르면 지혜가 혼미하여져서 망령되게 살인의 손길을 내밀게 된다. 이러한 비극은 어쩌면 매일같이 이 세상의 모든 구석구석에서 발생될지도 모른다.

몇 달 후에 예 대사는 건강이 완전히 회복되었다. 위밍의 자비와 관용은 예 대사를 크게 흔들어 놓았으며, 생명과 수행에 대해 새로운 인식을 갖게 했다. 이때부터 예 대사는 성실하게 참회하며 위밍의 가르침을 받았으며, 이후에는 가장 부지런하고 특별한 푸티 제자가 되었다.

목욕

 이날도 선정 속 위밍 앞에 관세음보살이 면사포 같은 가벼운 긴 치마를 입고 아름다운 빛을 발산하며 나타났다. 보살이 말했다.
 "나를 따라 오너라!"
 이에 위밍은 관세음보살을 따라 가볍게 날아서 매우 아름답고 고요한 큰 골짜기에 이르렀다. 그곳에는 드넓은 큰 강이 있었고, 강물이 어찌나 맑은지 바닥이 훤히 들여다보였다. 그리고 강 양옆으로는 넓은 풀밭과 울창한 수목이 펼쳐져 있고 활짝 피어난 신선한 꽃들이 아름답기만 했다.
 어느 새인가 위밍은 물 안에 서 있었다. 위밍이 물을 떠서 세수를 하자 청량한 기운이 그의 몸과 마음에 스며드는 것 같았다.
 이때에 보살이 버들가지를 가볍게 흔들었고, 몇 방울의 수정 같이 맑은 감로가 위밍의 머리와 입술에서부터 몸 안으로 들어왔다. 위밍은 흠칫하고 몸서리를 쳤다. 그러자 위밍의 깨끗한 몸은 비취빛으로 변했다. 알지 못하는 사이에 위밍은 수면에 누워 물결 따라 둥실둥실 떠 있는데 몸과 마음이 더없이 청정해지는 기분이 들었다. 위밍은 푸른 하늘과 흰 구름, 청산 그리고 그리 멀지 않은 곳의 허공에 떠 있는 보살님을 바라보고 있었다. 멀리서는 귀를 즐겁게 하는 천음이 바람을 타고 들려왔고, 위밍은 그 속에 있는 미묘한 의식의 경지에 깊이깊이 도취되었다.

   이 상태에서 깨어났을 때에 위밍은 자신의 집 나무침대 위에 누워있었다. 그는 문득 깨달은 바가 있어 얼른 침대에서 뛰어 내려서 침대에 깔려있던 이부자리와 담요를 모두 걷었다. 놀랍게도 침대널판 위에는 포도 알 만하고 수정같이 반짝이는 물방울이 한 층 깔려 있었다.* 위밍이 물방울 하나를 집어 맛을 보니 아주 달콤했다. 그 후부터 위밍의 몸은 비교할 수 없이 더욱더 향기로워졌다.

---

*   침대널판은 아주 거칠었고 아무런 가공을 하지 않은 나무판이었다. 상식적으로 생각해보면 거친 나무판이든 목판에 폈던 담요이든 모두 물을 흡수한다.

상서로운 구름이 돌아오다

날씨는 여전히 매서워서 유리창에는 얼음꽃이 덮였고 창틀에는 두꺼운 얼음이 얼었다. 집안의 벽에도 서리꽃으로 덮여 있어서 반짝거리는 빛을 내뿜는 백옥 같은 벽이 되었다.

그날 깊은 밤에 위밍은 묵념하며 예배하는 가운데 '공적[空寂, 텅 비고 고요함]'에 들어갔다. 부처님이 말씀하신 '불생불사'를 그 시각에 몸으로 이해한 것이다. 시간이 얼마나 지났을까, 위밍의 머리 위에는 손을 내밀면 닿을 것 같은 거리에 한 덩어리의 매우 맑은 자주색 꽃구름이 나타났다. 구름의 색채가 선명하고 부드러워 유난히 아름다웠다.

위밍은 이를 선禪의 경지라고 여겼는데, 눈을 떠보니 상서로운 구름이 실제로 그에게서 1미터도 안 되는 거리에 떠 있었다. 위밍은 이미 모든 사물을 생명으로 보는 습관이 되어있어, 상서로운 구름과 마음으로 대화했다.

"상서로운 구름아, 너는 어디에서 왔느냐? 어떤 인연을 찾으려 이곳에 왔느냐?"

위밍의 마음은 구름이 낮은 소리로 하는 말을 들었다.

"저는 당신을 찾아 온 것입니다."

위밍이 말했다.

"왜 나를 찾느냐?"

상서로운 구름이 말했다.

"저는 본래 당신의 것이며, 당신 신체의 일부분이었습니다."

말을 마친 구름은 아랫부분이 하나의 띠 모양으로 변했는데, 그 띠는 마치 하나의 폭포처럼 보였다. 구름 띠는 위밍을 에워싸며 한 바퀴 돌아 허리로 오더니 그의 몸 안으로 들어오기 시작했다. 구름은 마치 안개 같기도 하고, 어떤 기 같기도 하고, 또 어떤 에너지 같기도 했다. 자주색 구름이 위밍의 몸 안으로 들어가자 이번에는 붉은색 구름이 나타나 따라 들어가고 그 뒤를 이어서 또 파란색, 주황색, 녹색 등이 뒤따랐다. 이러한 정경은 몇 시간 지속되었으며 위밍의 몸은 조금도 움직일 수 없었다. 다만 이 모든 것을 잠자코 받아들이고 묵묵히 느낄 수만 있었다.

이튿날 아침에 눈도 뜨기 전에 위밍은 자신의 이마 중앙에서 금빛 광선이 줄기줄기 발산되는 것을 느꼈다. 그가 얼른 눈을 떠 보니 무수한 줄기의 금빛 광선이 그의 두 눈에서 사방으로 방사되어 나가고 있었다. 갑자기 위밍의 머릿속에서 '쿵'하는 큰 소리가 울리며 천지가 진동하여 마치 '대폭발'이 일어난 것 같았다. 그리고 머릿속에 있던 모든 기억들이 사라졌다.

그런 다음에 모든 것이 전부 낯설어져서 위밍은 끝내 가족들조차도 알아보지 못했다. 위밍의 기억 속에 있던 과거의 모든 경력과 이야기들, 그리고 그가 의식적으로 기대하고 바랐던 것들이 이렇게 갑자기 한순간에 소멸되어서, 마치 이전에 아무 일도 없었던 것처럼 아무런 흔적도 남아 있지 않았다.

사흘 동안 위밍은 줄곧 이러한 특수한 상태 속에 있었다. 그때 공교롭게도 그가 살던 지역에 지진이 발생하여 집안의 물컵, 차 주전자 등이 모두 흔들려서 탁자에서 떨어져 내렸다. 그리고 그의 집 근처 지하에 묻혀있던 직경 1미터 가량의 상수도관도 갑자기 폭발하여 엄청난 양의 물이 땅에서 뿜어져 올라왔다. 며칠이 지나고 나서야 위밍은 비로소 천천히 기억을 회복했다. 그 해 위밍의 나이는 스물한 살이었다.

상사님의 이마 양쪽에는 선명하게 거꾸로 된 팔∧자 무늬가 있다. 기이하고 특별하게 대칭되는 무늬여서, 상사님을 처음 뵙던 날부터 주의를 끌었는데, 오늘에 이르러서야 비로소 그것이 왜 그러한지를 알게 되었다.

머리가 다섯인 뱀의 왕

어느 날 아침 좌선을 하던 위밍은 아주 거대한 입이 그를 향해 습격해 오는 것을 보았다. 그는 재빨리 눈을 뜨고 마음으로 생각했다.

'내 마음속에서 이상한 것을 만들어낸 것인가? 어떻게 이럴 수가 있을까?'

그 후로 며칠 동안 날씨가 음침하여 위밍은 가슴이 답답했는데, 앉아서 눈만 감으면 그 커다란 입이 바로 와서 그를 삼키려 했다. 그는 이것이 결코 보통의 심리적 반응이 아니라는 것을 느꼈다. 그렇지 않다면 이렇게 받아들이기 어려운 느낌이 있을 수 없었다.

눈을 감고 좌선할 수 없게 되자 위밍은 차라리 눈을 뜨고, 어릴 적에 그랬던 것처럼 벽의 한 곳만을 응시하며 자세하게 쳐다 보았다. 반시간이 지난 후에 벽에서 한 줄기 한 줄기 아주 가는 선들이 끊임없이 꿈틀거리며 때론 빨간색으로 때론 녹색으로 나타났다. 다시 자세히 보니 선들은 모두 각각의 색을 지닌 작은 뱀들이었다.

위밍이 좀 더 자세히 보려고 하자, 이 작은 뱀들이 갑자기 커지며 커다란 뱀으로 변했다. 뱀의 몸통은 한 사람이 안을 수 없을 만큼 큰 버드나무 같았다. 큰 뱀은 위밍을 향해 커다란 입을 벌려 삼키려 하고 있었다. 뱀의 머리는 빛나고 반들거렸으며 눈은 녹색 빛을 두르고 있었고 날카로운 이빨은 충분히 몇 자는 족히 넘는 길이였다.

큰 뱀이 물려고 달려드는 순간 위밍의 손에 반짝거리며 빛나는 작은 은지팡이 하나가 나타났다. 그는 은지팡이를 뱀의 입에 밀어 넣자 지팡이는 순식간에 아주 크게 변했고, 뱀의 아래 위 턱 사이를 받치고 있어 뱀이 입을 다물 수 없게 만들었다. 사실 이 모든 것은 전광석화처럼 단 한 순간에 일어난 일이었다. 은지팡이로 입이 받쳐진 뱀은 온 힘을 다하여 입에서 은지팡이를 빼내려고 했다. 그러나 뱀이 아무리 상하좌우로 요동을 쳐도 지팡이는 빠지지 않았고, 오히려 힘이 빠져 지쳐갔다.

얼마 지나지 않아서 뱀 옆에 작은 남자 아이가 한 명 나타났는데, 이는 뱀 왕의 영적 아이였다. 영적 아이는 하얀 피부에 통통했으며 녹색 꽃무늬 바지를 입고 있었다. 아이는 미간을 찌푸리고 눈을 부릅뜨며 화를 내면서 위밍에게 물었다.

"무엇 때문에 내 입을 떠 받쳤느냐?"

위밍이 웃으며 말했다.

"그렇지 않으면 너는 나를 잡아먹지 않았겠니? 나는 너를 불러서 해를 입히지는 않았다."

아이는 조급하게 말했다.

"어서 은지팡이를 내게서 빼내 가거라. 그렇지 않으면 더 이상 나도 가만있지 않을 것이다."

이에 위밍이 말했다.

"좋다. 네가 꺼낼 수 있다면 꺼내 봐라."

이 신성한 은지팡이는 변화무쌍하여 바로 뱀의 입에 뿌리를 내린 것 같았다. 뱀이 크게 변하면 은지팡이도 크게 변하고 뱀이 작아지면 그것도 따라 작아졌다. 뱀은 아무리 요동을 쳐도 이 은지팡이를 뽑아버릴 방법이 없었다. 그러자 영적 아이는 울면서 말했다.

"처음부터 너를 잡아먹을 생각은 없었다. 사실 이미 천여 년 동안 수행을 하고 있는데, 며칠 전에 내가 치리엔산祁連山에서 수행하던 중에 갑자기 하늘에서 보배 구슬 하나가 너의 몸 안에 떨어진 것을 발견했다. 그래서 어쩔 수 없이 너를 잡아먹어야만 비로소 그 보배 구슬을 얻을 수 있기 때문에 이러는 것이다."

이에 위밍이 말했다.

"너는 왜 그리도 잔인한 것이냐! 천여 년 동안 네가 수행한 것이 도대체 무엇이냐? 왜 이만한 이치조차도 모르느냐?"

영적 아이는 귀찮다는 듯이 말했다.

"이치는 무슨 놈의 이치? 그 구슬이 네 놈에 있으니 나는 너를 잡아먹어야만 그것을 얻을 수 있다."

위밍이 또 말했다.

"어쨌든 너는 이치를 이해하지 못하고 있구나. 그러니까 아무리 말해도 소용없는 일일 터. 사실 나는 너를 죽일 수 있는 힘을 완전하게 갖고 있다. 하지만 나는 우리 사이에 아무런 원한도 원수진 것도 없기 때문에 그렇게 할 생각이 없다. 이렇게 하자, 내가 그 물건을 꺼내 줄 테니 너는 빨리 물러가거라."

말을 마치고 위밍은 손을 내밀어 그 은지팡이를 꺼내려 했는데, 지팡이는 도무지 빠지지가 않았다.

자세히 살펴보니 이 은지팡이의 양끝에 정말로 뿌리가 돋아 뱀 입에서 자라고 있었다. 이렇게 되자 영적 아이는 큰소리로 울면서 말했다.

"다시는 그 구슬을 달라고 하지 않겠으니 제발 날 너그러이 용서해주세요. 내가 잘못했다는 것을 알았습니다."

위밍이 말했다.

"잘못했다는 것을 알았다니 다행이구나. 그러나 지금 네 입안의 은지팡이는 이미 꺼낼 수 없게 되어버렸다. 하지만 네가 고통스러워하니 천신을 불러야겠다."

이에 위밍은 바로 진언을 외우며 신령을 청했다. 하늘까지 통하는 높이의 큰 천신이 반쯤의 공중에서 몸의 형체를 나타내고는 위밍을 향해 예를 올리고 말했다.

"무슨 일을 처리하여 드릴까요?"

위밍이 뱀의 입을 가리키며 말했다.

"이것을 좀 꺼내주십시오."

천신은 한번 손을 내밀어 가볍고 쉽게 그 은지팡이를 뱀의 입에서 꺼냈다. 천신의 손에서 이 은지팡이는 단지 한 개의 작디작

오래된 한 공예품 가게에서 우연히 발견한 불상. 이 불상은 손에 법기를 들고 있고, 똬리를 튼 다섯 개의 머리를 가진 뱀의 왕이 머리 위에서 부처님을 보호하고 있다.

은 은 바늘에 불과할 뿐이었다. 천신은 위밍에게 두 주먹을 포개어 예의를 차리며 말했다.

"매우 죄송합니다. 이 조그마한 놈은 원래 우리 천계에 있는 한 마리 신령한 뱀이었는데, 이놈이 하늘의 규칙을 위반하여 치리엔산에 보내어 다시 수행할 것을 명령했습니다. 그런데 이 녀석이 하늘에 돌아갈 생각이 간절하여 하마터면 당신을 해칠 뻔했습니다. 제가 이 녀석이 지은 죄를 대신하여 사죄해드리겠습니다. 사실 이것도 부처님의 의도인데, 이 녀석이 여기서 그대를 기다리게 하여 그대의 교화를 받을 수 있게 했으며 아울러 그대의 수행을 보호하게 한 것입니다."

이때에 그 영적 아이는 종적을 감추었다. 원래 흉악하고 사나웠던 큰 뱀은 모습을 바꿔서 몸에서 아름다운 광채를 발산하며 가볍고 부드럽게 기다란 몸뚱이를 움직이면서 서서히 위밍을 향해 휘감아오고 있었다. 그리고 동시에 머리 네 개가 더 나왔다. 원래 그는 다섯 개의 머리를 가진 뱀의 왕이었다.

큰 뱀의 다섯 개의 머리는 위밍의 뒤쪽과 머리 위에서 마치 거대한 우산처럼 그를 보호하고 있었다. 이때부터 이 다섯 개의 머리를 가진 뱀의 왕은 위밍의 충실한 호법신이 되었다.

이 책이 완성되어 인쇄될 즈음에, 나는 리李 사형과 볼일이 있어 외출을 한 적이 있다. 그때 아주 오래된 공예품 가게를 지나가게 되었는데 우연히 진열장에 있던 불상 하나를 발견했다. 이 부처는 손에 법기法器를 들고 똬리를 튼 다섯 개의 머리를 가진 뱀

의 몸뚱이 위에 단정히 앉아 위엄 있고 평온한 표정으로 앞을 바라보고 있다. 그리고 다섯 개의 머리를 가진 뱀왕의 머리 부분은 우산 모양으로 부처님의 머리 위에서 법을 옹호하고 있었는데, 이 모습은 상사님이 이야기해주었던 다섯 머리를 가진 뱀 왕이 법을 옹호하는 것과 놀랍게도 비슷했다. 우리는 당장에 바로 이 가게에 들어가 머리에 흰 두건을 감은 오륙십 살의 인도 노인과 이야기를 나누었다. 그도 이 불상의 출처는 알지 못했지만 그가 아버지 연배의 어느 분한테서 이 가게를 물려받을 때에도 이미 이 불상은 이곳에 있었다고 했다.

도를 증득하다

위밍의 몸 주위에 엷은 구름이 뭉게뭉게 피어올라 마치 엷은 천과 같았다. 주위에는 사람도 없고 나무도 없으며 산도 없다. 위밍은 하늘에 올라온 것 같았다. 그리고 그의 몸은 금빛으로 변했는데, 선정 속에서 늘 보아오던 그 '진신眞身'이었다. 위밍은 생각했다.

'부처님이 여기 계실까? 그런데 난 왜 아무것도 보이지 않는 걸까?'

이때 두 명의 보살이 나타났는데 긴 치마를 입었으며 자상하고 온화하며 지혜롭고 우아했다.

"보살님, 부처님이 어디 계십니까?"

위밍이 이렇게 물으려는 찰나에 구름이 걷히고 부처님이 그의 앞 상공에 나타났다. 자비로우신 부처님은 정답고 그윽한 눈길로 위밍을 오래오래 바라보았다.

위밍은 오랫동안 헤어졌던 자애로운 아버지를 만난 것 같았지만, 다른 한편으로는 평범한 기쁨과 격동이 아닌 아주 깊은 공적

[空寂. 조용하고 쓸쓸함]을 느꼈다. 부처님이 위밍에게 말씀하셨다.

"얘야, 이리 오너라. 너의 자비는 이젠 충분하구나."

부처님은 손바닥에 있는 밝은 구슬 하나를 내밀며 이어서 말씀하셨다.

"이것은 너에게 주는 것이다."

"감사합니다. 대자대비하신 아미타부처님, 저는 괜찮습니다. 저는 아무 것도 필요한 것이 없다고 생각합니다."

부처님은 만족스러운 웃음을 지으며 칭찬하는 듯 고개를 끄덕였다. 그러자 부처님 손바닥 안에는 동시에 일곱 색깔의 밝은 구슬이 나타났다. 부처님은 이 밝은 구슬을 모두 위밍의 머리 위에 올려놓았다. 위밍은 자신의 머리 위에 갑자기 빛나는 오색 왕관이 씌워진 것을 느꼈다. 그는 공손하게 부처님께 두 손을 모으며 말했다.

"부처님이시여, 당신은 저에게 너무나 많은 것을 주셨지만 저는 정말로 필요하지 않습니다. 이런 것들은 제게는 쓸데가 없습니다."

부처님이 말씀하셨다.

"중생들이 지금 너를 기다리고 있다."

부처님이 미소를 지으며 위밍을 향해 손을 내밀자 그의 발밑에는 금빛 연꽃 보좌 하나가 나타났다.

"너는 이미 큰 도를 얻었으니 너에게 지혜의 칼 한 자루를 주겠노라. 그러니 수시로 뭇 신장들을 불러 모든 마장들을 항복하게 하라."

위밍의 오른손에서는 즉각 세 줄기 채색 빛의 줄기가 나와 하늘을 관통했다. 부처님이 또 말씀하셨다.

"너의 왼손을 들거라."

위밍이 왼손을 드니, 삽시간에 손바닥에서 빛이 사방으로 뿌려지며 허공을 환하게 밝혔고 그의 몸도 허공에서 넓고 커졌다. 위밍은 부처님과 보살들의 찬탄소리를 들었으며, 많은 천신들과 중생들이 최고의 예의를 갖추며 절하는 것을 보았다. 선녀들이 공중에서 가볍게 날며 춤을 추고, 아름답고 신선한 꽃들과 듣기 좋은 천상의 음악이 울려 퍼졌다. 이러한 정경은 하루 이상 지속되었다.

위밍이 자신이 거처하는 상공으로 돌아왔을 때 꽃구름이 감돌고 향기로운 바람이 물씬 물씬 풍겼다.

그의 왼손바닥에는 진짜로 '불佛'자가 볼록하게 튀어나왔는데, 아주 선명하게 연한 붉은색을 띠고 있어 그 자리에 있던 가족들도 모두 이 글자를 보았다. 이후에 그가 불법을 설할 때면 그의 이마에서는 각기 다른 색깔의 일곱 개의 구슬이 항상 굴러다녔다.

중생이 너를 기다리고 있다

그 후에도 위밍은 계속 사람들을 위해 병을 치료했다.
"중생들이 너를 기다리고 있다!"
위밍은 부처님이 그에게 하신 이 구절을 항상 되새겨 보곤 했다. 그리고 때로는 사방으로 빛나는 금빛 부처님의 형상도 늘 그의 눈앞에 나타났다. 금빛 부처님께서는 그 거대한 손을 들어서 고통 속에 있는 사람들을 가볍게 일으키며 그들이 웃을 때까지 계속했다.

그 후 반년이 넘는 시간동안 이러한 말과 이러한 정경들이 늘 위밍의 가슴을 울렁이게 했으며, 거대하고 신성한 책임감이 때때로 그의 마음속에서 요동쳤다. 이와 동시에 관세음보살의 음성과 용모 그리고 법어들도 항상 위밍의 마음속에 드러났다.

처음에는 그를 인도하여 목욕을 시켜주던 그 보살이 나타났다. 이어서 위밍이 열세 살 되던 해에 좌선할 때 보았던 비교할 수 없는 위력과 끝없이 변화무쌍한 천수천안[千手千眼, 천 개의 손과 천 개의 눈]을 가진 관세음보살이 나타났다. 보살의 각각의 손마다 모두 하나의 혜안이 있고, 이런 기이하고 환상적인 손들이 온 우주에 충만했다.

위밍은 자신이 천수천안이고 법력이 무한한 관세음보살과 같이, 무수한 중생을 구제하는 손을 가져야 하며 더욱 무수한 숫자의 화신이 있어 인간 세상 속에서 중생들을 제도해야 한다는 것을 드디어 깨달았다.

위밍의 의식 속에서 항상 맴돌고 있던 두 곳이 있었다. 한 곳은 베이징이고, 다른 한 곳은 광저우였다. 만약 베이징으로 가게 된다면 벼슬이라든지 이익 면에서 아주 순조롭고 원만하게 길이 열릴 것 같았다. 그러나 광저우로 간다면 베이징에 비해 모든 면에서 순탄치는 않을 것 같았다. 하지만 중생들을 모두 제도한다는 측면에서 생각해보면 더 많은 중생들을 구할 수 있었다.

위밍은 의연히 광저우를 선택했다. 중국에서 유동인구가 가장 많고 경제가 제일 발달했으며, 각 방면에서 발전이 제일 빠른 도시 광저우를 그가 산에서 내려와 불법을 전수하는 첫 번째 지역으로 삼은 것이다.

겨우 스물여섯 살이었던 위밍은 네 명의 제자들과 함께 남행 열차에 몸을 싣고 백설로 뒤덮인 칭장고원에서 번화하고 발전하는 광저우에 도착했다. 정식으로 산에서 나와 불법을 전하며 사람들을 제도하기 시작한 것이다. 그때부터 위밍은 진푸티金菩提라는 법호를 사용했다. 이날이 바로 1991년 8월 3일이었다.

그가 산에서 나오기 전에 예언했던 것처럼 광저우에 도착한 지 7일이 되던 날, 즉 1991년 8월 10일 그는 광저우에 있는 110중

왼쪽 사진은 상사님이 중국 종산대학에서 불법을 강의할 때인 1991년 모습이고, 오른쪽 사진은 상사님이 중국 주하이시(珠海市)에서 불법을 전할 때인 1992년의 모습이다.

학교에서 정식으로 불법을 전했는데, 모두 270여 명이 참가했다.

제2편

하늘의 道

불법이라고 하면 이미 불법이 아니며,
이는 마음을 밝혀 성품을 보는 도이다.

내(저자)가 태어나기 하루 전에 어머니는 꿈을 꾸셨다.

흰 치마를 입은 한 아름다운 천녀(天女)가 하늘에서 가볍게 내려왔는데, 눈앞에서 순식간에 사라져서 마치 그녀의 몸속에 들어간 것 같았다. 어머니는 깬 다음에 마음속으로 대단히 기뻤다. 그녀는 꿈속에 함께 있던 사람이 관세음보살과 아주 비슷하다고 느꼈고, 또 백의의 천사와도 비슷하여 이에 어머니는 나에게

'바이이(白衣)'라는 이름을 지어 주셨다.

인연을 맺다

진푸티상사님의 이야기를 여기까지 읽고 나면, 여러분은 아마 이 글을 쓰고 있는 나에 대해 궁금해질 것이다. 내 이름은 바이이 白衣이며 대학을 졸업한 후에 중국 남방의 한 도시에 있는 어느 신문사에서 기자로 일했었다. 나와 진푸티상사님이 인연을 맺은 사연을 말하자면 아주 길다.

1995년 봄 어느 주말, 오랫동안 만나지 못했던 동창생 등웨이원鄧偉文이 전화를 걸어왔다. 그는 어렵게 아들을 얻었다며 아이의 '한 달 잔치*'에 꼭 참석해서 축하해 달라고 했다. 등웨이원은 영민한 사람이었지만 재학 시절 우리 여학생들에게는 인기를 끌지 못했다. 왜냐하면 그는 너무 인색한 사람이었기 때문이었다.

졸업 후에 그는 바로 작은 사업을 시작했는데, 사업수완이 꽤 좋았는지 돈도 꽤 벌었다. 그래서 우리 동창생들은 그에게 한 턱

---

* 한달잔치: 아이가 태어난 지 만 한 달이 되는 날을 축하하는 잔치이다.

내라는 말을 하곤 했지만 그는 들은 척도 하지 않았었다. 그런데 그날의 연회는 매우 성대하게 열렸고, 우리 친구들은 모두 의아하게 생각했다.

"아니, 이 친구가 언제 이렇게 통이 커졌지?"

등웨이원의 아들은 참 귀여웠다. 우리는 한 번씩 그의 아들을 안아주었다. 그리고 자리에 앉아 식사를 즐기던 중에 술이 세 순배 정도 돌자 등웨이원은 눈물을 글썽이며 이야기를 시작했다. 그는 아이에게 출생에 얽힌 비밀이야기가 있다고 그곳에 모인 여러 사람들에게 말했다. 이 말을 들은 우리들 모두는 바로 귀를 기울였다. 그는 일부러 뜸을 들이며 목청을 돋우어서 말했다.

"사실은 말이야, 나는 하마터면 와이프하고 이혼할 뻔 했다네. 우리가 결혼한 지 3년이 지나도록 아이가 생기지 않아 고민 끝에 병원에 가서 검사해보았다네. 그랬더니 의사는 와이프가 난소낭종에 걸려 생식능력이 없을 뿐만 아니라 그녀에게 가능한 빨리 난소절제수술을 하라고 권고하더군. 그날 우리는 집으로 돌아와서 서로 부둥켜안고 한참을 울었다네. 내가 독자인지라 부모님이 이 사실을 들으시고는 강경하게 그녀와 이혼을 하라고 말씀하셨지."

내가 물었다.

"병원 검사가 틀린 게 아니었을까?"

등웨이원이 대답했다.

"십여 곳의 병원을 다녀봤지만 검사결과는 모두 똑같았어. 온갖 약에, 심지어 민간요법까지 동원해가며 노력해봤지만 모두 소용없는 일이었다네. 우리는 절망했어. 그러면서도 시간을 끌면서 난소절제수술만은 하지 않았네. 만일 수술을 하게 되면 그나마 남아있던 작은 희망이나마 완전히 사라지기 때문이었지."

누군가 기다리지 못하고 물었다.

"그 다음에는?"

등웨이원이 계속해서 말했다.

"우연히 우리는 구원의 별을 만났다네."

어떤 사람이 물었다.

"시험관아이라는 말인가?"

등웨이원이 대답했다.

"아니야. 어떤 사람이 우리에게 대사 한 분을 소개해줬는데, 그가 전해주는 방법은 신기하기 그지없었네. 많은 위중한 환자들이 그 분과 그의 제자들의 가르침과 치료를 받고 모두 기적이 나타났다네. 그래서 우리도 그 분을 찾아가서 치료해 달라고 부탁을 했지."

또 어떤 사람이 물었다.

"결과는?"

"결과라고? 결과는 바로 임신일세."

등웨이원이 일부러 길게 뜸을 들이면서 거만하게 말했다. 모두들 웃음을 터뜨리며 앞 다투어 물었다.

"아니, 어떻게 된 거야? 좀 자세하게 말해 봐."

"내 아내는 지푸라기라도 잡는 심정으로 일주일 과정의 강좌를 들었지. 교실에서 대사님은 제자들에게 그곳에서 공부하는 사람들의 혹을 떼어 병을 치료해주라고 말씀하셨지. 당시에 내 아내는 아랫배에 좀 열이 나는 것을 느꼈다고 하네. 그날 이후부터 매번 공부를 마치고 집으로 돌아오면 언제나 매우 편안했고, 차츰 배가 살살 아팠던 증상도 없어졌지.

한 달이 지난 후에 우리는 놀랍게도 아내에게 임신의 징조가 있는 것을 발견했다네. 병원에서 검사를 해 보니 임신이 확실하더군. 더욱 신기한 것은 아내의 자궁에 있던 종양도 보이지 않았다는 거야. 의사들조차도 모두 불가사의하다고 했는데, 어떤가? 자네들이 보기에도 신기하지 않은가?"

등웨이원은 매우 감동적으로 그 순간을 묘사했다. 이때 누군가 다급하게 물었다.

"그 분은 어느 대사님인가?"

등웨이원이 대답했다.

"진푸티상사님이라네."

이 일은 그냥 이렇게 지나갔고, 곧 나의 기억 속에서도 사라졌다. 나는 어렸을 때부터 자연과학의 교육을 받고 자랐고 종교나 신비한 현상에 대해서는 별로 흥미가 없었기 때문이었다.

판유 대강도사건

뒤이어 또 하나의 큰 사건이 일어났다. 그것은 1995년 12월 22일 중국 대륙을 한차례 떠들썩하게 했던 판유[番禺, 관둥성에 있는 지방] 은행 강도 사건이다. 강도들은 모두 1,500만 위안을 훔쳐 달아났다고 한다.

소문에 의하면 이 사건에서도 진푸티상사님의 기적이 나타났다. 이 날의 사건에서 구사일생으로 죽음을 면한 한 보안요원이 있었는데, 그 보안요원의 어머니는 여러 해 동안 수련을 해온 진푸티상사님의 제자였다.

기자였던 나는 직업적인 습관이 발동하여 보안요원의 어머니를 취재하러 갔다. 그 어머니는 아들이 기적처럼 위험에서 탈출한 과정을 아주 생생하게 묘사해 주었다.

"그날 광둥 판유 농업은행의 입구에서 화폐 수송차 한 대가 돈을 싣고 있었고, 차 주위에서 수행한 무장보안요원들이 경호를 하고 있었어. 돈궤를 싣고 막 출발하려는데 옆에 있던 승합차에서 갑자기 총을 든 강도들이 뛰어내려 보안요원과 운전사한테 한

바탕 난사를 퍼부었지. 당시 우리 아들은 강도들과 겨우 1미터 정도의 거리에 있었어.

강도들은 아들을 향해 계속해서 총을 쏘아댔고 아들은 총소리 속에서 뒹굴었는데 다행스럽게도 총알은 아들의 몸 주위를 지나면서도 맞추지는 못했어. 그 위험천만한 총격전 속에서 아들은 기지를 발휘하여 자동차 밑으로 굴러 들어가 반대편으로 도망갔어. 그제서야 강도들은 화폐수송차에 뛰어올라 차를 몰고 달아났지."

어머니는 촉촉해진 눈가를 닦으며 말을 계속했다.

"이번 일은 모두 상사님의 보호 덕분이라고 생각해! 예전에 푸티수련반에서 공부할 때에 '한 사람이 불법을 배우면 온 가족이 덕을 본다.'라고 상사님께서 말씀하셨거든. 많은 사람들은 상사님의 배지나 사진을 소지해서 자신들이 직면한 여러 가지 위험한 재난을 무사히 피하고 있어.

나 역시 우리 아들의 직업이 매우 위험한 일이라서 하루도 마음 편할 날이 없었거든. 그래서 나는 소중히 간직하던 상사님의 사진 한 장을 아들의 윗주머니 속에 넣어주고 꼭 몸에 지니라고 당부했지. 다행히도 아들은 나의 말을 잘 따라주었고, 날마다 출근하기 전에는 항상 가슴 속에 품고 있는 사진을 만지고, 상사님의 초상 앞에서도 정성스럽게 절을 했어.

그날 사건이 일어나고 나서 집으로 돌아온 아들은 상사님의 초상 앞에 꿇어앉아, 마치 어린 아이가 어머니 품속에 안겨 우는 것처럼 서럽게 목 놓아 울면서 절을 하는 게 아니겠어."

여기까지 말한 어머니의 얼굴은 이미 눈물범벅이 되어 있었다. 그녀는 품속에서 조심스럽게 상사님의 사진을 꺼내어 자기 이마에 꼭 붙이고는 말했다.

"진푸티상사님! 제 아들을 구해주셔서 감사드립니다."

그리고는 고개를 숙여 절하고 또 절했다. 어떻게 또 진푸티상사님이란 말인가? 나는 사진을 받아 자세히 살펴보았다. 사진 속의 남자는 젊고 똑똑하고 잘생겼다. 그리고 굉장히 온화하고 선량해 보이는 얼굴이었는데, 사람들에게 친절함을 느끼게 하는 독특한 매력을 갖고 있었다. 그의 눈은 어떤 메시지를 전달하려는 듯 그를 마주 하는 모든 사람을 끌어당기고 있었다.

어찌 된 영문인지 나는 이 사람을 어디선가 본 적이 있는, 왠지 예전부터 잘 알고 있다는 생각이 들었다. 내 주변에서 일어난 믿기 어려운 이러한 일들이 아무것도 믿지 않았던 나를 은근히 동요하게 만들었다. 그리고 계속 취재해 보고 싶은 욕구가 더욱 더 강렬해졌다. 흥분한 나는 집에 돌아오자마자 동창생 등웨이원의 득남이야기와 판유 은행강도사건을 남편 쉬따쥔許大軍에게 들려주었다.

따쥔은 심드렁하게 말했다.

"당신은 뭐 그런 것들을 믿어? 그건 모두 무당들이나 하는 행동이고, 무지한 사람들이나 그런 것에 속을 뿐이야. 당신 그럴 시간 있으면 살림이나 신경 쓰지 그래? 우리 집을 한번 보라고. 뒤죽박죽 엉망진창이잖아. 집에 돌아와도 당신 그림자는 코빼기도 보이지 않으니 나는 스트레스가 쌓인다고."

하늘의 道 169

남편의 말에 나는 그만 흥이 깨져버려 더 이상 아무런 말도 하지 않았다. 따쥔은 실망하는 내 얼굴을 보더니 갑자기 웃음을 띠며 다가와서 말했다.

"대신 당신에게 좋은 소식을 하나 알려주지. 우린 이제 큰돈을 벌게 될 거야. 내가 오늘 300만 위안짜리의 투자계약을 체결했어. 내년이 되면 우리는 별장을 살 수 있어. 그렇게 되면 당신도 차 한 대 뽑아줄게, 어때?"

따쥔의 말에 나는 반사적으로 그를 한번 흘겨보고 말했다.

"당신의 머릿속에는 돈 말고 다른 건 전혀 안 들어 있지."

따쥔은 미간을 살짝 찌푸리더니 그냥 밖으로 나가버렸다.

나는 남편이 이런 상태로 나가면 밤새 술을 먹고 취해 새벽이 돼서야 들어온다는 것을 잘 알고 있었다. 그리고 술에서 깨면 자신은 항상 나를 위해 동분서주하며 뛰고 있다고, 그래서 피곤하다고 입버릇처럼 말한다. 하지만 실제로 돈 버는 것 외에는 그 어떤 것도 그의 머릿속에는 없었다. 언제나 정직하며 선량하고 진심으로 나를 위해주던, 내가 사랑했던 남편의 모습은 사라진지 오래되었다.

그 당시 나는 매일 직장에 다니며 위암 중기 진단을 받은 아버지를 돌보기 위해 친정집에도 자주 찾아가봐야 하는 상황이었다. 1년 동안 나는 아버지를 모시고 여러 큰 병원은 모두 다녔지만 아버지의 병은 호전되기는커녕 도리어 악화되고 있었다. 이 일로 우리 가족 모두는 심리적으로 힘든 하루하루를 살고 있었다.

병이 급하면 누구든 의사로 보인다고 했던가. 그렇게 나는 가장 힘들 때에 진푸티상사님과 그의 제자들의 이야기를 듣게 된 것이다. 그렇다면 혹시 나의 아버지도 기적을 체험할 행운아가 될 수 있지도 모른다는 생각이 잠시 머리를 스쳤다. 그러나 과학적 교육을 받아온 아버지는 진푸티상사님의 치료방식을 받아들일 것 같지 않았다.

귀여운 챠오똥

 어찌되었던 간에 나는 우선 이 신神처럼 이상하고 신비한 진푸티상사님에 관해 이해해야겠다고 생각했다. 그래서 등웨이원에게 '진푸티의 기적'을 경험한 사람들을 소개받게 되었다. 그 중의 한 사람이 진푸티상사님의 오랜 제자인 챠오똥喬東이었다.
 챠오똥은 성省의 직원총회에서 체육과 보건업무를 맡고 있는 사십대 초반으로 점잖고 비교적 온화하고 평범한 사람이었다. 처음에는 간단한 인사말로 시작해서 그와 오랜 시간 이야기를 나누다보니 그가 매우 열정적인 사람이라는 것을 알게 되었다.
 챠오똥의 말에 의하면, 그는 1992년에 진푸티상사님을 처음 만났다고 한다. 당시에 그는 직원들의 심신단련을 위해 십여 명의 기공氣功대사들과 면담을 하고 있었다. 면담이 계속되던 어느 날 우연히 상사님의 강연을 듣게 되었다. 한차례의 강연을 들은 후에 챠오똥은 상사님의 신비한 능력과 유머감각, 그리고 비범한 자선행위에 마음이 조금씩 움직이게 되었다. 그래서 진푸티상사님을 직원총회에 초청하여 근로자들을 위한 강습반을 개최했다.

여기까지 챠오뚱은 쉬지 않고 계속 이야기를 이어나갔다.

"나의 태극권 실력은 꽤 괜찮은 편이라서 한때는 전성省경기대회에 나가 은메달을 딴 적도 있었습니다. 그러나 몇 년 전에 허리 근육에 이상이 생겨 조금만 피곤해도 허리가 아파 참기 어려운 지경이었습니다. 나는 이 때문에 병원에도 다녀봤고 훌륭한 몇몇 기공대사들에게도 찾아가 보았지만 그다지 큰 효과는 보지 못했습니다. 그래서 이 병은 아마도 한평생 나와 함께 할 것 같다는 생각에 괴로웠습니다.

그런데 진푸티상사님이 강의를 하시던 기간 중에 나는 아픈 허리를 또다시 다치게 되었습니다. 허리 병은 더욱더 악화되어 앉지도 눕지도 못할 정도로 통증이 심해져서 정말 죽을 지경이었습니다.

이때 나는 상사님의 기적을 시험해 보고 싶다는 생각이 싹텄습니다. 솔직히 말하면 당시의 나는 그다지 큰 희망을 가지고 있지는 않았습니다. 나는 적당한 기회에 상사님을 찾아뵙고 나의 허리 병을 치료해줄 것을 부탁했습니다. 그러자 상사님은 말씀하셨습니다.

「미안합니다. 나는 이미 당신의 허리에 문제가 있다는 것을 알고 있었습니다. 그런데 너무 바빠서 당신과 이야기 나눌 시간이 없었네요. 당신의 병은 십여 년 정도 되었지요?」

나는 속으로 탄복했습니다. 상사님은 또 말씀하셨습니다.

「이리 와서 엎드려 보십시오.」

나는 진푸티상사님의 말대로 소파 위에 엎드렸습니다. 상사님은 사과 한 개를 집어 들더니 나의 허리부분에 올려놓고 마치 사과가 허리에서 구르듯이 가볍게 문질렀습니다. 이러한 이상한 행동이 실제로 치료 효과가 있을지 조금은 미심쩍은 생각이 들었습니다. 십여 분이 지난 다음에 상사님은 나에게 일어나서 좀 움직여 보라고 했습니다. 그래서 일어섰더니 놀랍게도 요통은 사라졌고 이제까지 한 번도 경험하지 못했던 가벼움과 편안함만이 남아 있었습니다. 이때부터 나의 요통은 계속 좋아졌고, 지금까지 재발하지 않았습니다. 십여 년 동안 고생하던 고질병이 이렇게 없어졌습니다."

여기까지 이야기를 마친 챠오똥은 병원 카드를 찾아서 나에게 보여주었다. 그런 다음에 또 계속해서 말을 이었다.

"나는 지금까지 유명하다는 대사들을 아주 많이 만나보았지만 이번에야 말로 진정한 고수를 만난 것 같습니다! 진푸티상사님의 자비롭고 선량하며 박식하고 비범한 풍채, 게다가 그의 그 눈빛은 나에게 너무나도 깊은 인상을 심어주었습니다. 나는 그가 두 번 다시 만날 수 없는 스승임을 확신하게 되었습니다. 지금 내가 그를 스승으로 모시지 않으면 언제 다시 그런 기회가 또다시 나를 찾아오겠습니까!

그래서 나는 이튿날 진푸티상사님을 스승으로 모시고자, 목욕을 하고 의복을 정갈히 가다듬고 소중히 간직했던 술 두 병과 함께 고급 일제 손목시계를 준비했습니다. 그리고 상사님이 계신 법당의 문을 두드리자 상사님의 제자인 단丹 선생님이 나를 맞이해 주었습니다.

「상사님께서는 지금 좌선중이시니 우선 좀 앉아 계십시오.」

이어서 단 선생님이 낮은 소리로 물었습니다.

「오늘 무슨 일로 이렇게 찾아오셨습니까?」

「제가 상사님을 스승으로 모시려고 왔습니다.」

「선물을 준비하셨습니까?」

「준비했습니다. 자, 여기 있습니다.」

「그건 볼 필요가 없을 것 같습니다. 상사님께서 말씀하시기를 당신을 제자로 받아들이지 않겠다고 하셨습니다.」

「왜요?」

나는 당황하여 목소리가 커졌습니다.

「소리를 조금 낮춰 주시지 않겠습니까? 상사님께서 말씀하시기를 당신의 성의가 아직 부족하다고 하셨습니다. 그리고 상사님은 술을 드시지 않는데 왜 술을 가지고 오셨습니까? 또한 3,500위안짜리와 2,500위안짜리 시계 중에서 어느 것을 준비하셨는지요? 아마 당신의 능력에 맞는 선물은 아닐 겁니다.」

단 선생님의 말은 빠르지도 느리지도 않았으며 아무 감정도 실려 있지 않아서 마치 연극대사를 외우고 있는 것만 같았습니다. 나는 이 말을 듣고 바로 멍해졌습니다. 나의 선물은 포장에 쌓여 아직 꺼내지도 않았는데 그는 어떻게 이 모든 것을 알고 있는 것일까요. 내가 시계를 살 때의 마음 상태까지 모두 알고 있는 그를 대하자, 무척 놀랍고 감탄이 절로 나왔습니다. 그렇지만 다른 한편으로는 조금 겁이 났습니다. 나는 궁금해서 얼른 물었습니다.

「어떻게 당신은 나에 대해 이렇게도 자세하게 아십니까?」

그러자 단 선생님은 한 치의 망설임도 없이 바로 대답했습니다.

「상사님께서 어제 저녁 저에게 알려주셨습니다.」

순간 머릿속이 윙- 하고 울리는 것을 느꼈습니다. 그저 변명이라도 해야겠다는 생각뿐이었습니다.

「저…… 저…….」

단 선생님은 나를 위안하면서 말했습니다.

「흥분하지 마시고 우선 돌아가십시오. 당신은 일반 수강생으로 여러 사람과 함께 가르침을 받아도 괜찮지 않습니까? 그리고 이미 상사님의 가피를 받지 않았는지요?」

나는 어떠한 대답도 하지 못하고 얼굴만 벌겋게 달아올랐습니다. 단 선생님은 아주 정중하게 예의를 갖추어 말했지만, 나는 온몸에 오물을 뒤집어 쓴 것 같이 부끄러운 느낌을 받았습니다.

나는 너무 싼 선물을 선물하여 이런 대접을 받는다는 생각이 들었습니다. 그렇게 생각을 정리하자 나는 자존심이 상할 대로 상해서 그대로 자리를 박차고 일어났습니다. 오기가 생긴 나는 1년간 외식을 하지 않을 결심을 하고 2,500위안짜리 시계를 8,800위안짜리의 스위스제 오메가 시계로 바꿨습니다. 이 정도면 괜찮을 거라 생각하며 다시 상사님을 찾아갔습니다.

문을 두드리자 이번에도 단 선생님이었습니다. 하필 왜 또 그인가? 생각했지만 나는 당당하게 가슴을 펴고 두 손으로 오메가

시계를 받들며 자신 있게 말했습니다.

「단 선생님, 이번 선물은 어떤지 당신이 좀 보아 주십시오.」

단 선생님은 시계를 받아 어느 서랍 속에 집어넣고는 미소를 지으며 말했습니다.

「좋습니다. 상사님께서 말씀하시기를 시계는 남겨두고 돌아가라고 하셨으니, 이제 돌아가시면 됩니다.」

나는 이 말을 듣자 또다시 멍해졌습니다. 이번에는 괜히 남 좋은 일만 시킨 꼴이 된 것은 아닐까하는 생각이 들었습니다. 나는 얼른 물어보았습니다.

「그럼 나는 언제쯤 상사님을 스승님으로 모실 수 있게 되는 겁니까?」

단 선생님이 대답했습니다.

「상사님께서 말씀하시기를, 이 시계는 나쁘지 않지만 여전히 당신의 정성이 부족하다고 하셨습니다.」

나는 이 말을 듣자 더욱 의아해져서 다시 물어보았습니다.

「아직도 부족하다니, 도대체 무엇을 더 원하시는 겁니까?」

단 선생님은 단지 미소만 지을 뿐이었습니다.

「지금 날 비웃는 것이오? 이제까지 나를 우롱한 것이 틀림없군요.」

나는 화가 나서 소리 높여 말했습니다.

「이게 어디 스승을 모시는 겁니까? 당신들은 겉만 번지르르하고 듣기 좋은 말로 사람들을 돕고 제도하며 사심 없이 받든다고 하지만 그건 모두 거짓이군요. 당신들은 성의라는 허울 좋은 명목아래 사람들의 재물을 갈취하는군요. 이제야 내가 속았다는 것을 알았습니다. 나는 상사님을 스승으로 모시지 않겠습니다.」

「그렇게 생각하신다면 이리오세요. 당신이 가져온 시계는 다시 가지고 가십시오. 이것은 여기에 필요치 않습니다.」

그가 시계를 넣었던 서랍 속을 들여다 보고는 나는 다시 멍해졌습니다. 그곳에는 반짝이는 금빛의 로렉스 시계가 세 개나 더 있었습니다. 나의 오메가는 마치 고운 비단신 옆에 있는 허름한 짚신 같았습니다."

이야기가 여기에 이르자 챠오똥은 좀 흥분된 듯 상기된 표정이었다.

"바이이씨, 알고 계십니까? 로렉스 시계 하나에 20만, 30만 위안이니, 나 같은 사람은 한 평생 일해도 절대로 그런 시계는 한 개도 살 수 없다는 것을요!"

나는 챠오똥의 말에 동의하듯 고개를 끄덕였다. 그는 자신의 이야기를 계속 이어나갔다.

"그때 단 선생님은 시계를 나에게 되돌려주었습니다. 나는 좀 당황스러워서 어찌할 바를 몰랐습니다. 단 선생님의 목소리가 아늑한 아주 먼 곳에서 들려오는 것 같았습니다.

「상사님께서 당신의 허리를 치료해 주면서 당신에게 돈을 요구했습니까?」

나는 고개를 흔들었습니다.

「상사님께서 당신에게 자신을 스승으로 모시라 했습니까?」

나는 또 고개를 흔들었습니다.

「상사님께서 당신을 속인 것이 무엇입니까?」

나는 잠깐 생각을 해본 다음에 다시 고개를 흔들었습니다. 단 선생님이 말했습니다.

「그럼 좋습니다. 우선 시계를 가지고 돌아가세요. 흥분을 가라앉히고 당신이 평정심을 되찾으면 그때 다시 이야기 하도록 합시다.」

그날 나는 어떻게 문을 나섰는지도 모르겠습니다. 집으로 돌아오는 길에 나는 길가로 뻗은 가로수 나무를 있는 힘껏 발로 걷어차며 공연히 화풀이만 해댔습니다. 그러나 신발이 터지고 발만 아플 뿐 좀처럼 기분이 나아지지 않았습니다. 이제껏 살면서 그렇게 얼굴이 화끈거리도록 민망한 일을 당해 본 적이 없었습니다.

이때 갑자기 붉은 완장을 두른 경찰관 두 명이 나를 죽일 듯한 기세로 다가오더니 말했습니다.

「네 이놈, 어디다가 화풀이냐?, 아니면 정신병자냐? 똑바로 서라! 너는 뭘 하는 놈이냐?」

그러잖아도 민망하고 화가 나서 견딜 수가 없었는데, 이번에는 경찰관이라니 정말로 어이가 없어 멍해졌습니다. 이런 저런 말로 변명을 해봤지만 결국 나는 인민폐 100위안을 성범죄 범칙금으로 내야만 했습니다.

며칠 동안 나는 좀처럼 잠을 이룰 수 없었고, 밥을 먹어도 맛을 느낄 수 없었습니다. 상사님을 스승으로 모시려던 계획에 큰 차질이 생겼으니 나는 여전히 기분이 나아지지 않았습니다. 시간이 지날수록 그날의 일이 생각나서 견딜 수가 없었습니다. 그래서 단 선생님에게 찾아가 나의 진실한 마음과 함께 무엇이 문제가 되는지 물어보았습니다. 그러자 그는 대답은 하지 않고 나에게 도리어 되물었습니다.

「당신은 사람이 살아가면서 가장 중요한 게 무엇이라고 생각합니까?」

나는 잠시 생각을 한 후에 대답했습니다.

「아마 생명과 재물일 겁니다.」

「그럼, 재물과 생명 가운데 어느 것이 더 중요합니까?」

「당연히 생명이지요.」

「그렇다면 당신은 무엇을 위하여 상사님을 스승으로 모시고자 합니까?」

「저는 상사님께 쿵푸를 배워서 다른 사람의 병을 치료하고 싶습니다.」

「좋습니다. 그렇게 하면 가치를 창조할 수 있을까요?」

「물론이죠. 그런 가치는 돈으로 헤아릴 수 없지요.」

「보아하니 당신은 어리석지 않은 것 같군요.」

「…….」

그 이튿날, 나는 다시 찾아갔습니다. 이번에도 역시 단 선생님이 나를 맞아주었지만 그의 행동에서 이전과는 다른 반가운 마음을 느꼈습니다. 나는 더욱더 성심을 다해 상사님께 말했습니다.

「상사님, 간절히 청하옵니다. 부디 저를 제자로 받아 주십시오.」

단지 상사님의 음성만이 들렸습니다.

「당신은 곰곰이 잘 생각해 보았습니까?」

「예, 저는 여전히, 그리고 더욱더 당신을 스승으로 모시고 싶습니다.」

「좋습니다. 그러면 이제 나는 그대를 받아들이겠습니다. 당신에게 지아오탄[覺貪. 탐심을 깨닫다]이라는 법명*을 내리겠습니다.」

「상사님, 감사합니다.」

나는 너무 기쁜 나머지 연신 고개 숙여 예를 다했습니다.

「저는 이제 당신의 제자가 되었습니다. 이제부터 저는 무엇을 해야 합니까? 부디 상사님께서 말씀해 주십시오.」

나는 바닥에 엎드려 미리 준비해 두었던 선물을 두 손 모아 정중하게 상사님에게 바쳤습니다.

「시계는 가져가서 환불하여 생활비에 다시 보태세요. 그 대신 나를 스승으로 얻고자 했던 진실한 마음으로 1만 위안을 고아원에 기증하십시오.」

상사님은 두 손을 나의 가슴으로 밀어넣으며 자상하게 말했습니다."

이 대복에서 다시 삼겹에 사오른 사오풍이 나에게 말했다.

"지금까지의 나 자신을 돌아보면, 상사님을 만나기 전의 나라

---

* 법명(法名): 일반적으로 부르는 이름이 아니고, 불교의 정신에 입각하여 새로이 지어서 부르는 이름이다. 보통 스승으로부터 받는다.

는 사람은 무척 어리석은 사람이었습니다. '이 세상에서 돈으로 안 되는 일이란 없다.'라고 생각하며 항상 재물을 가장 중히 여기는 어리석은 사람이었습니다. 그래서 상사님 역시 재물을 모으기 위한 수단으로 나를 거절한 것이라고 생각했습니다. 그러나 나는 상사님의 그 한마디를 듣고, 그가 재물을 원하는 것이 아니라 나의 마음의 절실함을 시험해 봤다는 것을 알게 되었습니다. 상사님은 나에게 진정한 선심[善心, 착한 마음]과 애의[愛意, 사랑한다는 의미]를 길러주었으며 인생의 가치관을 바로잡아 주셨습니다. 가장 중요한 것은 나에게 새로운 또 다른 생명을 내려, 과거의 작은 나[小我]에서 벗어나 큰 나[大我]로 향하게 한 제2의 인생을 살게 하신 것이지요. 이러한 전환은 결코 쉬운 일이 아니지 않습니까?"

나는 어느덧 챠오뚱의 이야기 속으로 깊이 빠져 들어가고 있었다.

최고의 부호

챠오똥의 이야기는 그렇게 끝이 났지만 나는 이야기 속의 명품시계가 마음에 남아 다시 물어보았다.

"진푸티상사님은 어떻게 그런 명품시계를 한 개도 아닌 몇 개씩 가지고 있는 건가요?"

챠오똥은 나의 질문을 듣고는 입가에 알 수 없는 미소를 지었다.

"혹시 홍콩의 대부호인 모모某某라는 사람에 대해 알고 있습니까?"

"당연히 알지요. 중국에서 그를 모르는 사람이 어디 있나요?"

"몇 년 전의 일입니다. 이 최고의 부호가 희귀한 병을 얻게 되었습니다. 의식만 살아있을 뿐이고, 몸은 딱딱하게 굳어 마음대로 움직일 수 없는 부서운 병이었습니다. 병원에서도 병의 인인은 물론 치료 방법 또한 찾지 못해서 그와 가족들은 모두 대단히 고통스러워하고 있었습니다. 그러던 중에 진푸티상사님의 명성을 듣고는 사람을 보내면서 그 귀중한 시계도 같이 보냈다고 합니다.

　그때가 마침 제가 상사님을 모시고자 할 때였습니다. 그리고 제가 상사님을 모신지 약 두 달이 되었을 무렵에 그 부호와 그의 부인이 함께 상사님을 찾아왔습니다. 그 부호의 겉모습은 비록 산송장의 모습이었지만 십여 명의 수행원과 함께 온 그의 기세는 무척이나 대단했었습니다."

　나는 재촉하여 물었다.

　"그 다음은요?"

　챠오똥은 이야기를 계속했다.

　"상사님께서는 신중하게 그를 바라보셨습니다. 그리고 그의 부인에게 아주 정중하게 말씀하셨습니다.

　「남편 분의 병은 실로 가볍지 않습니다. 다시 말하면 회복될 희망은 거의 보이지 않습니다. 하지만 만약 당신들이 많은 선행으로 공덕을 쌓는다면 병이 호전될 수 있을 것입니다.」

　부인은 다급하게 말했습니다.

　「뭐든지 상사님이 말씀하시는 대로 하겠습니다. 우리는 남부럽지 않을 정도의 많은 재산을 가지고 있습니다. 하지만 당신이 보시는 바와 같이 저 양반이 저렇게 몸을 움직일 수도 없으니 천금을 가졌다한들 무슨 소용이 있겠습니까? 무엇이든 분부만 내려주시면 바로 따르겠습니다.」

　상사님은 말씀하셨습니다.

　「그렇게 말씀하시니 방법을 하나 알려드리겠습니다. 현재 아프리카에서는 가뭄으로 많은 사람들이 고통을 받고 있습니다. 요 며칠 동안 이 일은 나에게 마음의 병이 되었습니다. 이것이 바로 그대들이 덕을 쌓는 선행의 기회가 될 것입니다.」

그 부인이 물었습니다.

「알겠습니다. 그러면 어느 정도를 기부하는 것이 적당할까요?」

「선을 행하고 베푸는 데에 돈의 액수가 크고 작음은 그다지 중요하지 않습니다. 단지 사랑하고 불쌍히 여기는 진심어린 마음만이 필요합니다. 그 진심이 순수하여 어떠한 대가나 보답을 바라지 않으면 않을수록 파생되는 효과는 더욱 커집니다. 그대들의 재력과 당신 남편의 병의 증세에 준하여 당신 스스로 결정하시길 바랍니다.」

부인은 수행원들과 밖으로 나가 상의를 하고 다시 돌아와 말했습니다.

「지금 회사는 현금을 많이 가지고 있지 않아요. 그래서 잠시 상의 좀 했는데, 저희가 가진 보석가게를 하나 파는 것이 가장 좋을 것 같습니다. 그게 얼마에 팔릴지는 모르겠지만 그 판매 금액 전부를 바로 기부하겠습니다. 보석가게는 내일 바로 경매에 붙이겠습니다.」

다음날 점심 무렵, 부인은 매우 기쁜 모습으로 상사님을 찾아왔습니다.

「경매가 순조롭게 진행되어 벌써 매각 되었어요. 그럼 이 돈을 어디로 송금하면 되겠습니까?」

상사님이 말했습니다.

「우선 이번 가뭄으로 피해를 입은 아프리카 국가들의 홍콩주재영사관에 연락하세요. 그들에게 재해구조기부금이라고 말하면 그에 따른 행정적인 모든 일은 그들이 알아서 처리할 것입니다.」

며칠 후에 다시 부인은 기부금 영수증을 가지고 왔습니다.

부인이 상사님께 물었습니다.

「이제 저는 무엇을 해야 합니까? 상사님, 제발 자비를 베풀어 남편을 구해주세요.」

「이미 남편 분은 아무런 문제가 없습니다. 챠오뚱, 어서 가서 저 분을 불러일으키게. 휠체어에서 주무시니 얼마나 불편하겠나.」

상사님께서 말씀을 마치자마자 나는 얼른 뛰어가서 그의 손을 가볍게 두드렸습니다.

「선생님, 일어나세요, 어서 일어나십시오!」

하지만 반응은 없었습니다. 나는 당황하며 어찌할 바를 몰라 말했습니다.

「상사님, 이 분이 아직도 깨어나지 못합니다.」

그러자 상사님은 약간의 미소를 지으며 말했습니다.

「걱정 말게. 그리고 저분은 분명히 목이 마를 테니 물을 좀 마시게 해야겠네.」

그리고는 상사님은 탁자 위에 있던 생수병을 집어 높이 추켜들고는 눈을 감고 무엇인가를 외웠습니다. 잠시 후 나는 상사님으로부터 물병을 받아 부호의 옆으로 가서 그의 입속으로 물을 떠 넣어 물을 마시게 했습니다. 얼마 지나지 않아 그 자리에 있던 사람들은 모두 그의 배 속에서 꾸르륵 꾸르륵거리는 소리를 들었습니다. 그리고는 그가 천천히 눈을 뜨더니 여러 사람들을 둘러 보는 것이었습니다. 다시 시간이 조금 지나자 그는 휠체어에서 일어나 걸음을 떼 보려고 힘껏 다리에 힘을 주었습니다. 그리고 한발 한발 걷기 시작했습니다. 걸음을 내 딛을수록 그 발걸음은 점점 더 편안해했습니다. 그런 그의 모습에 부인은 너무나 감동한 나머지 큰소리로 외쳤습니다.

「여보, 드디어 일어났군요. 어서 와서 상사님께 감사드려요!」

그 곳에 있던 많은 사람들은 감동하여 박수를 치며 환호했습니다. 상사님께서는 단 선생님을 불러서 그들이 맨 처음에 가져온 고급 명품시계를 다시 주인에게 되돌려주라 말씀하셨습니다.

「그대들이 아프리카 재해 지역을 위해 커다란 공헌을 했으니, 그 공덕은 무한합니다. 그리고 내가 무척 고맙게 생각하는 것이 있습니다. 이것이 또한 나를 위하여 마음을 치료하게 한 것입니다. 그러니 이 예물은 이렇게 귀중한 것이니 그대들은 또한 이것들을 도로 가져가십시오.」

「아닙니다. 저희는 상사님께서 부디 저희들의 성의를 받아주시면 좋겠습니다. 혹시 앞으로 이 시계가 어떠한 인연으로 필요하게 될지도 모르지 않습니까? 저희가 가져가는 것보다 상사님께서 간직하고 있는 것이 더 이로울 것입니다.」

부호와 그의 부인은 완강하게 그것을 받지 않겠다고 말했습니다. 상사님은 하는 수 없이 손을 모아 합장하고 그들에게 감사의 말을 전하고 잠시 맡아두기로 했습니다. 그리고 몇 달 후에 그 고급명품시계 몇 개를 홍콩의 한 경매장을 통해 팔았습니다. 상사님은 여기서 생긴 돈을 칭하이靑海, 깐수甘肅와 티베트 등의 가난한 어린이들에게로 보냈습니다."

쑨 아저씨를 인터뷰하다

챠오뚱의 경험은 나의 마음을 깊이 흔들어 놓았다. 나의 마음은 마치 바다 밑에서 떠도는 것 같은 한 조각의 미망이었다. 나는 이세상과 주변 사람들의 일들을 다시 한 번 자세히 관찰하지 않을 수 없었다.

나의 마음은 더 이상 고요할 수 없었다. 현대 사회에 어떻게 진푸티상사님과 같은 사람이 있을 수 있는지 믿기지 않았다. 그의 사상과 그의 행위는 확실히 우리들이 이해하지 못하는 것이다. 나는 밤하늘을 바라보며 그 속에서 상사님의 그림자를 찾을 수 있기를 정말로 기원했다. 순간 한 가지 생각이 내 머릿속을 스쳐지나갔다. 진푸티상사님을 만나 볼 수만 있다면 내 아버지도 구할 수 있을 것 같았다.

그러나 아버지는 스무 살 남짓에 관리가 되어 유물주의 교육을 받았고, 종교를 봉건적인 미신으로 간주하는 분이었다. 이렇게 진푸티상사님 같이 보통을 뛰어 넘는 능력을 가진 사람이 존재한다는 것을 절대 믿지 않을 것이다. 아버지는 성격이 강하고 곧았다. 또 일찍이 오랫동안 법원장을 지낸 까닭에 본인이 원하지 않는 일은 무슨 말을 해도 하지 않으시는 분이었다. 나는 어떻게 해야 할까?

그 후 한 달여 동안 나는 챠오뚱의 도움을 받아 진푸티상사님의 혜택을 받은 사람들을 더 많이 알게 되었다. 그 가운데 우연히 아버지의 옛 동료인 쑨孫 아저씨도 포함되어 있었다. 내가 알기로는 쑨 아저씨는 여러 해 동안 가슴이 답답하고 숨이 차는 폐기종을 앓다가 정년보다 일찍 퇴직을 한 사람이다. 그날 내가 쑨 아저씨의 집에 도착했을 때에 아저씨는 좌선을 하고 있었다.

쑨 아저씨를 올려다보니, 얼굴색이 불그레하고 정신도 맑아보였다. 예전에 숨을 헐떡이던 늙은 중환자의 모습은 하나도 남아 있지 않았다. 내가 찾아온 이유를 들은 쑨 아저씨는 푸근하고 흥미 있게 말을 시작했다.

"나의 몸 상태는 네 아버지가 제일 잘 아실 거다. 당시 폐기종이란 이 몹쓸 병 때문에 나는 어쩔 수 없이 앞당겨 퇴직했지. 만약 진푸티상사님의 말에 따라서 수련을 하지 않았다면 나는 아직도 예전처럼 고통 받고 있었을 것이다. 그러나 네가 보다시피 지금 내 몸이 얼마나 건강하냐!"

이렇게 말하고서 쑨 아저씨는 힘껏 가슴을 툭툭 두드렸다. 그런 다음에 일어서서 큰 걸음으로 방안을 빙글빙글 도는 것이 마치 어린 아이 같았다. 이어서 아저씨는 또 말했다.

"바이이야, 너도 하루 빨리 아버지께 말씀 드려서 나처럼 수련하시게 해라. 이로운 점만 있지 나쁜 점은 하나도 없단다."

나는 말했다.

"쑨 아저씨, 사실 저도 그렇게 하고 싶은데 아버지가 제 이야기를 받아들이실지 걱정이에요. 아저씨는 아직 모르시는 것 같은데요, 저의 아버지는 1년 전에 위암 진단을 받았어요. 1년이 넘도록 병원에서 치료를 받고 있지만 전혀 호전되지 않아서 집안 식구들 모두 걱정이 이만저만이 아니에요."

쑨 아저씨는 깜짝 놀라 한동안 말을 잇지 못했다. 그리고 나직한 목소리로 말했다.

"진푸티상사님의 수강회원들 중에도 네 아버지처럼 중한 병에 걸린 사람들이 있어. 하지만 수련을 거치면 어떤 사람은 병이 나았을 뿐만 아니라 다른 사람의 병을 고칠 수 있는 능력까지 생기기도 했단다.

우리 집 1층에 사는 쟝張 형은 장암에 걸렸었지. 의사는 그가 불과 반년밖에 못살 거라고 진단했고 말이야. 그렇지만 그는 푸티선수행을 시작한 이후부터 하루하루 좋아지고 있다. 진단을 받은 지 벌써 1년이 넘었는데, 거무스레하던 그의 얼굴에서는 이젠 광택이 난단다. 그리고 얼마 전에 병원에 가서 다시 검사를 했는데, 병의 징후를 찾아낼 수 없다며 의사조차도 의아해하며 놀라워하더란다. 혹시 의료장비에 문제가 있을 수도 있다며 다시 한 번 검사를 하자고 했지만 그는 검사를 다시 하는 대신 매일같이 더 부지런히 수련을 하고 있단다.

이렇게 하자꾸나. 내가 가서 너의 아버지와 이야기를 좀 나눠보마."

쑨 아저씨의 말에 나는 무척 마음이 놓였다.
"감사합니다. 아저씨께서 말씀해 주시면 아버지는 꼭 믿으실 거예요. 이번에 아버지를 구할 수 있게 되겠군요."

그 후부터 쑨 아저씨는 우리 집에 자주 오는 손님이 되었다. 그는 아버지에게 자기 몸의 변화를 이야기하며 진심으로 설득했고, 푸티수련을 받은 다음 주변 사람들에게 나타난 신기한 기능과 여러 가지 기적들에 대해서 말했다.

처음에 아버지는 그 말들을 믿지 않았다. 아저씨의 이야기를 의심하고 대수롭지 않게 여기며 듣기도 싫어했지만, 어느 날부터인가 아버지는 점점 이야기에 몰입하고 사색하기 시작하더니, 심지어는 아주 흥미진진하고 재미있게 경청하는 데에까지 이르렀다.

친히 화타*를 만나다

이날도 쑨 아저씨는 기분 좋은 일이 있는지 싱글벙글하며 우리 집에 왔다. 쑨 아저씨는 진푸티상사님이 곧 우리 도시에 와서 대형부흥회를 거행할거라고 알려줬다. 이야기를 들은 아버지는 뜻밖에도 먼저 그 행사에 참석해보자는 제의를 했다. 아버지의 변화에 나는 매우 기뻤다.

수천 명을 수용할 수 있는 커다란 체육관에서 부흥회가 거행되었다. 그곳에는 많은 사람들이 모여 빈자리 하나 없이 그야말로 인산인해를 이루고 있었다. 강연장 무대 중앙을 둘러싼 주변에는 휠체어에 앉은 사람, 심지어 들것에 누워있는 중환자까지 와서 발 디딜 틈이 없었다.

사람들의 열기 속에서 인내심을 가지고 기다리던 끝에 주관하는 사람이 나와 개회를 선언했다.

"열렬한 박수로 큰 스승님의 입장을 환영합시다!"

---

* 화타(華陀): 중국 고대의 명의(名醫)이다.

강연장에 울려 퍼지는 박수소리가 오랫동안 끊이지 않고 계속 되었다. 이 박수소리에는 기대와 희망, 열정과 은혜에 대한 감사, 흥분과 호기심 등이 응집되어 있었다. 박수소리 속에서 몸집이 웅장하고 붉은 빛의 광채가 얼굴에 한가득하며 도도한 기색의 한 사나이가 미소를 지으며 여러 사람들을 향해 손을 흔들며 씩씩한 걸음걸이로 강연장 안으로 들어섰다.

'진푸티상사님이시다! 이렇게 직접 상사님을 보게 되다니!'

상사님은 조용하고 편안하고 세심해 보였다. 상사님의 얼굴은 낯설지 않았고, 반짝이는 눈빛은 먼 곳에서 방사되어 마치 내 마음의 밑바닥을 뚫고 지나가는 것만 같았다. 왜 그런지 모르겠지만 나는 나와 상사님과의 거리가 매우 가깝게 느껴졌다.

나는 눈도 한번 깜빡거리지 않고 상사님을 지켜보았다. 얼마 지나지 않아서 상사님이 하나의 황금빛으로 변했다. 눈앞의 광경에 깜짝 놀란 나는 내 눈을 의심하며 얼른 머리를 흔들어 보고 손으로 눈도 비벼 봤다. 이때 상사님의 목소리가 들려왔는데, 마치 거대한 자석처럼 나를 강하게 빨아들였다. 상사님은 자기의 어린 시절을 이야기 했고, 과거에 수련했던 과정, 그리고 인생관과 세계관에 대해서도 말했다. 나는 상사님의 이야기에 어떤 특별함을 느끼면서 점점 그 이야기 속으로 빠져들었다.

대학에 다닐 때에 나는 저명한 인사들의 강연을 자주 들었었다. 일을 시작한 다음에도 종종 각종 강연회에 참석할 기회가 많았다. 그러나 지금 돌이켜 비교해보니 진푸티상사님의 강연을 듣는 느낌과는 완전히 차원이 달랐다. 상사님은 유머가 가득한 언어로 복잡한 인생의 철학을 아주 간단하고 투철하고 명료하게 해석했다.

나는 마치 거대하고 상서로우며 기묘한 자기장 한 가운데에 있는 것 같았다. 온몸과 온 마음이 가뿐하고 자유로우며 평온하고 고요했다. 이런 아름다운 향유 속에서 나도 모르게 그의 인생철학을 받아들였다. 그 뿐만 아니라 그의 음성과 용모, 미소도 함께 받아들였다. 옆에 있는 아버지도 연신 고개를 끄덕이는 것이 그 역시 이미 이 '자기장'에 감염되고 동화되었다는 것을 알 수 있었다.

이어서 상사님은 꿔郭씨 성을 가진 제자를 시켜 현장에 있는 사람들을 위하여 병을 치료하게 했다. 아버지가 낮은 소리로 나에게 말했다.

"이렇게 많은 환자를 어떻게 하루에 다 치료할 수 있을까? 제자 몇 명을 더 불러내서 함께 치료하면 얼마나 좋겠니."

나는 상사님에게 시선을 떼지 못하고 그저 입에서 나오는 대로 대답했다.

"그래요. 그러게요."

꿔 선생이 손에 마이크를 들고 말했다.

"이 자리에 있는 모든 분들은 모두 마음을 가볍게 하고 긴장을 푸십시오. 제가 지금 여러분의 관절염을 고쳐느리겠습니다."

말을 마친 상사님은 마이크에 대고 가볍게 기를 부는 소리를 내었다. 나는 현장에 있는 사람들을 둘러보았는데, 대부분의 사람들은 눈을 감고 있었고 단지 몇 명만이 나와 마찬가지로 눈을 크게 뜨고 여기저기 둘러보고 있었다. 나의 뒷좌석에서 낮은 목소리가 들려왔다.

"허허, 이런 바보들 같으니라고. 이걸 진짜로 믿는 모양이군."

이때 옆에서 다른 목소리가 들려왔다.

"허튼소리 말라고, 좀 있으면 자네도 알게 될 거야."

약 십여 분 지나자 쒀 선생이 말했다.

"좋습니다. 이제 눈을 뜨시고 손을 비비되 발은 움직이지 마십시오."

이때 놀란 목소리가 여기저기서 터져 나왔다.

"어? 발밑에 물이 고여 있네!"

주변을 살펴보니 아주 많은 사람들의 발밑에 물이 고여 있었다. 아버지가 말했다.

"내 발밑에는 물이 없구나. 바이이야, 너는 어떠니?"

나의 눈길은 줄곧 다른 사람들의 발밑을 둘러보느라 정신이 없어, 정작 내 발밑의 상황은 확인해보지도 생각해 보지도 않았다. 아버지의 질문에 대충 발을 옮겨 디디며 설마 내 발밑에도 물이 있을까 생각했다.

그런데 예상과는 달리 내가 서 있던 그곳에는 놀랍게도 물기가 축축한 두 발자국이 있었다. 손을 뻗어 만져보니 확실히 물이었다. 아버지가 말했다.

"진짜 이상한 일이구나! 네 신발 바닥도 젖었는지 어디 보자."

그런데 뒤집어본 신발 바닥은 조금도 젖어있지 않은 마른 상태 그대로였다! 쒀 선생이 다시 입을 열었다.

"젖은 발자국을 보신 분들은 손을 들어 주십시오."

주변은 웅성거리는 소리로 시끄러웠고, 나를 포함한 많은 사람들이 모두 손을 들어 올렸다.

궈 선생이 말했다.

"축하합니다, 여러분! 여러분들의 체내에 있던 관절염이 모두 배출되었습니다. 이제 몸으로 느껴 보십시오."

나는 확실히 몸이 전에 없이 가벼워진 것을 느꼈다. 나는 힘주어 두 손을 쥐어보았다. 과거에는 주먹을 쥐게 되면 늘 손의 관절에 약간의 저린 감이 있었는데 이제 나의 두 손은 매우 가볍게 꼭 쥐어졌다. 나는 그제서야 깨달았다. 나의 몸에 나도 잘 모르던 풍습이 있었던 것이다. 나는 아버지에게 귓속말로 말했다.

"내 몸에 언제부터 관절염이 있었을까요?"

이때 궈 선생이 또 말하는 것이 들렸다.

"지금부터 제가 여러분을 위해 몸 안에 있는 질병을 긁어내겠습니다. 예컨대, 종양, 혹, 간염, 위장병 같은 것들입니다. 무릇 병이 있는 분들은 모두 몸을 느슨하게 하십시오. 병이 없는 분들도 함께 그렇게 해보십시오. 종양 등이 있는 분은 만약 지금 손으로 종양을 만질 수 있다면 만져 보시고 그 크기를 느껴 보십시오. 눈으로 보이는 외부에 질환이 있는 분들도 잘 보아두었다가 잠시 후에 치료가 끝난 다음에 다시 비교해 보시기 바랍니다."

말을 마치자 궈 선생은 우리를 향해 손을 내밀더니 주먹을 쥐었다 펴는 동작을 반복했다. 그러자 곧 아버지의 얼굴색이 창백해지고 이마에서 구슬 같은 땀방울이 송골송골 돋기 시작했다.

뒤 이어서 아버지는 토할 것 같은 소리를 내기 시작했는데, 억지로 참고 있는 것 같았다.

이때 강연장 여기저기에서는 이런 비슷한 소리들이 들리기 시작했다. 그러더니 잠시 후에 사람들이 토하기 시작하면서 강연장은 순식간에 역겨운 냄새로 가득 차게 되었다. 그리고 옆에 있던 아버지 입에서도 순간 '왝'하는 소리와 함께 더러운 이물질들이 쏟아져 나왔다. 그것들은 지독히도 비릿한 냄새가 났다.

얼마간의 시간이 지난 다음에야 아버지의 얼굴색은 천천히 풀어져서 제대로 돌아왔다. 대략 20여 분이 지나자 꿔 선생은 다시 말했다.

"여러분, 손을 비빈 다음 온몸을 가볍게 두드리십시오. 방금 전에 아프다고 하셨던 분들, 지금은 어떻습니까? 변화가 있습니까? 만질 수 있거나 볼 수 있던 질환이 있는 분들은 앞서 봐두었던 것과 비교해 보십시오."

많은 사람들이 놀라고 기뻐하며 부르짖었다.

"나의 종양이 만져지지 않습니다."

내 뒤에 있는 한 사람이 목청을 높여서 말했다.

"여러분 보십시오, 내 목이 가늘게 변했어요."

조금 전까지만 해도 분명히 겉으로 드러날 정도로 심하게 목이 부어있던 갑상선 환자가 지금은 정상으로 회복되었다고 소리쳤다. 그의 옆에 있던 사람이 말했다.

"참 신기하기도 하지. 이것 좀 봐라. 방금 전과 지금의 목이 정말로 다른 사람처럼 달라졌지 않은가. 오늘 온 것이 헛되지는 않앉어. 방금 전까지도 내 말을 믿지 않더니만, 그래, 지금은 어떤가?"

방금 전까지도 다른 사람들을 바보라고 조롱하던 그 사람은 그래도 변명하려 했다.

"이런 일은 아무리 다른 사람에게 이야기해도 아무도 믿지 않을 거야. 이건 세상을 구제하는 살아 있는 부처가 이룬 것이 아닌가? 이런 걸 보지 않고 누가 이해하겠는가?"

내가 가장 궁금했던 건 역시 아버지의 상황이었다.

"아버지는 어떠세요?"

아버지가 말했다.

"많이 좋아졌다. 방금 몸속에서 하늘과 바다가 뒤집혀지는 게 마치 위가 몸 밖으로 빠져나오는 것 같아서 아주 참기 어려웠다. 그런데 이제는 괜찮구나. 이걸 봐라, 여기다 전부 토해 놓았지 않니. 아가야, 휴지 있니? 빨리 좀 치워야겠다."

이때 진푸티상사님의 흡인력 있는 목소리가 들려왔다.

"여러분, 지금 어떻습니까?"

여러 사람들이 다 같이 말했다.

"좋습니다, 아주 좋습니다!"

상사님이 말했다.

"그럼 다행입니다. 신체가 건강해야 정신도 좋아지고, 가정도 행복해지며, 하는 일도 더 잘됩니다. 만약 여러분께서 시간을 내서 수련을 조금 더 한다면 모든 것이 훨씬 좋아질 수 있을 것입니다. 지금 제가 노래 한 곡을 불러서 여러분에게 축복을 드리는 동시에 에너지를 드리겠습니다."

이어 상사님은 높은 소리로 노래를 불렀다.

"어릴 적에 엄마는 나에게 말했지, 큰 바다가 나의 고향이라고……*"

노랫소리는 마치 나를 높은 산꼭대기에 데리고 가서 끝없이 펼쳐져있는 구름바다를 보여주는 것 같았다. 그리고 구름바다 깊은 곳에 있는 여자아이 하나가 커다란 푸른 돌 위에 앉아 한 송이의 작은 꽃을 들고 해돋이를 기다리는 것 같았다. 마치 오랫동안 억눌렸던 생명력이 속박을 벗어나 마치 등에 지고 있던 바위덩어리를 바다 속으로 던져버리는 것 같았다. 내 기분은 가뿐하고 상쾌했다. 유유한 흰 구름 위에 서서 두 팔을 벌리고서 자유롭게 호흡하는 것을 느꼈다. 처음 느끼는 묘하고 형용할 수 없는 기분에 행복감을 느꼈다.

나도 모르는 사이에 두 볼에는 눈물이 끊임없이 흘러내리고 있었다. 상사님의 편안한 목소리가 다시 전해져 왔다.

"걸을 수 없던 분들은 일어나서 대담하게 걸어보십시오. 두려워하지 말고 걸으십시오!"

나는 이 기분에서 깨어나고 싶지는 않았지만 상사님의 말에 나도 모르게 눈을 떴다. 나는 항상 이렇게 호기심이 많은 사람이

---

* 이 노래는 '바다 아! 고향' 이다. 가사는 다음과 같다.
   어릴 적에 엄마 말했지 / 바다가 나의 고향이라 / 해변에서 나서 자랐네 / 바다 아 바다 / 마치 엄마 같네 / 세상 끝까지 다녀도 언제나 내 곁에 / 어릴 적 엄마 말했지 / 여기가 고향이라고 / 여기에서 나서 자랐네 / 바다 아 바다 / 나를 낳고 기른 곳 / 봄바람 따뜻해 나와 함께 떠도네

었다. 주위를 둘러보니 들것이나 휠체어에 앉아있던 사람들 중에 어떤 사람은 조심스레 일어서기도 했고, 어떤 사람은 비틀거리면서도 혼자 걷기 시작했다. 또 어떤 사람은 다른 사람의 부축을 받아가며 꿈에도 그리던 첫 발걸음을 떼는 것이었다. 나는 더는 참지 못하고 일어서 큰 소리로 외쳤다.

"힘내세요! 파이팅!"

다른 사람들도 모두 일어나 나의 소리에 맞추어 함께 소리쳤다.

"힘내세요! 파이팅!"

일어서는 환자들이 갈수록 많아지고 걷기 시작한 사람은 한결 더 편안하고 바르게 걷고 있었다. 그들은 걸음을 옮기며 한편으로는 눈물을 흘렸다. 현장에 있던 많은 사람들도 모두 감동하여 눈물을 흘렸다. 나 역시도 참지 못하고 샘솟듯이 눈물을 흘렸다. 그것은 내가 난생 처음 맛보는 깊은 감동이었다.

아버지의 집으로 돌아와서도 나는 여전히 강연장에서의 특별하고 사람의 마음을 격동시키는 그 느낌 속에서 헤어나지 못하고 있었다. 진푸티상사님의 흡인력 있는 목소리, 비범한 기개의 형상은 머릿속에 깊이깊이 아로새겨졌다.

그날 저녁에 남편인 쉬따쥔이 아버지의 집으로 왔다. 나는 그가 아무 일 없이 아버지를 찾아오지 않는다는 것을 잘 알고 있다. 따쥔은 아버지에게 환심을 사려는 듯 말했다.

"아버님, 제가 친한 친구에게 부탁해서 독일에서 위장약을 사 왔습니다. 효과가 매우 좋다고 합니다. 한번 드셔보시고 효과가 있으면 더 사오도록 하겠습니다."

아버지가 말했다.

"나는 좋다는 약은 다 먹어봤지만 효과는 없고 날마다 고통만 심해졌네. 그런데 오늘 진푸티상사님의 치료를 받고나니, 오늘처럼 이렇게 위장이 편했던 적이 없었다네."

따쥔은 고개를 저으며 말했다.

"아버님, 그런 것들을 믿지 마십시오. 그건 모두 미신입니다!"

아버지가 따쥔의 말을 자르며 말했다.

"따쥔, 제대로 알지 못하는 일에 대해 그렇게 경솔하게 결론 내리지는 말게."

따쥔은 아버지가 정색하며 강하게 말하자 곧바로 화제를 바꿨다.

"아버님, 이번에 큰 계약 하나가 곧 마무리 됩니다. 이 일이 잘 되면 아버님께 효도 한번 하겠습니다."

아버지가 물었다.

"자네는 최근에 무슨 일로 그렇게 바쁜가?"

따쥔이 답했다.

"저야 늘 비슷합니다. 다방면으로 인맥을 꾸리느라 여러 사람을 만나고 다닙니다. 뭐 한마디로 말씀드리면 다 잘되려고 하는 것이죠. 제가 느낀 것인데 사람이 한 세상 살면서 헛되게 살면 안 될 것 같습니다. 더욱이 남자들은 말입니다."

이 말을 듣고 나는 몹시 언짢아져서 그에게 한 마디 했다.

"그래요. 당신은 마땅히 아홉 층 하늘에 가서 달을 따러 가야

1994년 중국 옌타이시(煙台市) 체육관에서 거행된 대형 법회 현장

해요. 요새 또 한 몫 잡았나보죠? 또 당신의 지나침을 보겠군요."

따쥔이 말했다.

"아버님, 저 사람 좀 보십시오. 저렇게 세상 물정을 모릅니다."

그러면서 계속해서 나에게 말했다.

"당신, 돈 없이도 이렇게 매일 편안히 먹고 마시고 잘 수 있을 것 같아? 그래, 당신은 성스럽고 깨끗하지. 내가 매일 이른 새벽부터 늦은 밤까지 이리저리 뛰어다니며 고생하는 게, 우리가 더 잘 먹고 잘 살기 위한 거란 걸 정녕 몰라서 그러는 거야?"

아버지가 말했다.

"됐네, 이제 그만 하게. 너희들은 어떻게 만나기만 하면 그렇게 다투는 건가? 어른이면 어른답게 행동해야지 이게 뭔가? 그리고 따쥔, 자네한테 부탁이 있네. 사업 하는 것을 반대하지는 않네만 꼭 법과 규율을 지키고 본분을 지켜야 하네."

따쥔이 얼른 말했다.

"잘 알고 있습니다. 제가 하는 것은 모두 정당한 합법적인 사업입니다. 지난번에 말씀드렸듯이 최근에는 전기 기자재를 취급하고 있는데 큰 문제는 없습니다. 그런데 혹시 시市전화국의 쟝張국장님이 장인어른의 옛 동창생이 아니십니까?"

아버지가 말했다.

"그렇지, 쟝커張柯는 내 오랜 친구지. 그런데 그건 왜 묻는가?"

따쥔이 말했다.

"소식통에 의하면, 올해 전신국에서 전기설비를 구입한다고 합니다. 제가 이 방면의 제품을 개발하고 있는데, 장인어른께서 국장님께 한번 전화로 알아봐 주시면 안 될까요?"

아버지가 말했다.

"전화국 설비를 자네가 만들 수 있겠는가? 해 본적이 없질 않은가? 간단하게 만들 수 있는 게 아니라고 알고 있는데."

따쥔이 말했다.

"우리는 그저 간단한 보조시설만 조립하고 장치하는 일만 합니다."

말을 마친 따쥔은 서류봉투에서 책자 하나를 꺼내더니 다시 말했다.

"이게 바로 우리 회사 제품소개서입니다."

나는 그가 밑도 끝도 없이 그저 사업타령을 할 것을 알기에 딱 잘라 말했다.

"여보, 그만해요. 아버님은 그만 쉬셔야 해요."

우리 집으로 돌아오자, 따쥔은 나에게 크게 성을 내며 원망했다. 아버지 앞에서 자기가 하는 말을 도와주지 않았을 뿐만 아니라, 반대로 오히려 자기의 체면을 깎았다는 것이다. 그러나 나는 남편의 마음을 이해할 생각은 전혀 없었다. 오히려 그 순간 내 마음은 이미 다른 곳으로 끌려가 있었다.

나는 그동안 취재했던, 내가 귀로 듣고 눈으로 본 진푸티상사님의 이야기들과 이번 강연회에서 보고 들은 것들을 정리하기 시작했다. 아버지의 병의 호전 결과를 의심하지는 않았지만, 나는 더 확실한 증거를 얻기 위해 아버지를 모시고 병원에 가서 재검사를 받았다. 검사결과는 매우 빨리 나왔다. 검사결과를 본 아버지는 몹시 흥분하시며 나를 품에 안으셨다. 예상대로 아버지의 몸에 있던 종양은 보이지 않았다! 병원에서 아버지는 조용히 눈물만 흘릴 뿐, 기쁨을 말로 표현하지 못했다.

나는 전에 없었던 체험을 얻었을 뿐만 아니라 다시 상사님의 은혜에 깊이깊이 감사하는 마음이 충만해졌다. 그때부터 진푸티 상사님은 나의 인생과 나의 생명 속 깊숙이 들어오게 되었다.

구속 없는 여행

이튿날에 내가 진푸티상사님과 관련된 취재 기사를 제출하자 편집장이 나를 사무실로 불렀다.

편집장은 심각한 어조로 나에게 말했다.

"바이이씨, 당신도 오랫동안 기자생활을 한 사람이면서 이런 기사로 나를 난처하게 만들면 어쩌자는 것이요?"

이 같은 상황을 미리 예상했던 나는 미리 준비해 놓은 구체적인 증거자료를 골라 내밀었다.

"편집장님, 이것 좀 보십시오. 제가 쓴 내용은 모두 확실한 증거가 있고 결코 꾸며낸 말이 아닙니다. 그런데 이런 기사도 발표하지 못합니까? 그러기에 사람들이 편집장님을 보고 뒷북친다고 말하는 거예요."

내 말에 편집장은 크게 화를 냈다.

"나는 그들이 나를 뭐라 부르든지 상관은 없지만 이런 보도는 절대로 신문에 실을 수 없소. 당신 기사를 게재하면 어떤 결과를 얻게 되는지 아시오? 당신과 나는 모두 사표를 써야할 것이오!"

그러고는 자신이 좀 너무했다는 생각이 들었던지 어조를 좀 부드럽게 바꿔 나를 설득했다.

"바이이씨, 분쟁거리를 일으킬만한 것은 애초에 시작도 하지 않는 것이 좋아요!"

내가 말했다.

"그러나 이것은 모두 사실입니다! 쑨 아저씨와 나의 아버지 같은 분이 직접 경험하신 일이기도 합니다. 편집장님도 그분들을 모두 잘 알고 계시잖아요?"

편집장이 말했다.

"물론 나는 당연히 믿소! 그러나 이런 기사는 함부로 신문에 실을 수 없다는 것을 당신도 잘 알고 있잖소? 정부가 우리 신문계에 대해 얼마나 엄격하게 감시를 하고 있는지. 이 문제는 더 이상 왈가왈부할 필요도 없는 일이오."

편집장실을 나오며 나는 전에 없었던 답답함과 번뇌 그리고 실망을 느꼈다. 이런 내가 어떻게 기자라고 불릴 수 있겠는가? 지금까지 말한 뉴스의 진실성이라는 것이 실제로는 모두 껍데기였다. 기자도, 신문사도 모두 껍데기였다. 단지 권력과 신문사의 이익만이 진실이었다. 나는 그길로 집으로 돌아와 이불을 뒤집어 쓰고 하루밤낮을 잤다. 잠에서 깨어난 나는 베개 옆에 책이 한 권 놓여 있는 것을 발견했다. 《일대신기-代神奇》였다.

표지에 있는 진푸티상사님의 자애로운 모습을 바라보고 있던 나는 끝내 눈물을 흘리고 말았다. 그것은 마치 무언가 억울한 일을 당한 어린애가 오랫동안 이별했던 어머니를 만나 통곡하는 모습이었다. 억울함, 슬픔, 쓴맛, 어찌할 수 없는 일, 고통, 이 많은 것들이 모두 마음과 머리로 치밀어 올랐기 때문이다. 울고 또 울어서 눈은 퉁퉁 부었고 베개도 다 젖었다. 얼마나 시간이 흘렀는지 모르지만 갑자기 누군가 내 이름을 가볍게 부르는 소리가 들렸다.

"바이이, 바이이."

목소리는 친절했고 부드러웠고 몹시도 친숙했다.

내가 베개 속에 파묻고 있던 얼굴을 들어 주위를 살펴보았지만 방에는 아무도 없었다. 다만 베개 옆의 《일대신기》 책표지 속의 진푸티상사님이 여전히 평온한 표정과 그윽한 눈길로 먼 곳을 주시하고 있었다. 그의 얼굴 뒤에 있는 하늘은 고요하고 아득히 높고도 넓어보였다.

'상사님이시여, 당신은 내가 누군지 아십니까? 당신은 내 맘속의 고통을 아십니까? 당신은 나를 도와주실 수 있습니까?'

나는 마음 내키는 대로 책장을 넘기다가 눈길을 끄는 한 단락의 문구를 발견했다.

한 사람만이 고통을 떠나 즐거움을 얻는 것은 '슬픈 일'이고, 많은 사람들이 고통을 떠나 즐거움을 얻어야 만이 '기쁜 일'이다. 하늘이 나에게 준 재능은 반드시 쓸데가 있을 것이며, 하늘이 나에게 준 재능을 쓰지 않으면 죄이고 허물이다. 부처님이 마음으로 원하는 것은, 인간세상에서 몸으로 법을 설명하고 다른 사람들에게 착한 일을 하도록 권고하는 것이다. 이것은 나의 천직이다.

이 한 단락의 문구가 나의 심금을 크게 울렸다. 하늘이 준 재능이 반드시 쓰여야 한다면, 나는 어떤 재능을 가진 사람인가? 작은 풀조차도 모두 봄에 돋아나서 대지를 한 줄기 녹색으로 단장하여 그 스스로의 사명을 다하고 있는데, 그러면 나의 지금 삶의 사명은 무엇인가? 나의 과거를 되돌아보았다. 나는 도대체 누구인가? 이 세상에 와서 이제껏 무엇을 했는가?

조금씩 나의 마음이 평온해지기 시작했으며 마음의 공간도 점점 넓어졌다. 그 협소하고 들떠 있던 나의 마음은 천천히 소실되고 융화되는 것 같았다. 진푸티상사님의 큰 소원이 나를 감동시키고 깨우쳐주었다. 진푸티상사님의 그 대자대비하신 마음이 나를 감동시키고 격려하고 있다는 생각만이 내 머릿속에 가득했다.

이튿날 나는 챠오똥을 찾아가 나의 번뇌에 대해 말해 주었다. 챠오똥이 말했다.

"나도 그렇게 고뇌하며 찾아 헤매는 단계를 거쳤었지."

나는 물었다.

"지금은요?"

챠오똥이 대답했다.

"일찍 깨닫지는 못했지만, 상사님이 말씀하시기를 '네가 해야 할 일을 열심히 하면 언젠가는 꼭 찾을 수 있다.'라고 하셨네. 그래서 나는 마음을 가라앉히고, 법을 전하고 남을 도우며 살고 있고, 그 이후부터는 오히려 모든 것이 즐겁다네.

당신도 한번 베이따이허北戴河에 가보지 않겠나? 거기에 '푸티수련양성소'가 있는데 푸티수행방법을 전문적으로 가르치는 곳이라네. 매 기수마다 많은 사람들이 참가하고 있고, 상사님도 그곳에서 법을 강론하시지. 그리고 많은 형제자매와 같은 분들이 있으니 당신을 도와줄 거야."

그것은 나의 첫 번째 자유로운 일탈이었다. 베이따이허행 비행기를 타기위해 공항에 도착해서야 나는 편집장에게 전화를 걸어 6개월 간 휴가를 가겠다고 말했다. 그리고 편집장의 대답을 기다리지 않고 그대로 전화를 끊어버렸다.

베이따이허

베이따이허에 도착한 나는 제일 먼저 그곳의 아름다운 경치부터 둘러보았다. 푸른 바다, 부드러운 백사장, 기복을 이룬 산등성이, 황혼에 물든 바닷가의 고깃배, 즐거워하는 사람들…. 이곳은 정말로 인간세계에 있는 선경이었다.

푸티수련양성소 직원은 나를 해군요양원 805호실로 안내했다. 방문을 열고 들어가자, 방 가운데는 침대 하나만이 덩그러니 놓여 있었다. 이미 그곳에는 담요를 두른 여자가 앉아있었고, 그 옆에는 여덟아홉 살 되어 보이는 여자아이가 있었다. 직원이 나에게 소개했다.

"당신들은 모두 남방 사람이어서 같은 방으로 배정했습니다. 북방의 가을 날씨가 당신들에게는 좀 추울 수 있으니 담요 한 장씩을 더 드리겠습니다. 만약 다른 필요한 것이 있으면 수시로 저희들을 찾으십시오."

직원이 돌아가고 담요를 두르고 있던 여자가 자신을 소개했다. 그녀는 후난성湖南省 주저우株州에서 왔으며, 딸아이와 함께 여기에서 공부하고 있다고 했다. 그녀는 아주 구체적으로 여기까지 오게 된 연유를 이야기했다.

"우리 언니의 아이는 중학교에 다니고 있었는데, 성격은 외톨이고 괴팍하며 학업성적이 좋지 않았어요. 그래서 여름방학 때에 언니가 조카를 데리고 '방학기간 푸티 청소년 지력증강반'에 참가했는데, 당시 이 학습반에 참가한 사람이 몇 백 명이었답니다. 학습반에서는 푸티 선생님이 학생들을 지도하고 가피를 주는 것 이외에도 여러 사람들을 이끌어서 '대광명수지법'을 수련하게 했어요.

그 결과, 조카는 많이 변했어요. 개학하고 학교에 갔는데, 예전보다 반 친구들과 어울리기를 좋아하고, 수업시간에 발표도 적극적으로 하는 등 공부에도 관심을 보이더랍니다. 그리고 학기 중간시험에서 성적이 눈에 띄게 좋아져서 반에서 상위권을 차지했고요. 더욱 신기한 것은 조카의 눈이 원래 근시였는데 수련한 이후 시력이 갈수록 좋아지더니 지금은 안경을 벗었어요.

조카의 담임선생은 아이의 변화에 놀라 직접 집으로 찾아왔지요. 언니는 그동안의 경과를 사실 그대로 담임선생에게 말해주었답니다. 그 담임선생은 이야기를 듣고 나서 매일 아침자습시간마다 10분씩 푸티음악을 학생들에게 들려주었고요. 그런데 10개 반 가운데 9등을 하던 그 반의 학업성적이 학기말 시험에 가서는 4등으로 올라섰다고 하네요.

솔직히 말해 우리 집에서는 평소 아이에게 여러 가지 지능발달에 좋다는 각종 영양제를 사주느라고 적지 않은 돈을 쓰고 있지만 그다지 효과는 없었어요. 그래서 나는 언니의 이야기를 듣고 바로 아이를 이곳으로 데려와 '푸티 지력증강반'에 참가하게 되었고요. 세상 어느 부모든 아이가 공부를 잘해서 출세하기를 바라는 것은 당연하지 않나요?"

그녀의 큰 언니가 한 말이 나로 하여금 가슴을 찡하게 만들었다. 참으로 가련한 것이 천하 부모의 마음이라! 나는 상사님을 생각하면 항상 어머니 같다는 느낌을 받는다. 비록 이성적으로 이해할 수는 없지만, 이는 확실히 나의 마음속에서 우러나오는 진심이다. 상사님은 자비롭고 풍부한 지혜와 힘을 가진 어머니이다. 나는 나의 마음이 상사님과 점점 더 가까워지는 것을 느꼈다.

직업적인 습관 덕분에 나는 정식 수업이 시작되기 전에 수련양성소의 각 방들을 두루 방문했다. 어떤 사람은 방안에서 청소를 하고 있었고, 또 어떤 사람들은 삼삼오오 모여 앉아 환담을 나누면서 자신들의 경험과 느낌을 이야기하고 있었다. 복도 맨 끝 방에서 몇몇 사람이 아주 열렬히 얘기하는 것을 보고 나는 그 자리에 앉아 이야기를 듣기 시작했다. 짙은 눈썹에 큰 눈을 가진 한 중년 남자가 말했다.

"여러분 신기하지 않습니까? 우리 세무국의 쉬许 회계사는 어릴 적부터 몸이 약하고 병이 많고 심한 관절염을 갖고 있었습니다. 온몸이 붓고 손발에 찬물을 댈 수도 없고, 여름에는 아무리 더워도 선풍기 바람을 쏘이지 못했는데, 상사님의 제자가 그를 치료하여 며칠 만에 병을 완치시켰답니다."

이때 한 할머니가 말했다.

"우리 회사에 우㚖라는 사람이 있어요. 그는 오랜 목 디스크 환자로 통증이 심해서 스스로 옷도 입지 못했지요. 친구가 그에게 상사님이 부른 《천음天音》이란 CD를 한 장 주었는데, 그걸 들은 다음에 온몸에서 열이 나고 주체할 수 없는 눈물이 흐르더랍니다. 그리고 나니 오히려 개운한 느낌이 들어 이상하다 싶었는데, 이튿날이 되자 목 디스크가 나아서 자유롭게 움직일 수 있게 되었답니다. 음악을 듣는 것만으로도 병을 치료할 수 있다니, 정말 신기하죠?"

그들의 이야기를 듣는 것만으로도 나는 몹시 흥분되었다. 이때 누군가 나에게 물었다.

"당신은 이번에 새로 왔지요? 그 전에 수련을 배웠습니까?"

나는 고개를 흔들었다. 더 이야기를 듣고 싶었던 나는 그에게 반문했다.

"정말 신기한 일이네요."

이에 그 할머니가 말했다.

"내가 한 말을 못 믿겠다면 저 양반 이야기를 좀 들어보시오. 저 양반은 티엔진시天津市 세무국 간부이니 그의 말이라면 더 믿을 수 있지 않겠소?"

티엔진 세무국의 간부라는 중년 남자가 입을 열었다.

"이보다 더 신기한 일도 많지만 말하자면 길지. 당신은 이제 막 왔으니, 나중에 시간이 되면 다시 당신에게 자세하게 말해 주겠소."

중국 베이따이허 푸티수련양성소에서
몇 기에 달하는 중급 푸티 양성반이
운영된 현장.
(1994년)

수업

드디어 푸티수련양성반의 수업이 시작되었다. 이번 기의 수련반에는 모두 3천 명의 수련생이 모였다. 수련생의 수가 너무 많아서 모두 7개 교실로 나누었지만, 각 교실마다 학생 수는 수백 명이 되었다. 한 사람당 하나의 좌석을 개별적으로 배당받았지만, 그 자리들 사이의 공간이 너무 좁아서 조금만 움직여도 다른 사람들과 부딪치기 십상이었다.

그리고 나는 처음으로 책상다리를 하고 앉아봤다. 그때 처음 내 두 다리조차 내 마음대로 할 수 없다는 사실을 알게 되었다. 자리에 앉은 지 얼마 되지도 않았는데도 다리가 너무 아파서 온 몸에서 땀이 흘러내렸다. 나는 주변에 있는 다른 사람들을 둘러보았다. 다들 다리를 틀고 앉아 아주 편안하고 가볍고 자연스러운 자세를 취하고 있는 것만 같았다. 나는 마음이 급해졌다.

강의하는 선생의 이름은 마수링馬淑靈이었다. 마 선생은 마치 나의 고민을 모두 알고 있는 것처럼 말했다.

"처음 책상다리를 하자니 힘드시죠? 저도 처음엔 여러분과 마찬가지였어요. 나는 두 다리가 뻣뻣하고 불편한데 다른 사람들은 모두 편안하게 앉아있는 것 같아 많이 조급해 했습니다. 이를 보신 상사님이 말씀해주신 방법을 알려드릴게요. 책상다리 하는 것을 조급하게 생각하지 말고 천천히 따라해 보세요.

몸을 자연스럽게 곧게 펴고 힘을 적당히 주세요. 가볍게 눈을 감고 이렇게 명상하세요. 공중에서 특별한 물방울 하나가 떨어지는데, 그 물방울은 뼈를 녹이는 액체입니다. 그 물방울이 머리에 떨어져 머리가 융화하기 시작하여 안에서 밖으로 나가며 머리를 다 융화하고, 목을 융화합니다. 그런 다음에는 가슴에 이르고, 두 팔에 이르러서 손톱까지 가고, 몸 안의 오장육부, 척추, 다리, 발까지 천천히 융화한다고 상상하세요. 이렇게 세 번 반복하세요."

우리는 마 선생이 인도하는 대로 한번, 그리고 스스로 두 번 그렇게 따라했다. 그러자 신기하게도 나의 온몸이 서로 융화되는 것 같은 편안함을 느꼈다. 마 선생이 이어서 말했다.

"책상다리를 하고 있는 오른다리를 손으로 잡아 왼다리에 올려놓으십시오."

나는 역시 마 선생이 시키는 대로 했는데, 어려울 것 같았던 오른다리가 자연스럽게 왼다리 위로 올라갔다. 이런 작은 변화들이 나에게 적지 않은 자신감을 더해 주었다.

열이틀 째 되던 날, 저녁 수업이 끝난 후에 대부분의 사람들은 잠자리에 들었지만, 나는 도무지 잠이 오지 않아서 야간 좌선을 시작했다. 상사님의 말씀대로 온몸을 느슨하게 하고 앉은 자세를 조절하며 높고 웅장한 설산의 끝없이 하얀 광경을 관상*했다.
 '무어 설산이 바로 나 자신인가? 내가 어디에 있는 걸까?'
 마음속에서 의문이 생길수록 설산은 진짜로 나의 몸으로 변하기 시작했다. 나의 몸은 천천히 변화하더니 얼마 지나지 않아 온몸이 얼음처럼 차가워지고 거의 투명해졌다. 나의 마음도 수정같이 투명한 얼음덩어리처럼 청정하고 평온하며 부드러워지는 것 같았다.
 얼마나 긴 시간이 흘렀는지 모르겠지만 나의 몸은 유리처럼 완전히 투명하게 변했다. 이러다 내 자신이 정말 깨져 버릴까봐 조금 겁이 났다. 나는 얼른 눈을 뜨고 일어나 창문 커튼을 열어젖혔다. 초승달이 걸려 있는 밤하늘은 너무도 고요하고 평온했다.
 나는 옷을 입은 채로 그대로 자리에 누웠다. 막 잠이 들려던 순간 갑자기 한 조각의 하얀 물체가 내게로 날아왔다. 그것은 종이 같기도 하고 새 같기도 했으나 확실히 알 수는 없었다. 그날 밤 나는 온 밤을 비몽사몽의 상태로 보냈으며, 나의 마음은 그 하얀 물체와 밤새껏 이야기를 나눈 것 같았다. 날이 거의 밝을 무렵에야 나는 겨우 황홀하게 잠이 들었다.
 이튿날 나는 하루 종일 배고픔을 느끼지 못했다. 점심과 저녁에 아무것도 먹지 않았고, 잠자기 전에 작은 컵으로 물을 한 컵 마셨을 뿐이었다. 이렇게 이번 기수의 수련양성반의 학습이 끝날 때까지 나는 여전히 어떤 음식도 먹지 않았다. 마 선생은 이것이

---

* 관상(觀想): 진푸티상사의 선(禪)의 한 방법으로 실제로 보고 있다고 상상하는 것이다. 이러한 선(禪)을 선관선(禪觀禪)이라고 부른다.

바로 벽곡*현상이며, 걱정하지 말라고 했다. 다른 많은 수련생들에게도 벽곡현상이 나타났다. 어떤 사람은 8일을 지속했고, 어떤 사람은 10일, 또 어떤 사람은 몇 달 심지어는 몇 년씩 더 길게 지속된 사람도 있었다. 또 투시 능력이 생긴 사람들도 많았다.

나의 경우에는 벽곡현상 외에 다른 특수한 능력은 나타나지 않았다. 그러나 상관없다. 나는 남아서 계속 배울 작정이었으니, 또 다른 기회가 생길 것이라 믿었다.

---

* 벽곡(辟穀): 밥 먹지 않아도 도리어 배고픔을 느끼지 않으며 여전히 정력이 넘쳐나는 것이다.

하늘이 보내 준 눈

다음 기수의 푸티수련양성반에도 새로운 수련생들이 잇달아 등록했다. 정식으로 개강하기 하루 전날에 나는 문득 해변으로 나가봐야겠다는 생각이 들어 가만히 방에 있을 수 없었다.

이에 나는 밖으로 나와서 자연스럽게 발길 닿는 대로 걷기 시작했다. 그리고 어느덧 해변 가에 이르렀다. 금빛 백사장에서 신발을 벗고 아예 맨발로 걸었다. 바다 앞에는 거대한 바위가 있었는데, 나는 그 위에 올라가 앉았다. 저 멀리 보이는 수평선과 끝이 없는 하늘을 바라보며 천천히 눈을 감았다.

"헤이!"

이 소리에 깜짝 놀란 나는 나도 모르게 몸서리를 쳤다. 눈을 떠 보니 티엔진 세무국의 리 사형이었다. 멀리서 다가오는 리 사형을 바라보다가, 순간적으로 나는 그의 심장에 무언가 문제가 있다고 느껴졌다. 또한 그의 오른쪽 폐에도 비정상적인 색깔의 덩어리가 보였다. 나는 바로 리 사형에게 물어봤다.

"리 사형, 리 사형의 심장과 폐가 좀 이상해 보이는군요. 혹시

중국 치버시 중급 푸티양성반에서 불법을 강의하는 진푸티상사(1998년)

많이 아프지 않으세요?"

리 사형은 내 말을 듣고 당황하며 말했다.

"뭐라고? 뭐가 보이기라도 하는 거야?"

나는 내가 본 것을 그에게 말해주었다. 그러자 그는 몹시 흥분하여 티엔진 사투리로 소리를 질렀다.

"맙소사, 당신은 천안이 열렸군. 나는 어릴 때 폐결핵을 앓은 적이 있어 심장기능이 선천적으로 온전지 못해."

나는 또한 그의 가슴 부위에서 여자아이의 그림자를 보았다. 열서너 살쯤으로 보이고 귀밑 단발머리에 피부가 새하얀 것이 매우 귀엽게 자란 것 같았다. 이 역시도 리 사형에게 말하자 그는 놀라워하며 나에게 되물었다.

"바이이, 어떻게 알았어? 그 아이는 사랑스러운 나의 딸이야."

내가 말했다.

"나도 모르겠어요. 어쨌든 당신의 가슴에서 보여요. 리 사형은 지금 딸아이를 무척 생각하고 있는 거죠?"

리 사형은 자기 다리를 한번 탁 치며 말했다.

"다른 사람은 별로 그립지 않지만, 딸아이만은 많이 보고 싶네. 딸아이를 생각하면 지금 당장이라도 돌아가고 싶네. 그런데 바이이, 당신이 이런 것까지도 다 볼 수 있다니, 정말 대단하군. 혜근*이 매우 깊은 모양이군. 당신은 진짜 보기 드문 사람이야!"

그리고 리 사형은 탄복하여 그 자리에서 오체투지**를 했다. 나 역시 스스로의 '능력'에 대해 깜짝 놀랐다. 나의 온몸은 흥분으로 전기가 통하는 것처럼 찡하며 어지러운 것 같았다.

---

* 혜근(慧根): 지혜의 뿌리라는 말인데, 사람의 지혜는 정도에 따라 상근기, 중근기, 하근기로 나눈다.

** 오체투지(五體投地): 절을 하는 방법으로 최경례의 뜻으로 절하는 것이다. 머리의 이마를 땅에 대고 절하는 것인데, 이 경우에 두 다리와 두 손 그리고 머리까지 신체의 다섯 부분을 땅에 대고 절하기 때문에 오체투지라고 부르며, 보통 두 팔을 앞으로 내밀어 배가 땅에 닿게 하고 머리를 땅에 세 번 부딪힌 다음에 손을 머리 위로 올려서 공경의 뜻을 표하고 일어나는 것이다.

비취 목걸이

리 사형은 이 사건을 주변 사람들에게 알렸고, 그 이후 한가한 시간이면 함께 수련하는 사람들이 나를 찾아와 천안을 통해 봐달라고 부탁했다. 어느 날 오후 수업이 끝나고 얼마 되지 않았을 때였다. 새로 온 후胡씨 성을 가진 수련생이 다급히 나를 향해 달려왔다. 그녀는 내 앞에 멈춰서 다급하게 말했다.

"저를 좀 도와주세요, 바이이 사매님. 다름이 아니라 저의 비취 목걸이가 보이지 않아요. 오늘 점심까지 분명히 제 목에 걸려 있었고 손으로 만져보기까지 했는데, 지금 보니 비취는 없어지고 덩그러니 줄만 남아있지 뭐예요."

그러고 나서 그녀는 목에 건 백금 줄을 나에게 보여주었다. 나는 그 말을 듣고 안타까워하며 그녀에게 물었다.

"그걸 누구한테 보여순 적이 있나요?"

"어제 강의실에서 쉬는 시간에 같은 반 수련생들 몇몇에게 보여줬는데, 지금 보니 없어졌네요."

옆에서 리 사형이 우리의 말에 끼어들었다.

"우선 조급하게 생각하지 마라. 잃어버리지 않았을 거야. 여기에 온 수련생들은 모두 성실한 마음으로 법을 배워서 병 치료를 하고자 하는 사람들이니 좀도둑은 없을 거야."

이야기를 듣고 좀 집히는 것이 있던 나는 그녀에게 말했다.

"그래도 마 선생님에게 말씀드리는 것이 좋을 것 같네요."

다들 좋은 생각이라며 모두 함께 마 선생을 찾아갔다. 마 선생은 사무실에서 전화를 받고 있었는데, 우리들이 들어오는 것을 보자 우선 앉으라고 눈짓했다. 통화를 마치고 그녀가 물었다.

"무슨 일이 있습니까?"

여자 수련생이 자초지종을 설명했다. 마 선생은 얼굴에 엄숙한 표정을 지으며 말했다.

"여기는 수행을 하는 곳입니다. 그런데 당신은 왜 마음대로 귀중품을 자랑했습니까? 마음속에서 온통 이런 것이나 생각하고 있으니, 어떻게 정신을 집중하여 수련할 수 있단 말입니까?"

여자 수련생은 연신 고개를 숙이며 잘못했다고 빌었다.

"잘못을 뉘우친다니 되었습니다. 이제부터는 자랑하지 마십시오! 자, 이제 당신에게 돌려주겠습니다!"

마 선생은 호주머니에서 나뭇잎 모양의 짙은 녹색 목걸이 펜던트를 꺼내며 다시 말했다.

"어제 당신이 자랑하며 떠들어대는 모습에 다른 수련생들도 마음이 산란해지는 것을 보았습니다. 그래서 당신을 만나서 한마디 해야겠다고 생각했습니다. 그러던 중에 이 물건이 나한테로 달려 왔지요. 나는 기회를 봐서 당신에게 이 사실을 이야기 하려던 참이었습니다."

  그곳에 있던 나는 이 신기한 사건에 놀라 눈은 휘둥그레졌고 입은 벌어져 다물어질 줄 몰랐다.

티엔진에서의 강우

제2기 수련양성반이 시작되고 며칠이 지났지만, 나는 여전히 벽곡을 하고 있었다. 날짜를 계산해 보니 벌써 반달이나 되었다. 그러나 나는 조금도 배고프다는 생각이 없었고 몸도 편안하고 가뿐하며 가벼웠다. 또한 수면시간도 크게 줄었지만 피곤하지는 않았다. 이날도 저녁 수업을 마치고 나는 침대에서 호흡을 조절한 다음 좌선에 들어가려고 준비를 하고 있었다. 그때 밖에서 노크 소리가 들려왔다.

"바이이, 문 좀 여시오, 리 사형이오."

나는 몸을 일으켜서 문을 열었다. 리 사형은 사과 한 광주리를 안고 만면에 웃음을 지으며 문 입구에 서 있었다. 그리고 그의 뒤로 한 남자의 모습이 보였다. 리 사형이 말했다.

"바이이, 이 사람은 나의 오랜 친구로 민정국民政局의 주朱 형이라네. 사과는 이 친구가 가지고 온 것이네. 얼마나 신선한지 한 번 보게나. 이 친구는 학생 시절 별명이 저팔계였는데, 글쎄 관운이 좋아서 얼마 전에 부국장으로 승진했지."

왼쪽사진은 진푸티상사가 중국 내몽골자치구에서 법을 전수하며 비오기를 빌 때의 모습이며, 오른쪽 사진은 이날 기우제를 지낸 다음 신중(信衆)들의 참배를 접수하고 그들과 친절히 교류하는 장면(1993년)이다.

나는 사과에 대한 감사인사를 하고 방으로 들어와 앉으라고 했다. 리 사형은 쉬지 않고 계속 말했다.

"이 사과는 말이야, 이 사람 고향에서 생산된 것이야. 그나저나 이 친구의 연로한 아버지가 고열이 난 지 4~5일 되었는데 주사를 맞고 약을 먹어도 아무런 소용이 없지 뭔가. 그래서 자네가 좀 봐줬으면 하네."

나는 마음의 준비가 안 된 상태였지만 그들의 이런 절박한 상황을 외면 할 수 없었다.

"그런데 제가 제대로 보지 못해서 치료를 잘하지 못할까봐 그게 걱정이네요."

리 사형이 말했다.

"상사님께서 만약에 외출하지 않으셨다면 좋았을 텐데. 주 부국장과 우리 상사님은 오랜 친구라네."

나는 이 말을 듣자마자 흥미가 생겼다.

"정말이세요? 주 부국장님, 상사님 이야기를 저에게 들려주시겠어요?"

주 부국장이 말했다.

"정말 신기한 일이 한 번 있었지요. 나도 그곳에서 직접 지켜본 사람이지만 너무나 불가사의한 일이었습니다."

"빨리 말해 주세요."

이어서 주 부국장은 우리에게 당시 상황을 자세히 설명했다.

"금년 봄에 티엔진, 허베이 지역에 큰 가뭄이 들어서 비가 내리지 않았습니다. 속담에 이르기를 '봄비는 기름같이 귀하다.'라고 했지요. 만약 봄철에 비가 때맞추어 내리지 않으면 1년 농사가 힘들어지니까요. 농민들은 모두 농사를 지어 생계를 유지하며 살아가지 않습니까?

당신도 아시다시피 그 당시에 북방의 적지 않은 하천들이 모두 작은 골짜기로 변하고 강물은 말랐지요. 이름만 하천이지 근본적으로 물이 없었습니다.

우리 국장님은 인정이 많고, 어려서부터 농촌에서 나고 자라서 가뭄이 든 것을 보고 근심과 걱정으로 마음 편할 날이 없었지요. 하지만 비가 오지 않는 문제는 우리의 힘으로 어찌할 방법이 없었기 때문에 오로지 진푸티상사님을 찾아가 진심으로 도와달라고 빌 수밖에 없었습니다. 국장님은 상사님께 말했지요.

「우리 민정국도 사람을 구제하는 곳이라지만 능력이 제한되어 있습니다. 부디 대사님께 바라오니 우리를 도와 비를 내리게 하여 주십시오.」

진푸티상사님은 이야기를 듣고는 이는 여러 사람을 위해 좋은 일을 하는 것이라며 흔쾌히 승낙하셨죠. 그때가 점심때였는데 상사님은 그 즉시 비를 바라는 기도를 하기 시작했고, 나는 기도를 마치신 상사님께 물었습니다.

「상사님, 언제쯤 비가 올까요?」

상사님은 긍정적으로 대답했습니다.

「아무리 늦어도 오늘 저녁 7시입니다!」

나는 바로 기상국에 전화를 걸어 확인해봤지만, 당분간은 비가 내리지 않을 거라고 하더군요. 상사님이 돌아가신 다음에 여러 사람들이 모여 이야기를 했지요. 사람마다 의견은 분분했고, 반신반의하던 차에 쟝張 비서가 말했습니다.

「제 생각에는 아무래도 헛수고를 한 것 같습니다.」

하지만 우리는 초조하게 저녁 7시가 되기만을 바라고 있었지요. 그런데 신기하게도 저녁 6시 반쯤 되자 갑자기 검은 구름이 빽빽하게 덮이더니 천둥번개와 함께 큰 비가 내리기 시작하는 게 아니겠습니까? 우리는 모두 밖으로 나가 빗속에서 비를 한껏 맞았습니다. 정말로 통쾌한 순간이었시요!"

처음으로 병을 치료하다

　주 부국장의 이야기는 끝이 났지만, 나는 여전히 자신이 없었다. 그것은 아마도 내가 아직도 다른 사람의 병을 치료해보지 못했기 때문이리라. 나는 고민 끝에 마 선생을 찾아가보는 것이 좋겠다고 생각했다. 그런데 때마침 마 선생이 순방하던 차에 내 방에 들른 것이다. 잘되었다 싶어서 나는 주 부국장이 나를 찾아온 이유에 대해 그녀에게 말해주었다. 마 선생이 말했다.

　"바이이씨, 당신도 할 수 있는데 왜 나를 찾아요?"

　나는 말했다.

　"제가 제대로 보지 못할까봐 그게 걱정이에요."

　"우선 시험 삼아 주 부국장님의 눈을 한번 보세요. 그의 아버지가 바로 그 안에 있을 겁니다."

　나는 마 선생의 말대로 주 부국장의 눈을 바라보았다. 주 부국장의 눈 안에는 정말로 어떤 한 노인의 그림자가 있었는데 침대에 누워있는 것 같았다. 마 선생이 말했다.

　"주 부국장님, 눈을 감아보세요."

그러고 나서 마 선생은 신문지 한 장에 불을 붙인 다음 나에게 건네주며 말했다.

"어떤가요? 환자의 발밑이 아주 검지 않습니까?"

내가 말했다.

"예! 다리 아래가 아주 시커멓네요."

"그럼 바로 불로 그를 비춰 보세요."

내가 불을 가져다가 발 있는 쪽으로 가니 환자의 발밑이 환해진 것을 보았다.

나는 평소 수업시간에 선생님께 배우던 방법대로 10여 분 동안 치료하자 마 선생은 나를 바라보며 고개를 끄덕였다. 내가 낮은 소리로 물었다.

"다 된 걸까요?"

마 선생은 미소를 지으며 주 부국장에게 말했다.

"이제 됐습니다. 잠시 있다가 집으로 전화를 걸어보세요. 아마 문제가 사라졌을 겁니다. 그럼 여러분도 일찌감치 주무십시오."

이렇게 해서 나는 처음으로 다른 사람을 위해 병을 치료했다. 바로 아들의 눈을 통해 먼 곳에 있는 그의 아버지의 병을 치료해 준 것이다.

달빛 아래에서

제2기 수련양성반도 거의 끝나가고 있었다. 그날 밤, 각 숙소의 불은 이미 모두 꺼져있었다. 무엇 때문인지 내 마음은 말로 표현할 수 없을 정도로 불안했고, 좌선을 할 수도 잠을 잘 수도 없었다.

창문가에 서서 야경을 보고 있으려니, 한 줄기의 하얀 빛이 '후'하는 소리를 내며 내가 있는 창문 쪽에서 먼 곳으로 날아갔다. 한 마리 큰 새 같기도 하고 한 장의 하얀 종이 같기도 했다.

'아, 무슨 일이지? 내 마음이 날아간 것인가?'

설명할 수 없는 기분에, 나는 코트를 걸치고 그 흰 빛이 날아간 방향을 따라 밖으로 나갔다. 하늘에는 구름이 두터웠다. 반달이 구름 사이로 잠시 숨었다가 잠시 후에 또다시 구름을 뚫고 나오는 모습이 마치 나하고 숨바꼭질을 하는 것 같았다.

나는 습관적으로 백사장이 있는 방향으로 발길을 돌렸고, 익숙한 그 바위가 내 눈에 들어왔다. 그런데 어렴풋이 보이는 것이 누군가 그 위에 앉아 있는 것 같았다. 가까이 가서 보니 어떤 사람이 바위 위에 앉아서 좌선을 하고 있었다. 아마 밤에 잠이 오지 않아 나처럼 무언가 느낌을 따라 나온 사람일거라 생각했다. 그러나 그는 어떻게 나의 보배같은 자리를 찾아냈을까?

바위 위에는 오로지 한 사람만이 올라 갈 수 있었다. 그 옆에 나란히 앉아 함께 좌선할 공간은 없었다. 그는 이미 나의 보배같은 자리를 찾아낸 높은 안목을 가지고 있고, 한밤중에 이곳에 나와 좌선을 하고 있는 것이 필시 같은 수련생임이 틀림없었다. 그래서 인사를 해야겠다고 마음먹고 그에게 다가가 말을 걸었다.

"여보세요, 여기 느낌이 괜찮지요? 아, 미안해요. 제가 당신을 놀라게 하진 않았겠죠? 제가 보기에 괜찮은 것 같은데. 그런데 집중력이 대단한 것 같네요. 어디서 오셨습니까?"

"칭……."

'쏴쏴'하는 파도소리가 전해 오는 소리를 덮어 버렸다.

"칭따오靑島라고요? 그곳은 참 아름다운 곳이죠. 저도 가본 적이 있어요. 아, 맞아요. 혹시 지금 벽곡을 하시나요?"

"아닙니다, 그럼 그쪽은요?"

"저는 모두 20일 동안 거의 아무 것도 먹지 않았어요!"

나는 아주 득의양양해 하며 다시 말했다.

"어, 이번 기수의 수련양성반이 끝난 다음에도 당신은 여기에 남을 생각이세요?"

"모르겠습니다. 당신은요?"

"아직 저도 잘 생각해 보지 않았어요. 다만 수행하며 사람들을 제도하는 일이 참 즐겁네요. 이곳에 남아있을 생각도 해보긴 했는데. 아직 확실하게 정하지는 못했어요. 제가 어떻게 해야 좋을지 좀 도와주시겠어요?"

"자기가 하고 싶고, 또 뜻있는 일을 하는 것이야 말로 즐거운 일입니다."

"하지만 아직은 내가 무엇을 할 수 있는지 모르겠어요. 나는 지금 그저 단순하면서도 막연한 생각을 갖고 있을 뿐이니까요. 여기 오기 전에는 기자 생활을 했었는데, 이곳에서 내가 할 일이 있을까요?"

"열심히만 한다면 어디에서나 당신의 일은 있습니다."

"당신의 말씀에도 참 일리가 있네요. 아, 이곳에는 많은 기적들이 있어요. 혹시 이런 자료를 수집하고 정리하는 일은 어떨까요? 이런 귀중한 자료들이 유실되는 게 너무 아까워요. 이곳의 일들은 너무나 광범위하잖아요. 의학, 농업, 건강, 교육, 육아 등 여러 영역과 관련되어있지요. 만약 내가 그 일을 한다면 난 아주 잘해낼 수 있을 것 같은데. 대학시절에 신문학 성적이 제일 좋았거든요, 믿으셔도 되요!"

"아주 잘되었군요! 그렇게 원하는 것이 있다면 바로 행동으로 옮기십시오. 그것이야 말로 가장 자유로운 것입니다."

"아, 오랜 시간 이야기를 나누고서도 아직까지 당신의 이름을 모르고 있군요."

내가 그의 이름을 묻자, 남자가 대답했다.

"나의 성은 진金입니다."

"그 황금이란 뜻의 진인가요?"

내가 농담조로 물었다.

"맞습니다."

"아주 좋은 성이군요."

"당신의 귀한 성은 무엇입니까?"

"에이, 귀하다는 말은 쓰지 마세요. 저는 바이이라고 불러요. 흰색이란 뜻의 '바이白'와 옷이라는 뜻의 '이衣'여요. 내가 태어나가 하루 전날에 어머니가 꿈을 꾸셨대요. 젊고 예쁘게 생긴 선녀가 흰 치마를 입고 하늘에서 가볍게 내려와 눈앞에서 사라졌는데, 마치 어머니의 몸 안으로 들어온 것 같았답니다. 어머니는 꿈에서 깨어난 후에도 마치 생시인 냥 기뻤다고 하네요. 그리고 꿈속의 그 사람이 관세음보살님과 비슷하기도 하고, 백의천사 같기도 해서 부모님은 나에게 이런 이름을 지어주셨답니다."

"당신이 진짜로 보살이 되기를 바랍니다. 아마도 그가 바로 당신일 것입니다."

나는 그 이야기를 듣고 기쁘게 말했다.

"만약 진짜 그렇다면 이제 미적거릴 필요가 없겠군요. 나는 상사님과 함께 구름처럼 천하를 떠돌며 고난에 빠진 사람들을 구해주겠습니다. 하지만 내가 느끼기에는 불교는 좋기는 한데 좀 소극적인 것 같아요! 당신이 보시기에는 어떤가요? 저들 스님과 비구니들은 날마다 고개도 세내로 들지 못하고 이상한 옷을 입고 헤아리려고 해도 다 셀 수 없는 계율을 갖고 있으니, 얼마나 재미없습니까?"

"당신이 생각하는 그것들은 장님이 코끼리를 만지는 격과 같이 그저 일부분일 뿐입니다. 진정한 불교수행자라면 정확한 행동을 가지고 여러 사람을 이끌어 곤혹에서 벗어나게 하며, 가는 곳마다 대중을 교화하고 도와주는 겁니다. 소극적이 아닐 뿐만 아니라 대중들을 위해 힘과 활력을 가져다주는 분들이지요.

당시 부처님시대에는 유마힐이라 부르는 큰 수행자가 있습니다. 겉으로 보이는 물질적인 모습은 가난이지만, 사실 그가 가지고 있는 성품과 마음은 정말로 큰 부호였지요. 그는 가없는 지혜를 가지고 다른 사람들을 돕고 다른 사람을 구제하는 방법에서도 아무런 구속도 없었지요.

그 어느 곳이든지 장소를 막론하고 그가 법을 설하고 사람들을 제도하는 장소가 되었습니다. 학교, 가정, 불교법당이 아닌 예배당, 왕궁 심지어는 술집, 기생집 같은 데까지도 그는 가리지 않고 찾아다녔지요. 그는 형편과 이로움에 따라서 몸을 드러내어 법을 설명하고 다른 사람을 이용하여 가르침을 펼치고, 크게 선한 마음을 마음에 두었습니다.

그의 행동에는 아무런 거리낌도 없었지요. 그는 탐심이 깊고 무거우며 완고하여 변화할 수 없는 많은 사람들을 자비와 통달 그리고 민활한 방법으로 교화시켰습니다.

당신도 《유마힐소설경》이라는 책을 한번 찾아 읽어보는 것이 좋겠네요."

내가 또 물었다.

"그러면 그 많은 규정과 계율은 어떻게 생각하시나요?"

"아, 그것은 우리의 자비롭고 착한 생각을 키워서 우리 인류가 원래부터 갖고 있는 탐욕, 성냄, 어리석음, 게으름, 의심 등의 악습을 제거하기 위해 만들어 놓은 방법들입니다. 탐욕스러운 마음이 사라져야 대자대비한 마음이 비로소 일어날 수 있습니다!"

"과연 그렇군요!"

사실 나는 그에게 진심으로 탄복했다. 나는 그와 얘기하는 것이 아주 즐거웠으며 계속해서 그와 이야기를 나누고 싶었다. 그러나 밤이 너무 깊었고 바닷바람이 불어서 조금 쌀쌀한 느낌이 들어 그에게 작별인사를 건넸다.

"진 선생님, 당신과의 대화는 참으로 즐거웠습니다. 인연이 있으면 내일 또 뵙도록 하지요! 바람이 많이 부네요. 저는 먼저 돌아가겠습니다."

나의 놀라움

이튿날 아침, 날이 밝자마자 나는 마 선생을 찾아갔다. 그녀에게 내가 자료를 정리하는 일을 맡으면 어떨지 상의하기 위해서였다. 그런데 내가 말을 꺼내기도 전에 마 선생은 미소를 지으며 나에게 배지를 하나 건네주며 말했다.

"이것이 당신의 근무 신분증입니다. 이것이 있으면 취재하기가 비교적 편리할 겁니다."

신분증에는 이미 나의 이름이 쓰여 있었고, 신분증을 발행한 날짜는 어제였다. 나는 이해가 안 되어 물었다.

"저는 아직 정식으로 남아서 근무하겠다고 말씀드린 적도 없는데, 어떻게 알고 저의 신분증을 만들어 놓으셨나요?"

"어제 밤, 상사님이 전화로 알려주셨어요. 그리고 외지고 조용한 방을 마련해주라고 하시며, 당신이 조용한 걸 좋아한다고도 하셨는걸요."

나는 그 상황을 이해할 수 없었지만 마음속으로는 무척 기뻤다.

'상사님은 정말로 나를 이해해주시는 구나. 한 번도 만나 본적도 없는데, 이미 나의 생각을 알고 계시다니.'

수천수만 수련생들 가운데 상사님이 나를 알고 계시며, 또 친히 나를 위해 일자리도 마련해주시니 더할 나위 없이 기쁘고 또 기뻤다. 나의 믿음이 더욱 깊어지게 된 것은 우리 자신과 주위에 가로세로로 엮여진 인연들이 확실히 존재한다는 것이었다. 이 세계는 마치 보이지 않는 그물로 되어 있는 것 같았다.

그 이후 얼마 동안 나는 다른 직원들과 각지에서 보내온 몇 천 통에 달하는 편지들을 읽고 정리했다. 두 달이 넘도록 바쁘게 그것들을 유형별로 나누고 나서야 비로소 편지 내용들의 요점을 찾아볼 수 있게 되었다.

편지들은 대체적으로 세 가지 유형이었다. 첫째 유형은 병의 치료에 관한 것이었고, 둘째는 감사 내용이며, 셋째는 진푸티상사님에 대한 직접적인 체험과 감상이었다.

여러 가지 기묘하고 이상한 병에 걸린 많은 환자들이 진푸티싱사님과 접촉한 다음에 기적적으로 건강을 되찾았다. 어떤 사람은 상사님의 비디오를 보고 나서 건강을 회복했으며, 어떤 사람은 상사님과 그 제자들에 의해 치료를 받았다. 어떤 사람은 상사님의 노래를 듣고 병이 나았고, 또 어떤 사람은 상사님이 가피하신 물을 마시고 좋아졌다. 그 가운데 한 장의 감사편지가 나의 흥미를 끌었다. 편지의 내용은 대체적으로 다음과 같았다.

한 수련생이 풍습병으로 인해 푸티법을 수련하기 시작했다. 물론 그의 병세는 매우 빨리 호전되었다. 그는 농사일도 게을리

할 수 없었기 때문에 늘 녹음기를 가지고 다니면서 밭에서 일하다가 휴식시간이 되면 녹음테이프를 틀고 수행을 했다.

어느 날 그는 밀 싹들도 상사님의 에너지를 받을 수 있을지 모른다는 생각이 갑자기 들었다. 그는 의식적으로 밀 싹들에게 상사님의 녹음테이프를 듣게 했다. 얼마의 시간이 지나자 그의 밀 싹이 다른 사람의 것보다 크고 튼튼하게 자라는 것을 발견했다. 그래서 이번에는 비료 사용량을 의식적으로 절반 정도 줄여보았다. 밀을 수확해보니 놀랍게도 그가 심은 밀의 단위 면적당 생산량이 그 마을의 평균을 넘었고, 심지어는 그 지역 밀 평당 수확고의 3분의 1 이상 더 많았다는 것이었다.

이 소문이 퍼지자 마을 사람들도 찾아와 그 비결을 묻고 이를 따라했다. 모두들 그의 경험을 따라해 보니 채소를 심어도 좋고, 옥수수를 심어도 결과가 좋아져 생산량은 모두 전년에 비하여 늘어났다. 그 이듬해에는 그 마을뿐만 아니라 인근 여러 마을에서도 이를 모방해서 역시 높은 수확고를 얻었다고 했다.

이 소식이 성省정부가 있는 도시로 전해지자 성정부에서는 농업과학원의 전문가를 지정하여 파견하여 농사과정과 수확량을 관찰하고 측정하게 했으며, 또 일정한 범위 내에서 보급을 진행했다. 그 후 중국 정부의 해당부문 장관이 특별히 상사님과 이 성省의 농업과학원 전문가를 만나게 해서 전문적으로 보다 넓은 면적에 보급하는 문제를 연구토록 했다.

스승으로 모시다

베이따이허 푸티수련양성소에서의 업무는 비록 매우 바빴지만 마음속은 항상 즐거움으로 충만했다. 그러나 밤이 깊어 주위가 조용해지면 해변의 그 바위가 바라보고 싶은 갈망이 있었다. 사실 내가 다시 보고 싶은 것은 바위 보다 그곳에서 만났던 진 선생이었다. 이유는 알 수 없으나 나의 마음속에서 그 사람의 그림자는 지워지지 않았고, 그 목소리도 잊히지 않았다. 나는 그 후로 몇 번이나 더 그 해변을 찾았지만, 그를 다시 만나지는 못했다. 나는 마음속이 허전해졌고 나도 모르게 실망스러운 마음을 감출 수 없었다.

이날 밤에 초승달이 은은한 황금빛을 띠고 있었다. 달은 높고 높은 하늘에 걸려 있어서 고요한 밤하늘을 아주 아름답게 장식하고 있었다. 바위 위의 그림자가 또 내 마음의 바다 속에서 드러났다.

나는 봄코트를 걸치고 흰 머플러를 두르고는 정원에 있는 무성한 대나무 숲을 뚫고서 황금빛 달빛을 밟으며 마치 한 오라기의 가벼운 바람처럼 날아서 해변에 도착했다. 저 멀리서 바위 위에 낯익은 그림자가 있는 것을 보았다. 순간 나는 너무 감격한 나머지 하마터면 소리를 지를 뻔했다.

나는 들뜬 마음을 조금 진정하기로 했다. 혹시 다른 사람일지도 모른다는 생각에 천천히 바위를 향해 다가갔다. 가까이 다가가서야 바위 위의 그림자가 그때의 그 사람이라는 것을 알았다. 틀림없이 바로 그 사람이었다.

"진 선생님, 안녕하세요! 요 며칠 동안 어떻게 지내셨어요? 오늘은 또 어떤 바람이 당신을 이곳으로 불렀나요?"

익숙한 그 목소리가 전해 왔다.

"매우 바빴습니다!"

"지난번에 당신과 얘기했던 자료 정리하는 일은 이미 시작했어요. 저는 수천 명의 수련생들에게서 온 편지를 읽어보고 몇 십만 자의 문자로 된 자료를 정리하고 있지요. 그동안 나는 너무나 커다란 수확을 얻었답니다!"

"그럼, 당신이 무엇을 얻었는 지 말해주겠소?"

"저는 생각했습니다. 한 사람이 수천수만 사람들의 고통을 해결해 줄 수 있는 것은 아주 즐겁고 아주 행복한 일이라고요. 당신은 아세요? 상사님의 이로움을 얻은 사람들은 대부분 죽음의 문턱 앞에서 다시 살아 돌아온 사람들이예요. 어떤 사람들은 오랜 기간 병으로 고통을 받아서 살아있는 것이 죽은 것만 못했고, 어떤 사람들은 젊은 나이에 병에 걸려서 생활과 일할 능력을 잃어버렸지요. 하지만 우리 상사님은 그들에게 건강과 능력을 내려주셨지요."

바위 위의 사람은 조용히 고개를 끄덕였다.

"여러 가지 원인으로 학업성적이 몹시 부진했던 많은 아이들에게 상사님은 지혜의 열쇠를 주셨어요. 더욱 나를 감탄하게 하는 것은 상사님이 식물에게도 생기를 가져다주었다는 거예요. 여러 농민과 농업과학자들이 편지를 보내와 상사님의 목소리가 농작물에게 좋은 영향을 주어 높은 수확고를 얻게 했다고 했어요. 제 생각에는 상사님은 평범한 사람이 아닌 것 같아요. 상사님이 바로 살아있는 부처이고, 또한 살아 있는 보살입니다. 나는 정말이지 온 마음과 온 능력을 다해 상사님을 공경하고 상사님을 사랑하며 상사님을 받들 수 있기를 바라고 있어요. 아, 이런 나의 마음을 당신은 이해할 수 있으세요?"

"압니다. 당신을 보아하니 정말로 마음이 움직였군요."

바위 위에 있는 사람이 말했다.

"당연하지요. 제가 생각하기로는 직접 몸으로 느껴 본 사람이라면 누구든지 모두 감동되고 모두 진정으로 마음을 움직일 수 있을 겁니다. 그럼 이번에는 당신이 말씀해보세요. 당신은 어떻게 생각하시나요?"

"당신과 똑같습니다."

나는 마음을 활짝 열고 웃었다.

"당신은 정말로 좋은 사람입니다. 그런데 당신은 어느 반이세요?"

그러자 그는 바위 위에서 일어서서 나한테 다가오며 말했다.

"바이이, 날 좀 보시오. 내가 누구요?"

가까이 다가온 그의 얼굴을 보았다. 세상에! 그가 바로 진푸티 상사님이었다! 나는 그야말로 내 눈과 귀를 믿을 수 없었다. 또한 그 순간의 기쁨과 감동은 말로써 다 표현할 수 없었다.

나는 백사장에 엎드려 연신 예를 갖추어 절하고 또 절했다. 감격의 눈물이 멈추지 않고 솟구쳐 올랐고, 눈물로 젖은 얼굴은 온통 모래투성이가 되었다.

"상사님, 저는 진정 몰랐습니다! 혹시 제가 옳지 않은 말을 했더라도 저를 이상하게 보지 말아주세요."

나는 고개를 들어 얼굴에 묻은 눈물과 모래를 닦고서 다시 한번 더 깊숙이 머리를 조아렸다.

"바라건대, 당신께서는, 저를, 이 제자를 받아주십시오. 진심으로 드리는 말씀입니다! 제게 어떤 분부를 내리시더라도 저는 다 할 수 있습니다."

"좋아, 그럼 내가 자네를 받아들이지."

그런 다음에 상사님은 잠시 숨을 고르더니 평온한 어조로 다시 자상하게 말을 이었다.

"지금 이후부터 분명히 옳지 않은 일은 하지 말게. 채식이 가장 좋으며, 뱀, 거북이, 개 그리고 보호동물을 먹어서는 안 되네. 진실하게 수행하고, 착한 마음을 가지고 표현하고, 많은 사람에게 봉사해야 하네."

나는 연거푸 얼른 대답했다.

"꼭 해내겠습니다."

나는 계속해서 백사장에 엎드려 머리를 조아리며 최고의 예를 올렸다. 내가 다시 고개를 들었을 때에는 이미 눈앞과 바위 위는 텅 비어 아무도 보이지 않았다. 다만 격을 뛰어 넘는 아름다운 달빛만이 바위 위를 밝고 환하게 비추었다. 별들도 모두 호기심 어린 눈을 크게 뜨고, 조용조용히 나를 바라보고 있었다.

파도는 백사장과 바위를 즐겁고 빠르게 두드리며 '쏴쏴'하는 소리를 내고 있었다. 그리고 행복에 깊이 도취된 나의 마음을 가볍게 두드리고 있었다. 이튿날 아침에 상사님이 나를 부르고는 깊고 낮은 목소리로 말했다.

"바이이, 자네 빨리 집으로 돌아가야겠네. 자네 남편이 아마도 옥살이의 화를 입을 것 같네. 그 사람은 탐심이 아주 무거워서 내가 여러 번 그의 꿈속에 들어가 일깨워주었는데도 아무런 소용이 없군. 어찌되었든 간에 이 재난은 면치 못 할 게야."

상사님의 말에 날벼락을 얻어맞은 것 같았다. 나는 반나절이 지나서야 겨우 정신을 가다듬을 수 있었다.

"그럼 어떡하면 좋을까요? 상사님, 제발 제 남편을 구해주세요. 그이는 결코 나쁜 사람이 아니에요. 단지 재물이 그의 마음을 미혹했을 뿐이에요."

"우선, 자네는 빨리 돌아가 그와 이야기를 나누게. 대화는 깊으면 깊을수록 좋네."

상사님은 깊은 한숨을 쉬며 혼잣말처럼 말했다.

"전생에 욕심이 많더니만 금생에서도 또 탐하는구나. 벌을 받지 않고서야 어찌 고칠 수 있겠는가? 자업자득이야!"

나는 숙소로 돌아와 곧바로 남편 따쥔에게 전화를 걸었다. 나는 그에게 모든 옳지 못한 거래행위를 즉각 중지해야 한다고 경고하면서, 만약 그러지 않으면 큰 어려움이 곧 닥칠 것이라고 말했다. 또한 상사님의 말도 그에게 전했다. 그러나 따쥔은 내 말을 눈곱만큼도 곧이듣지 않았다.

"돈만 있으면 천하를 주름잡을 수 있고, 돈이 없으면 한 걸음도 내딛기 어려운 게 세상 이치요. 이 모든 것은 인맥관계에 달렸소. 아무튼 당신의 대사님께 고맙다고 전해주시오. 수행을 하는 사람들이란 항상 그렇다니까. 사회를 회피하고, 자신은 깨끗하고 고상하다 하는데, 그들이 어떻게 인간세상의 일들을 이해할 수 있단 말이오."

나는 한 시간 이상 전화통화하면서 이야기를 계속 했지만 그는 전혀 내 말에 귀를 기울이지 않았다. 그날 이후부터 나는 일주일 동안 날마다 그에게 전화를 걸었다. 그는 나의 권유를 들으려 하지 않았을 뿐만 아니라 나중에는 아예 전화를 끊어버리며 나와 이야기 하는 것 자체를 거부했다.

이런 식으로 내가 무슨 이야기를 해도 남편은 전혀 듣지 않을 것이니 빨리 집으로 돌아가서 그와 얼굴을 맞대고 직접 이야기를 해야겠다고 생각했다. 하지만 그 방법 역시 그의 마음을 바꿀 수는 없을 것 같았고, 또한 그를 제자리로 돌려놓는 것은 불가능할 거라는 생각이 들었다. 그래서 나는 일단 모든 것을 다 내려놓고 마음을 안정시키며 한동안 수련에만 전념하기로 했다.

집으로 돌아가다

방학이 되었다. 나에게 특별한 느낌을 주고, 특이한 인생경험을 하게 해준 베이따이허를 떠나려니 차마 발걸음이 떨어지지 않았다. 비행기에서 내리자마자 곧바로 부모님을 뵈러 갔다. 아버지는 나에게 따쥔에 관한 일을 알려주었다.

따쥔은 온갖 수단을 동원해 전신국에 전기기기를 팔았는데, 기기의 품질문제로 인해 인명사상사고가 발생했다고 한다. 그 일로 그는 이미 기소되어 구금되어 있다는 것이었다. 아버지는 내가 충격을 많이 받을까봐 나에게 알리지 않았다고 했다.

그러나 나는 아주 담담하게 이 사실을 받아들였다. 이 모든 일들은 꼭 일어나야만 했던 일 같았다. 나는 남편을 찾아가 면회를 하는 한편, 여러 해 동안 저축했던 돈으로 남편을 대신해 피해자 가족들에게 배상해 주었다.

나는 최근 몇 달 동안 스스로 베이따이허에서 몸으로 느꼈던 많은 것들을 회상했다. 한 사람 한 사람 병고에 시달리는 사람들이 나와 동료들의 노력으로 그들이 다시 즐거움 속으로 돌아갔을 때에 나는 비로소 진정으로 인생의 가치와 쾌락을 느꼈었다.

나는 이런 생활을 좋아한다!

이것이야말로 내가 추구하는 의의가 있는 생활과 인생이다!

이 후에도 나는 각지를 돌아다니며 몇 기수에 달하는 푸티 중급 수련양성반에 참가했다. 그러나 다시는 상사님을 만나지는 못했다. 나중에 들은 이야기이지만, 상사님은 캐나다 밴쿠버로 가셨다고 했다.

나는 항상 고요한 밤에 혼자 있게 되면 반짝이는 별과 달을 바라보며 상사님의 모습을 상상하곤 한다.

'상사님이시여, 모든 일이 순조롭습니까? 좀 여위시지 않으셨는지? 이역만리 타국에서 사는 것이 익숙지는 않으실 텐데……'

이날 밤 황금빛의 밝은 달빛이 나의 창가에 흘러들었다. 달은 매우 둥글고 따스하고 부드러워 보였다. 나는 아예 집밖으로 나와 달빛에 목욕하니 몸과 마음이 한결 가뿐해졌다. 깊은 가을 공기는 깨끗하고 산뜻하며 달콤한 맛을 발산하고 있었다.

'저 금빛 달님이 바로 나의 상사님이시고, 저 아름다운 달빛이 바로 상사님이 심령으로 베푸는 사랑이다.'

상사님이 말했다.

"내가 생각날 때에는 달을 보라. 그러면 내가 바로 그 위에 있다."

나는 상념에 빠졌다.

'상사님이시여! 나는 진정 느꼈습니다. 당신은 한번도 내 곁을 떠난 적 없다는 것을……. 당신이 전에 하셨던 말씀이 생각납니다. 불타께서 아도세왕을 구할 때에 선禪의 경지 속에서 마치 달처럼 따사롭고 향기로운 달빛으로 아도세왕을 비추게 하니, 이에 아도세왕이 구해졌지요. 지금 상사님께서도 저의 몸과 마음을 비추어 주시기를 간절히 기원합니다. 저는 이 밝은 달빛을 영원히 마음 깊은 곳에 새겨두겠습니다. 다시는 망설이지 않고, 다시는 들떠 다니지 않고, 다시는 혼돈하지 않고, 다시는 미망하지 않을 것이며, 또한 스스로를 위해 살지 않을 것입니다. 어디에서든지 언제나 법을 전하고 다른 사람을 제도하는 영원히 변치 않는 화신이 되겠습니다.'

나는 달 위에서 나를 향해 고개를 끄덕이는 상사님의 자애로운 얼굴을 똑똑히 보았다. 바라보고 또 바라보고 있으니, 달에서 하얀 새 한 마리가 나를 향해 날아와서는 나의 눈앞에서 사라졌다. 마치 내 몸속으로, 나의 마음속으로 날아들어 온 것 같았다. 나는 뜨거운 눈물이 솟구치며 감동이 그치지 않았다.

'이것은 분명히 상사님께서 나를 부르신 것이다!'

한번 이런 생각이 스치자, 각인된 듯이 머릿속에서 절대 지워지지가 않았다. 나는 상사님을 찾아가야 한다!

이런 마음을 보상이라도 받은 것처럼 1년 후에 나는 캐나다 입국사증을 발급 받을 수 있었다. 나는 출발하기 선에 어전히 감옥에 갇혀있는 따쥔을 만나러 갔다. 그의 초췌한 얼굴을 보자 쓰라린 마음이 뭉클 뭉클 솟구쳐 올랐다. 따쥔은 무엇 때문에 오늘날 이 지경에 이르게 되었을까? 그가 그렇게 밤낮없이 헤매고 뛰어

다니며 온갖 방법을 다 쓰며 애쓴 것은 결국 돈 때문이 아닌가? 그런데 지금 그의 탐욕은 다른 사람을 다치게 했고, 씻을 수 없는 고통을 가져다주었다. 만약 내가 피해자의 가족이라면 또 어떻게 했을까? 그를 용서할 수 있었을까? 이래도 그는 벌을 받지 말아야 하는가?

"이 모든 것은 다 당신을 위해서요."

남편 따쥔은 항상 이 말을 입에 달고 살았다. 하지만 나는 직업이 있고, 능력이 있으며 수입도 있었기에 그에게 의지한 적이 없었다. 또한 천성적으로 그에게 돈을 요구한 적도 없었다. 물론 돈이 많으면 자신의 물질과 정신상의 수요를 만족시킬 수 있고, 돈이 없으면 확실히 살아가기 어렵다. 그렇지만 돈이 인생에서 유일하게 추구해야 할 목표는 아니다.

만약 어떤 일을 하든지, 심지어 꿈에서까지도 돈벌이를 생각한다면 이는 금전의 노예가 되는 게 아니고 무엇이란 말인가? 따쥔은 지금 확실히 고통스럽지만 이런 일이 생기기 전에도 진정으로 행복해 본 일이 없었던 사람이다. 그는 오직 더 많은 돈을 벌기 위해 온갖 궁리를 다하며 고뇌 속에서 헤매지 않았던가?

이번 사건을 거치면서 따쥔도 많이 평온해진 것 같았다.

"여보, 모두 내가 잘못했소. 일찍이 진푸티상사님이 꿈에 나타나 그 전기설비를 하지 말라고 경고 했소. 그러지 않을 경우 크게 복잡한 일이 있을 거라고도 했소. 그러나 나는 돈의 유혹을 뿌리치지 못했지. 지금 와서 얼마나 후회스러운지 모르겠소! 나는 내가 잘못했다는 걸 스스로도 이미 알고 있소."

내가 캐나다로 가게 되었다고 말하자 그는 내 마음을 잘 이해하는 듯 기뻐하며 말했다.

"조심히 잘 가시오. 안심하고 당신 하고 싶은 일을 하시오. 나도 이제부터 시간을 잘 아끼면서 내 인생을 다시 시작해 보겠소."

그는 이렇게 말하다 흐느끼며 더 이상 말을 잇지 못했다.

"괴로워하지 말아요, 따쥔. 당신이 출소하면 내가 꼭 당신을 맞이할게요."

나도 목이 메어왔다. 이때 비로소 나는 나의 마음속에 있는 따쥔의 자리가 여전히 크다는 것을 알게 되었고, 그를 떠난다는 것이 나에게 있어 쉬운 일이 아니라는 것도 알게 되었다.

"바이이, 당신은 가시오. 나는 상관하지 말고. 나는 이미 당신의 마음을 아주 많이 아프게 했소. 당신의 남편이 될 자격이 없소. 당신은 아직 젊고, 인생길도 여전히 많이 남았잖소."

"그렇게 말하지 마세요. 당신은 참 좋은 사람인데, 잠시 혼란스러웠을 뿐이에요."

따쥔의 말이 끝나기도 전에 나는 얼른 그의 말을 잘랐다.

"이제 1년만 있으면 당신은 나오게 되요. 내가 그곳에서 정착하면 바로 돌아와서 당신을 맞이할게요. 절대 자신을 믿는 마음을 잃어서는 안돼요! 과거에 당신하고 북하면 나둔 것은 당신이 문제라도 저질러 당신을 잃게 될까봐 걱정했기 때문이에요. 나를 처음 만났을 때 당신이 말했었잖아요? 하늘 끝이나 바다 끝이라도, 그리고 바다가 마르고 돌이 썩더라도 우리는 영원히 헤어지

하늘의 道 251

지 말자고 말이에요."
 따쥔은 참지 못하고 대성통곡했다. 이때 교도관이 다가와서 동정어린 어조로 재촉하며 말했다.
 "당신들의 면회시간이 이미 반시간을 넘겼으니 이젠 그만 작별하시오."

제3편

道를 논하다

정이 없으면 아직은 진정한 깨달음이 아니고,
사랑이 있어야 비로소 중생을 제도할 수 있다.

일반 사람들의 마음 깊은 곳에는

수정처럼 맑고 투명한 하나의 '다이아몬드'가 있다.

그러나 이는 탐심과 망상에 단단히 포위되어 마치 다이아몬드의 원석(原石)이 딱딱한 오물과 잡물에 두껍게 감싸져 있는 것과 같다. 이러한 탐심이 조금씩 줄어들어야 다이아몬드의 단단한 겉껍질이 층층이 갉아져서 떨어져 다이아몬드는 그 반짝이는 찬란한 빛이 눈부시게 드러날 수 있다. 오직 '무아(無我)'에 도달하여야 비로소 순수하고 깨끗한 다이아몬드처럼 아무런 이물질이 없고, 비할 수 없게 견고하며

절대 부서지지 않을 것이다.

[진푸티상사]

시 같기도 하고 그림 같기도 한 밴쿠버

나는 밴쿠버 행 비행기에 올랐다. 비행기가 구름 위를 날아 바다를 지나갈 때 나의 마음은 그리움과 갈망에 가득 차, 어느덧 밴쿠버 공항에 착륙한 때는 가을이었다. 캐나다의 가을은 온통 붉은색이었다. 국기의 로고가 단풍잎인 그곳에서는 공원, 산기슭, 거리의 양길 그리고 여러 건물들의 정원에서 다양한 품종의 단풍나무들을 볼 수 있었다.

가을서리는 이미 나무 하나 하나의 단풍잎을 빨갛게 물들이고 있었다. 바람이 한번 지나가지 산과 들판에 퍼져 있는 수많은 단풍잎들이 공중으로 떠올랐다가 땅 위로 떨어졌다. 멀리서 바라보니 한 송이 불꽃과 같았다. 밴쿠버의 아름다움은 나의 상상을 훨씬 초월한다는 것을 한참 지난 다음에야 비로소 알게 되었다. 지도로 이곳의 위도를 살펴보면 중국의 하얼빈처럼 당연히 몹시 추워야 하는 곳이다. 그런데 그곳은 오히려 북미주의 샹그릴라로 불리고 있었다.

광활한 태평양 바다에서 불어오는 서풍과 서태평양 난류가 일

년내내 많은 수증기와 열량을 몰고 와 이곳의 연간 기후를 따스하고 습윤하게 하여 사람들의 기분을 좋게 만들어 주고 있었다. 그리고 뚜렷한 사계절이 있어 풍경은 나부끼고, 자태는 수려했다.

밴쿠버의 여름은 불꽃같은 열기로 사람을 태우는 듯한 느낌 없이 따스하고 아름다웠다. 여름에도 멀리 보이는 산봉우리에는 하얀 눈으로 뒤덮여 있어 사람들에게 시원한 느낌과 기쁨을 선사하고 있었다. 길게 뻗은 푸른 해안은 마치 점잖고 조용한 큰 용과 같은 모양으로, 도시의 변두리와 여러 산기슭에 누워 도시를 수호하고 있는 것 같았다.

특히 이곳의 봄날은 더욱 더 매력적이다. 이른 아침 방문을 열면 짙은 꽃향기가 얼굴로 다가와서 코를 찌르며, 한 눈에 무성한 꽃나무 숲들이 방문의 주렴처럼 눈에 들어온다. 거리에는 오색 자태를 뽐내는 꽃들이 활짝 피어나 한 가지 풍경을 자아내고 있다. 게다가 여기저기 솟아있는 특이하고도 아름다운 건축물, 찬란한 햇빛, 흩날리는 꽃송이, 사람을 도취하게 하는 꽃향기, 이 모든 것들은 한 폭의 시와 같고, 그림 같고, 꿈과 같다. 노래와 같은 봄은 인간 세상의 무릉도원을 그려내고 있다.

공항에 나를 마중 나온 사람은 리 사형이었다. 리 사형은 상사님이 지금 폐관 수련을 하고 계시다고 했다. 그래서 사모님이 자신에게 나를 데리고 밴쿠버의 아름다운 경치를 구경시켜주라고 말했다고 했다.

우리는 유명한 스탠리공원으로 갔다. 그곳은 흔하지 않은 도시 속의 삼림공원으로 유명한 곳이다. 그곳에 이르자 나는 그곳에 있는 큰 나무들에게 빨려 들어갔다.

어떤 고목은 서너 사람이 팔을 벌려도 안을 수 없을 정도였다. 또 어떤 나무는 자연적으로 일어난 들불에 타버렸지만 지금은 새파란 새로운 가지들이 자라면서 거무스레하고 늙은 고목 줄기와 선명한 대조를 보이고 있었다. 나는 기쁘게 그들과 인사했다.

"헬로, 안녕하세요!"

활달한 다람쥐 몇 마리가 마치 우리를 환영하는 것처럼 뛰어다녔다. 공원 안에 있는 맑은 호수의 수면에는 원앙새들이 쌍쌍이 모여 한가로이 노닐고 있었다. 호수 물은 아주 맑아서 밑바닥까지 환히 들여다보였는데 빨간색, 검은색, 분홍색 고기들이 물속에서 서로 어울려 자유롭고 즐겁게 헤엄쳐 다니고 있었다. 공원 주변에는 운동을 할 수 있는 전용도로가 있었다. 도로에는 활기차게 운동하는 사람들의 모습이 보였다. 남녀노소 구분 없이 많은 사람들 중에서 어떤 이는 자전거를 타고 어떤 이는 달리고 또 다른 사람은 길 위에서 롤러스케이트를 타고 있었다.

바다 위에는 쉬지 않고 유람선들이 지나갔다. 개인 수상비행기도 쉴 새 없이 이륙하고 착륙하면서 바다에 부딪쳐서 줄줄이 흰 파도를 만들어 내는 모습이 마치 날아다니는 해룡 같았다. 밴쿠버는 환경이 아름다울 뿐만 아니라 생활수준도 매우 높고, 훌륭한 사회복지 시스템을 갖추고 있는 곳이다. 이곳은 연합국이라 불러도 무방할 만큼 세계 각지의 다양한 종족, 여러 피부색깔의 사람들이 서로 존중하고 평화롭게 공존하고 있었다.

이곳의 사람들은 열정적이고 우호적이며 선량했다. 길에서 만나는 사람들은 먼저 "안녕하세요."라고 인사를 하고 말을 건넨다. 그 진심어린 미소와 마음속에서 우러나오는 친절함은 항상 나를 놀라고 탄복하게 했다. 그들의 생활은 조화롭고 편안하고 행복하며 아름다웠다. 이토록 우아하고 아름다운 환경에서 생활할 수 있게 된 것은 전생에 무언가 착한 일을 했던 것이 비로소 금생에서 이런 큰 복을 얻게 해주었다고 생각했다.

나는 이곳의 강아지, 새끼 고양이와 작은 새들까지도 부러웠다. 이곳에서는 동물들의 지위는 사람 못지않았다. 사람들은 모두 동물을 사람처럼 대하고 절대 그들을 때리거나 학대하는 일이 없었다. 바닷가 모래나 풀밭에서는 많은 사람들이 모두 한가로이 일광욕을 즐기며 환담을 나누거나 거닐고 있다. 나는 또 상사님을 생각했다.

눈앞의 아름다운 경치, 행복과 즐거움에 넘치는 사람들로는 나의 마음을 결코 사로잡을 수 없었다. 내 머릿속에는 온통 상사님을 빨리 만나고 싶다는 생각뿐이었다.

위의 사진은 캐나다 밴쿠버 시 중심에 위치한 북미주의 유명한 도시삼림 공원인 스탠리공원이며, 아래 사진은 북밴쿠버와 스탠리공원을 잇는 사자문교(Lion Gate Bridge)의 비범한 기세이다.

진푸티상사님을 만나다

"일찍 오는 것이 때맞추어 오는 것 보다 못하다 했습니다. 모레 상사님께서 폐관을 여시니, 바이이씨, 당신은 곧 상사님을 만나 뵐 수 있겠습니다. 조금만 더 기다렸다가 우리 함께 상사님을 맞이해요."

사모님은 반갑게 말했다. 나의 마음은 더할 나위 없이 기뻤다. 이튿날 밤에 나는 아주 특별한 꿈을 꾸었다.

꿈속에서 상사님은 흩날리는 하얀색 도포를 입고 있었다. 마치 그림 속의 보살처럼 기다란 머리카락을 어깨에 드리우고 온몸에서 빛을 뿜으며 아름답고 기묘한 곳에서 몇몇 보살들과 참선하며 도를 논하고 있었다. 나는 기다릴 틈도 없이 상사님 앞에 가서 인사를 하며 말했다.

"상사님, 이제야 당신을 뵈러 올 수 있었습니다."

말을 채 끝내지도 못했는데, 눈물이 줄 끊어진 목걸이 구슬처럼 쉴 새 없이 떨어졌다. 상사님의 자상하면서도 친절한 음성이 들려 왔다.

"바이이, 자네가 돌아왔구먼!"

나는 힘주어 고개를 끄덕였다. 머릿속에 가득 차 있던 생각과 억눌려 있던 것들이 눈물로 변했다.

"상사님, 저는 언제나 상사님을 생각했습니다!"

나는 얼마나 울었는지 그만 눈물범벅이 되고 말았다. 상사님도 눈물을 흘리며 몸을 일으켰는데, 그의 형상은 매우 거대했다. 상사님은 손을 내밀어 소리 내어 말했다.

"보배의 거울아, 이리 오너라!"

그러자 한 면에 채색 보석이 박혀있고 금테두리를 두른 보경이 나타났다. 보경은 천만 갈래의 빛을 발산했고, 빛은 점점 더 커지면서 주위로 확산되었다. 상사님의 발밑에 매우 많은 사람들이 나타났는데 그들은 상사님의 발가락만한 작은 크기였다. 상사님은 손을 내밀어 그들의 머리를 어루만져 주었는데, 상사님이 어루만져 준 사람들은 모두 발밑에 빛을 발하는 연꽃이 나타나고 머리 위에서는 후광이 생겨났다.

여러 보살들도 함께 사람들에게 감로를 뿌리고, 꽃잎을 날려 악업을 없애며 무명을 제거해주고 있었다.

나는 감동하여 눈물을 흘렸으며 마음속으로 또 한 번 외쳤다.

"나의 상사님이시여, 당신은 대단히 자비롭고 대단히 수고가 많으십니다!"

깜짝 놀라 깨어 보니 내 얼굴은 눈물범벅이 되어 있었다. 창밖의 고고한 달빛은 면사로 된 창문 커튼을 뚫고 침대머리를 비추고 있었다. 나의 몸과 마음은 깨끗하고 투명하여 마치 창밖의 달빛에 푹 빠져있는 것만 같았다. 나는 꿈속의 그 기분을 조용히 느끼고 있었다.

이튿날 아침에 나와 리 사형은 사모님을 모시고 상사님이 폐관하고 계시는 해변가의 작은 집으로 향했다. 자동차는 해변도로를 따라 달리고 있었다. 가는 길 내내 망망한 푸른 바다와 끝없는 푸른 하늘, 그리고 멀리 보이는 작은 섬들이 나의 마음을 더욱 설레게 했다. 거대한 바위가 있는 해안에는 각기 다른 스타일의 건물들이 드문드문 자리 잡고 있었다. 다양한 빛깔들이 아름다운 자연환경과 알맞게 조화되어 그곳의 풍경을 더욱더 멋지게 만들어 주었다.

자동차는 어느 사이에 벌써 어느 흰 건물 앞에 멈춰 섰다. 왕 사형은 서둘러 마중 나와 사모님에게 깊은 예를 올렸다. 왕 사형의 얼굴에는 웃음꽃이 활짝 피어났다. 그는 나지막한 목소리로 우리에게 말했다.

"이제는 뭘 좀 드시겠지? 꼬박 백 일 동안 상사님은 아무것도 드시지 않았어. 열흘 전에 땅콩을 좀 삶아서 한 줌을 드렸을 뿐이거든. 다른 것은 모두 필요치 않다고 하시니, 나는 정말로 걱정되서 혼났어."

사모님이 시계를 보자 정각 10시가 되었다.

"시간이 되었군요. 이제 우리 모두 상사님께 관문을 나오시라고 청합시다!"

우리 일행이 집안으로 들어가자 왕 사형이 상사님이 계시는 문을 가볍게 열었다. 나의 마음은 심하게 뛰고 있었으며 상사님의 여러 가지 형상들이 내 머리 속을 꽉 채우고 있었다.

은은한 향내가 풍겨 나왔다. 집안은 아주 어두웠으며 맞은편에는 노란색 커튼이 드리워져 있었다. 왕 사형이 공손하게 허리 굽혀 커튼을 서서히 당겨 내렸다.

우리 일행은 약속이나 한 듯 모두 함께 무릎을 꿇고 땅에 엎드렸다. 얼마 지나지 않아서 상사님의 손이 내 머리에 와 닿는 것을 느꼈다. 온몸이 전기에 닿은 것처럼 한 덩어리의 열기가 몸 안으로 흘러듦과 동시에 나의 이마에 밝은 구슬 하나를 밝히셨다. 내 스스로 금빛 찬란한 느낌이 들었는데, 이런 경험은 처음이었다. 눈을 뜨니 상사님은 여전히 그 자리에 앉아 계셨고 나와 그분과의 거리는 족히 5미터 이상 떨어져 있었다.

그 후에 리 사형과 왕 사형에게서 들었는데, 그들도 나와 똑같은 기분을 느꼈다고 했다. 상사님 자리 옆의 작은 탁자 위에는 이미 다 말라버린 땅콩 한 접시가 놓여 있었다. 상사님은 땅콩 한 알도 손대지 않았던 것이다.

천사

어느 날 저녁에 나는 좌선을 하고 있었다. 밖에서 노크하는 소리가 들려서 문을 열어보니 아래층에 사는 미스 양楊이었다. 그녀가 말했다.

"별 일 없으시면 저랑 같이 운동하러 가지 않으시겠어요?"

나는 그녀를 따라나섰다. 그녀는 아주 열정적으로 자신이 즐겨가는 곳이라며 나를 데리고 갔다. 그곳에는 운동시설이 많이 있었다. 사람들은 공을 가지고 놀거나, 건강 체조 또는 러닝머신에서 달리기를 하고 있었다. 미스 양이 나에게 물었다.

"혹시 탁구 칠 줄 아세요?"

내가 말했다.

"알지요."

우리 둘은 탁구를 치기 시작했다.

예상 밖으로 미스 양은 탁구의 고수였고 그녀를 이기기란 쉽지 않을 것 같았다. 그래서 어떻게 하면 더욱 빨리 공을 회전시킬 수 있는가를 고민하고 있었다. 그때였다. 옆자리 맞은편에 있던 뚱뚱한 쑨 부인이 갑자기 쓰러지며 소리쳤다.

"허리를 움직일 수 없어요! 아이고, 아이고……."

옆에 있던 사람이 말했다.

"쑨 부인이 허리를 삐었나봐. 운동을 너무 심하게 한 것 같아!"

또 어떤 사람은 말했다.

"빨리 병원으로 호송합시다!"

사람들은 그녀를 들어 옮겨서 의사에게 가려고 했다. 나는 앞으로 나서며 말했다.

"제가 좀 보게 해 주세요. 제가 의술을 좀 배웠습니다만, 큰 문제는 아닌 것 같습니다."

나는 손을 그녀의 허리에 대고 상사님이 가르쳐 준 방법대로 천천히 에너지를 그에게 전달했다. 얼마가 지나자 쑨 부인은 일어나 앉았다. 또 얼마가 지난 후에는 천천히 일어나 허리를 움직여 보더니 놀라하며 말했다.

"허리가 조금도 아프지 않네요?"

내가 말했다.

"그래도 앞으로 절대 조심해야 해요. 심한 운동도 삼가 해야 합니다."

이때 어떤 사람이 내게 말했다.

"저분은 분명 천사이고, 주님이 보낸 사람일거야. 하나님 밀고는 누가 저렇게 큰 능력을 갖겠어요? 우리에게 천사를 내려 보내시어 시시각각으로 관심을 가져 주시는 주님 고맙습니다!"

그들의 이야기를 듣고 나는 조금 이상한 생각이 들었다. 고개를 들어 사방을 두리번거리며 살펴보니 벽에 쓰여 있는 'OO 기독교 중국인교회'란 글자가 눈에 들어왔다. 나는 그제서 이곳이 기독교 교회라는 것을 알았다.

산에 오르다

　상사님 곁에서 보내는 하루하루란 모두 행복하고 한시도 잊을 수 없는 순간들이었다. 이날도 나는 상사님을 따라 자동차를 타고 밴쿠버 북쪽에 있는 어떤 산 위에 올랐다. 이곳은 산길이 험하고 인적이 매우 드물었다. 하늘에 닿을 듯한 수림 속에서 맞이하는 아침나절의 햇빛은 무척이나 시원했다.
　햇빛은 한 줄기 한 줄기, 한 갈래 한 갈래로 투사되어 수림 속으로 들어오고 있었다. 햇살을 받으며 지나가는 숲길 너머로 숲속에서 가물가물 피어나는 담담한 안개를 볼 수 있었다. 자연식물의 짙은 향기가 공중에 흩어져 퍼지는 것이 친절하고 개운한 느낌이 들었다. 멀지 않은 절벽에 한 줄기의 작은 폭포까지 걸려 있으니 정말로 아름다웠다!
　나는 넋을 놓고 사방을 바라보다가 발밑이 미끄러워 하마터면 넘어질 뻔했다. 발밑에는 무더기로 자란 버섯들이 있었는데, 나는 아름다운 풍경에 빠져 그만 버섯뭉치를 밟았던 것이다. 나는 얼른 웅크리고 앉아 버섯 한 송이를 따 냄새를 맡아보았다. 맑은 향기가 아주 신선했다. 두 마리의 다람쥐가 마치 어린아이처럼 앞발로 무언가를 쥐고 한참 맛있게 먹고 있었다. 노란 여우 한마리가 매력적인 긴 꼬리를 끌며 천연덕스럽게 우리 앞으로 지나갔다. 우리는 꽤 많이 걸어서야 평탄하고 여러 색의 들꽃들이 만발한 빈터에 이르렀다. 나는 흥분을 감추지 못하고 소리 질렀다.

"너무 아름다워요. 인간 세상에 이런 선경이 있다니! 상사님, 여기서는 수련하지 않아도 신선이 될 수 있을 것 같아요."

흥분된 마음을 간신히 진정하고 나서 나는 비로소 상사님이 벌써 저쪽에 앉아 입정*에 들어 간 것을 발견했다. 나도 자세를 잡고 눈을 감은 다음 호흡을 조절하니, 향기로운 냄새가 내 몸에서 퍼져 나오고 있었다.

좌선을 끝마친 다음에 나는 얼마 전 기독교 교회에 가서 여인의 병을 치료해준 사실을 상사님에게 말씀드렸다. 무언가 좀 찝찝한 구석이 있었던 내게 상사님은 매우 기뻐하며 말했다.

"바이이, 네 행동이 옳다. '보살의 베풂은 모습에 머무는 것이 아니다.'라고 했다. 그러니 신앙, 종족, 국경, 지위를 구분 지을 필요가 없다. 중생은 모두 우리의 가까운 사람이고 모두 평등하다.

어머니란 그녀의 어린 자식이 갑자기 위험에 빠졌을 때면 추호의 머뭇거림도 없이 앞으로 나간다. 이때의 어머니는 과연 자신의 안위를 생각할까? 그리고 장소와 환경, 다른 사람들의 생각

---

* 입정(入靜): 고요한 상태로 들어가는 것을 말한다. 좌선하는 경우에도 먼저 입정해야 한다.

밴쿠버 북부 그루스산(Grouse Mountain) 정상에 있는 진푸티상사

같은 요인을 고려하고 꺼리면서 자식의 일에 수수방관할 수 있을까? 또 자신이 다칠까 겁을 내어 아이의 생사에 관여하지 않을 수 있을까?

모든 대답은 오로지 하나, 그리 할 수 없다. 보살이 사람을 구할 때에는 바로 자애로운 어머니가 자식을 보호하는 것과 같이 그 어떤 고려나 거리낌을 갖지 않아야 한다. 사실 진정한 큰 정리와 큰 사랑이란 바로 대무외[크게 두려움이 없는 것], 대용맹, 대역량, 대담력과 대지혜를 낳을 수 있는 것이야.

많은 것을 고려하고 거리끼면 테두리도 많아지게 되지. 이것은 다른 원인이 있는 것이 아니라 바로 자비심이 충분하고 깊고 절실하지 않은 것이야!

여러 사람을 도우려고 생각하면 바로 그들을 접촉하고 이해해야 하며 병의 증세에 따라서 약을 써야한다. 그렇지 않으면 다른 사람을 구한다는 것은 한낱 공염불이 되는 것이지."

"병의 증세에 따라서 약을 쓴다?"

나는 혼잣말로 중얼거렸다.

"그렇다! 병의 증세에 맞춰 쓰지 않으면 약도 곧 독약이 될 수 있지. 이 세상에는 좋은 약과 나쁜 약이 따로 있는 것이 아니라 병의 증세에 맞는 약이 바로 좋은 약이야. 오직 병의 증세에 따라 약을 써야만 비로소 사람을 치료할 수 있네. 일반적으로 의술을 모르는 사람들은 보약과 이름 난 귀한 약이라면 모두 사람에게 유익하다고 여기지만 사실은 그렇지 않아.

불법을 배우는 것도 마찬가지야. 아무렇게나 경전을 가져다가, 불교에 대한 아무런 인식도 없는 사람에게 책임감도 없이 무작정 가르쳐 준다고 되는 일이 아니지. 불경은 그 수가 1,000부가 넘고, 모두 부처님께서 당시에 여러 다른 계층의 수행자들에게 열어 보여준 것이니, 비록 근본도리는 서로 통해도 그 내용과 이야기는 다 같지 않다네.

만약 자네가 아무 경서나 들고 와서 사람을 제도하려고 생각한다면 비록 선의의 마음을 가지고 했다고 해도, 그 결과는 바로 의술을 모르는 사람이 혼란스럽게 약을 쓰는 것과 같네. 또 어린 아기에게 독한 한약을 먹이는 것과 같아서 사람을 제도하는 것이 아니라 오히려 사람을 오도誤導하거나 해치게 되지.

세상의 모든 부모들이 자기 자식을 사랑하는데 눈곱만큼의 사심도 없다고 말할 수는 있겠지만 자녀가 병에 걸렸을 때, 그저 사랑하는 마음만 앞세워 맹목적으로 약을 사서 아이에게 먹게 한다면 얼마나 위험하겠는가.

어리석음과 무지는 범죄행위를 가져오고 지혜가 없는 선심 역시 사람을 해칠 수 있지. 그러나 착한 마음은 아주 귀중한 것이고, 인류가 가장 마음속 깊이 간직해야 할 마음가짐이네.

보통사람들은 모두 분별심을 갖고 있지. 그러므로 자네는 자신이 불가의 제자라는 말을 할 필요가 없어. 왜냐하면 그들이 자네의 종교와 신앙을 알게 되면 심리적으로 장애를 갖게 될 수도 있을테니 말이야. 그렇다면 어떻게 그들을 도와줄 수 있겠는가?"

내가 또 물었다.

"기독교 이외에도 천주교, 이슬람교 등이 있는데, 우리는 이들도 똑같이 대해야 하나요?"

상사님이 대답했다.

"똑똑한 사람이 왜 이렇게 멍청한 질문을 하는가? 태양이 자네와 나를 비추는데 그들은 비추지 않는단 말인가?"

그날, 상사님은 나에게 많은 말씀을 해 주었고, 또 내가 영원히 잊지 못하는 불타부인에 관한 이야기를 들려주었다.

불타부인

 이것은 어느 부처님이 중생을 제도하기 위해 다시 한 번 소원*을 가지고, 내려온 이야기다.

 어느 날, 불타가 선정에 들어서 부처의 눈으로 사바세계 중생들의 여러 모습을 관찰하고 있었다. 그는 달빛 아래서 어떤 남자가 자신의 아버지를 바삐 매장하고 있는 것을 보았다. 그 남자의 얼굴에는 조금도 슬픈 기색은 없었고, 좀 놀라고 두려워하는 모습만 있었다.
 불타는 속으로 놀랐다. 어찌 저 사람은 자신의 친아버지를 살해했단 말인가!
 원래 이 사람은 마을에서 악하기로 유명한 사람이었다. 술 마

---

* 성불하여 부처가 된 사람도 중생을 사랑하는 자비심을 가졌으므로 다시 인간으로 태어나서 중생을 제도하는 원을 세우게 되고 그 원에 의하여 재생하는 것이다. 불타(佛陀)란 부처이지만 반드시 석가모니를 지칭하는 것은 아니다.

시고 계집질하고 도박을 일삼는 등 독하고 독한 짓은 모두 저질렀다. 그리고 맹인을 묻어버리고, 꾀어내고 속이는 일에 능수능란했다. 집에서는 번번이 부모에게 악담을 퍼붓고, 조금만 마음에 안 들면 주먹질, 발길질을 했다. 밖에선 모든 것을 힘으로 다스리려고 했으며, 강한 것을 믿고 약한 것을 능멸했다. 한 일을 기록해 보면 좋은 일은 한 번도 한 적이 없었다.

하루는 그의 어머니가 중병에 걸려 가족들이 이리저리 겨우 얼마간의 돈을 빌려서 어머니의 치료비를 마련했다. 그런데 이 남자는 도리어 그 돈을 훔쳐내 도박으로 모두 날리고 빈 털털이가 되어 버렸다. 병석에 있던 어머니는 슬프고 분한 것이 겹쳐서 마지막으로 한숨을 한번 크게 내쉬고는 끝내 숨을 거두고 흙으로 돌아갔다. 이에 늙은 아버지는 기가 막혀 피까지 토했지만 이 불효한 아들은 눈 하나 깜짝하지 않았다. 늙은 아버지는 항상 눈물을 사방으로 뿌리면서 하늘을 향해 길게 탄식만 했다.

"하늘이시여, 내가 전생에 무슨 죄를 저질렀기에 이런 짐승 같은 놈을 낳았단 말입니까?"

이날도 이 나쁜 녀석은 이웃집 황소를 훔쳐서 죽였다. 농부들에게 소는 목숨과도 같은 것이지만, 이 남자에게는 그런 것 따위는 중요하지 않았다. 늙은 아버지는 멀리서 아들이 거들먹거리며 쇠고기 덩어리를 메고 집으로 돌아오는 것을 보고 기가 차서 호미를 들어 그를 치려했다. 그러나 악한 아들은 오히려 발길을 날려서 아버지를 땅에 넘어뜨리고는 입에 담지 못할 욕설을 퍼부었다.

"이 늙은이가 죽고 싶어? 내가 다른 사람 집의 소를 잡아먹던 말던 그게 당신이랑 무슨 상관이야! 이 늙은이가 죽고 싶어 환장했구나!"

말을 마치고 나서 아버지에게 두 번이나 발길질을 더 했다. 늙은 아버지는 그 자리에서 바로 쓰러졌다. 그러나 악한 아들은 이런 상황을 보고도 뒤도 돌아보지 않고 으스대며 가버렸다. 늙은 아버지가 정신을 차리고 나서 자기의 인생에 이렇게 불효한 자식을 두었다고 생각하니, 만년의 모습이 처량하고, 더 이상 살고 싶지가 않았다. 조만간에 이 망나니 아들놈 손에 죽을 것이라고 생각하니 마음 깊은 곳으로부터 슬픔이 밀려왔고, 절망에 겨워 결국 목을 매었다.

그 악한 아들은 누세* 이래로 나쁜 짓을 많이 하여 이미 악을 쌓을 대로 쌓아서 되돌리기가 어려운 상황이었다. 아버지가 스스로 목을 맸는데도 악한 아들은 참회하고 반성하기는커녕 도리어 더욱 방자하여 거리끼는 것이 없었고, 멋대로 생각하고 망령되게 행동했다.

"저 사람은 깊고 무거운 죄악을 진 악한 사람인데, 하루 빨리 그를 제도하지 않으면 그는 또 가없는 악업을 만들 것이고, 중생들에게 끝없는 고통을 가져다 줄 것이다. 그리고 결국은 무간지옥에 떨어져서 영원히 고개를 들 날이 없게 될 것이다."

여기까지 생각하자 불타는 눈물이 흘렀다. 불타는 친히 인간

---

* 누세(累世): 불교의 윤회 사상에 의한 여러 생을 말하는 것이다. 즉 지금의 생과 과거의 생을 함께 부르는 것이다.

세상에 내려가 이 악인을 제도하려고 결심했다. 그러나 그의 죄가 너무 깊고 중하여 보통의 법 인연으로는 그 마음에 깊이 들어갈 수 없고, 그저 표면적인 인연으로는 아무런 효과가 없을 것이다. 그를 제도하려면 오로지 그와 부부관계를 맺는 것뿐이었고, 이 방법 이외에는 더 좋은 방법은 없었다. 아미타 부처님은 불타의 생각을 알고 나서 말씀하셨다.

"천하의 무수한 중생들 중에는 너의 제도를 필요로 하는 사람들이 수없이 많은데, 하필 가장 제도하기 어려운 사람이냐."

불타가 말했다.

"제도하기 어려우니 더욱 반드시 제가 가야 합니다. 의사처럼 가장 위중한 병자부터 먼저 구해야지요. 만약 이처럼 사악한 사람을 일찍 제도하지 아니하면 그는 장차 더욱 많은 생명을 죽이고 해칠 것입니다."

이에 불타는 젊은 여인으로 변하여 인간 세상에 내려와서, 이 악한 아들에게 시집을 가서 그의 부인이 되었다.

부인은 매일 일찍 일어나고 늦게까지 고생하며 일을 했고, 정성껏 하루 세끼를 차려주고 단아하게 차까지 올렸다. 하지만 항상 돌아오는 것은 악담과 욕설, 심지어 주먹질과 발길질이었다.

남편의 악하고 열등한 행실에 대하여 부인은 전혀 한 마디 원망하는 말을 하는 일이 없었고, 조금도 화내지 않았다. 항상 따뜻하고 부드러운 말로 부지런히 시중들며 극도로 큰 인내와 관용을 표현했다. 남편이 좀 평정을 찾을 때면 바로 선한 기교와 주변에서 일어난 이야기로 남편의 마음을 열어주고 교화하며 영향을 주었다. 하루는 부인이 작은 토끼 한 마리를 안고 집으로 돌아왔는데 악한 남편은 이를 보자 바로 쌍수 들어 환영하고 춤을 추면서 말했다.

"거참, 좋은 술안주 감이야!"

이렇게 말하면서 손을 뻗어 토끼를 잡으려고 했다. 부인은 억지로 그를 막을 수 없는 것을 알고 말했다.

"지금은 토끼가 너무 작아서 살이 얼마 되지 않아요. 그러니 조금 더 키워서 잡아먹는 것이 좋겠어요."

남편은 부인의 말을 받아들였고, 몇 달이 지나자 토끼는 제법 크게 자랐다. 하루는 악한 남편이 토끼를 잡아다가 죽이려고 했다. 부인은 남편이 칼을 가지러 간 사이에 급히 법력을 써서 그 토끼를 감추었다. 악한 남편은 토끼를 찾지 못하게 되자 머리끝까지 화가 났다. 남편은 채찍을 가져다가 부인을 무지막지하게 때리면서 그녀에게 토끼를 내놓으라고 소리쳤다. 부인은 한 마디 말도 없이 묵묵히 맞고만 있었다. 그 채찍이 한번 또 한 번 내리쳐질 때마다 그녀의 살가죽은 찢어져서 살점이 떨어져 나왔고, 선혈이 흥건했다. 아픔을 참느라 입술을 꼭 깨물어서 그녀의 입술에서도 피가 나왔다. 그녀는 생각했다.

'나는 바로 너를 제도하러 온 사람이다. 장차 네가 죽이고 괴롭힐 무수한 중생들을 위해 내가 삼낭하지 않으면 누가 니를 감당할 것인가? 너는 때려라. 다만 다른 중생들은 다시는 고통을 받지 않아야 하고, 다만 네가 하루 빨리 뉘우칠 수 있어야 하니, 내가 비록 맞아 죽더라도 나는 달갑게 받아들일 것이다!'

그날 저녁에 때리느라 지친 악한 남편은 씩씩거리다가 잠이 들었고, 꿈을 꾸었다. 꿈속에서 낯익은 목소리가 그의 어릴 적 이름을 부르고 있었다. 가까이 가서 보니 이미 돌아가신 어머니였다. 노모는 속상하여 울면서 말했다.

"이 나쁜 녀석아, 너는 어찌하여 이렇게 선악을 구별하지 못하고 흑백도 가리지 못하느냐? 너를 떠나왔지만 나는 여전히 네가 옳지 않은 일을 일으키고 잘못된 일을 멋대로 할까 겁이 나고 걱정이 되었다. 그래서 염라대왕에게 간곡히 부탁하여 네 곁으로 갈 수 있는 기회를 달라고 했다. 금생에 나는 다시 인간으로 환생할 수 있지만 그렇게 되면 너를 다시는 볼 수 없게 된단다. 그래서 나는 염라대왕에게 청하여 차라리 금생에 토끼로 태어나서 너와 함께 있게 해달라고 빌었다. 염라대왕은 나에게 3년이란 시간만을 주었기 때문에 내가 네 곁에 있을 수 있는 것은 단지 3년의 시간뿐이다!"

악한 아들은 어안이 벙벙하여 물었다.

"어머니가 바로 우리 집 … 그 토끼입니까?"

"그렇다. 토끼가 바로 나다. 만약 네가 토끼고기를 먹어야겠다고 생각한다면 삼 년을 기다린 후에 나를 죽여라. 나에게 이 3년이란 시간은 어렵게 빌어서 얻어온 생명이란다."

악한 아들은 놀라서 그 자리에서 무릎을 꿇고 땅바닥에 고꾸라지면서 계속 외쳤다.

"어머니! 어머니! 저는 다시는 토끼고기를 먹지 않겠습니다!"

그러고 나서 고개를 들었을 때에는 어머니는 이미 보이지 않앉다. 잠에서 깨자 악한 아들은 그것이 꿈이라는 것을 깨달았다.

그는 꿈을 부인에게 말해주었다. 부인은 남편의 말을 듣고 나서 눈에 뜨거운 눈물을 머금고 깊이 탄식하며 말했다.

"그렇다면 이 토끼가 정말로 우리 어머님이시군요! 그러면 매일 우리 집 나무에 날아오는 새들과 우리 집에서 키우는 돼지와 양들도 우리하고 어떤 가까운 인연관계가 있을 수 있겠네요?"

악한 남편의 놀란 영혼이 아직 가라앉지도 않았는데 부인은 다시 말했다.

"맞아요. 이 모든 것들은 우리를 도우려고 온 것일 수도 있어요!"

그 이후부터 악한 남편의 못된 성질이 얼마간 고쳐졌다. 매일 자발적으로 토끼에게 먹이를 주었으며, 기분이 좋을 때에는 토끼와 함께 뛰고 달리기도 했다. 그러나 며칠이 지나자 이 기억은 점차 엷어져서 그는 또 원래 모습을 드러내며 예전과 마찬가지로 부인을 욕하고 때리기 시작했다.

하루는 부인이 한창 밥을 짓고 있는데 옆집 남자가 와서 연장을 빌려 달라고 하자 부인은 예의로 그와 몇 마디 이야기를 나누었다. 마침 외출했다가 집으로 돌아오던 악한 남편이 그것을 보고 말았다. 그는 부인이 밥을 짓는 한편으로 다른 남자와 웃으면서 이야기 나누는 것을 보자, 화가 머리끝까지 치밀어 문 옆에 있던 호미를 들고는 다짜고짜 남자를 향해 내리찍었다. 말려도 소용없을 것을 알고 있는 부인은 재빨리 옆집 남자의 앞을 막아섰다. 호미는 사정없이 부인의 팔에 찍혔다. 뼈가 부러지고 팔에서는 커다란 살덩이가 잘려나갔다. 삽시간에 피가 샘솟듯 하여 부인은 혼절하여 땅에 쓰러졌다. 옆집 남자는 놀래서 한 걸음에 달아났다. 의사가 소식을 듣고 급히 달려와 이 참상을 보고 놀라서 말했다.

"이 독사의 심장을 가진 악독한 냉혈동물아! 끝내 자기 아내에게도 이렇게 잔혹하다니! 넌 도대체 사람이냐 짐승이냐? 온 마을 사람들이 일찍이 모두 너에 대한 한이 뼈에 박혀 있어서, 네 아내가 선량하고 어질고 의롭지 않았다면 누가 네 집 문에 발이나 들여 놓을 것 같으냐! 네가 이리 나쁜 짓을 많이 하고 다니니 반드시 하늘의 벼락을 만날 것이다!"

악한 남편은 남은 화가 풀리지 않아 의사에게도 욕설을 퍼부어댔다.

"내가 내 마누라를 어떻게 하든 네가 무슨 상관이냐! 이런 개 같은 년놈은 빨리 죽어야 해! 저년을 죽이면 그만이야!"

부인은 죽을 것 같은 고통을 참으며 하늘을 향해 속으로 눈물을 흘리며 말했다.

"어리석은 인간아, 너는 어느 때가 되어야 비로소 깨달을 수 있겠느냐?"

악한 남편을 감화시키기 위해 부상을 입은 이튿날에도 부인은 여전히 이전처럼 날이 밝기 전에 일어나 남편에게 밥을 지어주었다. 부상 입은 몸으로 마르지 않은 땔감에 불을 붙이며 아침밥을 만드는 것은 실제로 많은 시간이 걸렸다. 잠에서 깬 악한 남편은 아침밥이 가지런하게 밥상에 갖추어져 있는 것을 보고는 감동은

커녕 도리어 매우 냉담한 어조로 부인에게 말했다.

"어때, 당신. 팔이 아직도 아파?"

부인이 빨리 회답했다.

"안 아파요. 안 아파요. 괜찮아요."

악한 남편은 말했다.

"안 아프다고? 옆집 그놈 때문에 이렇게 상처를 입었는데도 아프지 않다고 말하는 것을 보니 너는 정말로 천한 것이로구나!"

이렇게 말하며 그는 또 부인의 뺨을 때렸다. 이때 토끼와 산양, 창밖의 새들이 모두 눈물을 흘렸으며, 상서로운 천녀까지도 공중에서 묵묵히 울고 있었다. 부인은 마음속으로 그녀에게 관심을 갖는 모든 생명들에게 말했다.

"괴로워하지 마라. 나는 그를 감화시킬 사람이고, 그가 깨달아야 멈출 것이다."

이때부터 악한 남편은 그녀를 더욱 굳게 단속했다. 시간이 흐르고 부인의 상처는 점점 회복되었다. 그녀는 남편이 다시 의심하지 않게 하기 위해 동네 여자들 몇 명을 집으로 오게 해서 천 짜는 것을 가르쳐 주었다. 아울러 이전보다 더 정성스럽게 남편의 시중을 들었다.

이 일을 시작하자 악한 남편은 이것이 좋은 일이라고 생각했다. 하루 종일 부인 옆에 여자들만이 모여 있으니 그는 당연히 마음이 놓였다. 그런데 얼마간 시간이 지나가자 그는 집에 오는 사람들을 싫어하기 시작했고, 또 부인한테 성질을 부리기 시작했다.

"이제야 알겠다. 네가 천 짜는 것을 가르치는 것은 다 거짓말이고 나를 괴롭히려고 하는 것이 진짜 너의 속내구나. 내가 조용한 곳을 찾아 쉬려해도 쉴 곳이 없으니, 네 년 심보가 아주 고약하구나!"

그리하여 악한 남편은 방법을 써서 동네 여자들을 쫓아버려야겠다고 생각했다. 이날도 날씨가 좋지 않은데다 비까지 내리자 악한 남편은 문 밖을 나가지 않았다. 그는 마음 내키는 대로 면화를 쌓아 둔 작은 방에 들어가서 쌓여있는 면화를 보고 생각했다.

"그래, 내가 이 면화를 불살라 버리면 너희들이 뭘 가지고 천을 짜는지 한번 두고 보자!"

이에 그는 부싯돌을 가져다가 불을 붙여서 불씨를 면화가 쌓인 곳에 던졌다. 그러나 면화가 축축하여 불이 붙을 것 같지 않자 그는 이내 흥미가 사라졌다. 그리고 불이 안 붙었으려니 여기고 자기 방으로 돌아가서 잠을 청했다.

물 길러 갔던 부인이 돌아와 보니 자기 집에서 짙은 연기가 피어오르고 있었다. 큰 일이 났음을 알고 즉시 불을 끄기 위해 사람들을 불렀다. 이때 호법신이 다가와서 그에게 말했다.

"저렇게 악한 사람은 우리가 처리하면 됩니다. 아무리 참으려 해도 정말 참을 수 없습니다."

이에 부인이 말했다.

"이것도 방법이 아니야. 지옥이 텅 비어야 비로소 내 마음이 편해질 게야."

때마침 천짜기를 배우던 동네 여자들이 집으로 왔고, 연기와 불을 보자 모두 함께 달려들어 불을 꺼 끝내 위험한 지경을 모면했다. 도둑놈 심보를 가진 악한 남편은 잠에서 깨어나서 불이 났다는 말을 듣고는 태연하게 물었다.

"어떻게 불이 났나? 누가 한 짓인가?"

사실 여러 사람들은 마음속으로는 어찌 된 일인지 분명히 알고 있었지만 아무도 입 밖에 내는 사람이 없었다. 불이 났던 현장을 정리하다보니 면화가 탄 재 속에서 까맣게 타버린 토끼 한 마리가 나왔다. 그때서야 사람들은 집에서 키우던 토끼가 없어진 것을 발견했다. 여러 사람들이 집 안팎을 두루 찾아다녔지만 찾지 못했었다. 까맣게 타버린 토끼의 시체를 바라보던 악한 남편이 대성통곡하기 시작했다.

"어머니, 제가 당신을 해치려고 한 것은 아닙니다. 저는 단지 면화만 태우려고 생각했는데 어찌 당신이 그 속에 계셨습니까?"

이 광경을 보던 여자들은 웃음을 참지 못했다. 이 망나니가 불에 타 죽은 토끼를 어머니라고 하며 우는 것을 보니 아마도 미친 것이라고 생각했다. 또 어떤 이들은 그가 불을 놓아 면화를 태웠으니 악한 일에는 악의 보응을 받는 것이 마땅하다고 생각했다. 부인은 여러 사람들에게 감사드린 다음에 가장 정중한 예를 갖추어 토끼의 장례를 치렀다. 악한 남편의 마음이 조금은 움직이는 것 같았다.

그 후 얼마 지나지 않아 남편은 피부병에 걸렸다. 온몸이 벌겋게 붓고 아프고 가렵기 그지없었으며 대부분의 피부와 살은 긁어서 문드러졌다. 밤에는 누울 수 없었고 낮에는 앉을 수 없으니 고통을 감내하기가 어려웠다. 악한 남편은 고통 속에서 하루하루 날짜만 세고 있었다. 부인은 그를 위하여 약을 끓이고, 약을 발라주며 정성껏 보살피면서 한 마디 원망하는 말이 없었다.

1년 후에 큰 가뭄을 만나서 농사를 지었으나 한 톨의 낟알도 거두지 못하니, 백성들은 저마다 근심에 싸여 있었다. 하루는 마을 몇몇 이웃들이 부인 집에 모여들어 눈앞에 닥친 곤경을 의논하면서 걱정했다. 마을의 연장자가 탄식하여 말했다.

"우리의 운명이 좋지 않으니, 이런 죄를 마땅히 받아야겠지."

그리고 그는 고개를 돌려 부인에게 물었다.

"부인은 어떻게 생각하시오?"

부인이 대답했다.

"이런 얘기를 어떻게 생각할지 모르겠지만, 예전에 친정에 있을 때에도 두 차례의 가뭄을 만났지요. 첫 번째 가뭄이 들었을 때는 마을에서 몇 십 명이 굶어죽었지만 두 번째 가뭄이 들었을 때에는 도리어 별다른 큰일은 없었어요."

여러 사람이 물었다.

"어떻게 그럴 수 있었나요?"

그녀가 이 말했다.

"두 번째 가뭄이 들었을 때에는 마을에 한 스님이 오셨어요. 그 분이 우리에게 비를 내리게 하는 방법을 알려주어 그대로 했더니, 며칠 지나지 않아 곧바로 충분한 비가 내려 가뭄이 해결되었지요."

모두들 다급하게 물었다.

"어떤 방법인지 당신은 기억하시오?"

부인이 대답했다.

"기억해요. 아주 간단하지요. 모두 다함께 반복적으로 '대자대비하신 관세음보살님 우리를 구해주시옵소서!'라고 기도하는 것이에요."

여러 사람이 물었다.

"그래서 모두 함께 기도를 했소?"

"물론이죠. 우리는 사흘 밤낮을 온 마을 사람들이 모여 함께 기도하고 또 기도했지요. 그랬더니 나흘째 되는 날에 비가 내렸습니다."

또 어떤 사람이 물었다.

"어떻게 그렇게 신기한 일이 있을 수 있나요?"

부인이 대답했다.

"듣건대, 보살님은 법력이 무한해서 고난에 허덕이는 사람들을 도와준답니다."

여러 사람들이 제각각 말했다.

"어쨌든 좋소! 당신이 우리에게 기도하는 법을 가르쳐 주시오."

그녀는 여러 사람을 데리고 정원에 앉아서 일제히 목소리를 내어 기도했다. 어떤 사람은 땅에 엎드려 더욱 성심껏 기도했다. 하늘에는 구름 한 점 없고 태양은 무정하게 대지를 굽고 있었다. 서너 시간이 지나자 많은 사람들이 지치기 시작했다. 어떤 사람은 도망을 가고 어떤 사람은 구실을 대고는 숨어버렸다. 저녁 무렵이 되자 그곳에 앉아서 기도하는 사람은 부인 한 사람뿐이었다. 저녁 식사 후 많은 사람들이 이 소식을 듣고 모두 다시 그녀의 정원으로 나왔다. 부인이 계속하여 그곳에 앉아 성심으로 기도하는 것을 보고 깊이 감동을 받은 많은 사람들이 점차 그녀 옆에 앉아 기도를 했다. 여기저기서 부처님의 성호를 외우는 소리가 하늘을 가르고 사방팔방으로 전해졌다. 악한 남편은 참지 못하고 여러 사람들에게 말했다.

"당신들은 이 사람 말을 듣지 마시오. 그런 몇 마디 말을 외워서 기도를 한다고 비를 내리게 할 수 있다고 생각하시오? 더 이상 허튼 짓 그만하고 얼른 집으로 돌아가시오!"

그 말에 몇몇 사람들은 돌아갔지만 남아 있는 사람들은 더욱 굳게 성호를 외웠다. 남편은 집에 들어가서도 일부러 사람들에게 잘 들리도록 큰 소리로 욕을 했다. 이에 부인이 간청했다.

"여보, 욕은 안 했으면 좋겠어요. 지금 한창 보살님께 비를 내려달라고 빌고 있는데, 당신의 입이 이렇게 불결하니 보살님이 어떻게 오실 수 있겠어요? 이렇게 하면 호법신이 내려와 당신에게 죄를 주실 거예요."

악한 남편도 호법신은 무서웠는지 더 이상 아무 말도 하지 않았다. 깊은 밤이 되자 시원한 바람이 일어나고 먹장구름이 뭉게뭉게 몰려오더니 아주 빠르게 큰 빗방울이 떨어지기 시작했다.

"비가 온다! 비가 온다!"

마을의 남녀노소가 모두 환호성을 지르고 뛰면서 오랜 가뭄 끝에 맛보는 단비 속에 빠져서 목욕하고 있었다.

이때부터 마을 사람들은 무슨 일이 생기기만 하면 모두 부인을 찾아왔고, 그녀에게 방법을 생각하고 결정을 내려달라고 부탁했다. 부인은 항상 열성적으로 맞이하고 대답해주었으며 사람들의 걱정스럽고 어려운 문제들을 해결해주었다. 어떤 환자들이 부인을 찾아와 치료를 받기도 했는데 기적적으로 병이 나아지기도 했다. 그렇게 부인은 많은 사람들의 마음속 '여신'이 되었다.

몇 년 지나자 그 악한 남편은 또 다시 이상한 병에 걸려서 목에 커다란 혹이 생겼다. 혹의 크기가 성인 배만 하여 물과 음식을 넘기지 못하고 말도 하지 못했다. 게다가 밤낮으로 피부병에 시달리니 그는 사는 것이 사는 것이 아니어서 죽는 것보다 못했다. 어느 날, 그의 집에 한 노인[*]이 찾아와서 부인에게 병을 치료해 달라고 부탁했다. 노인은 그 남편이 고통스러워하는 것을 보고 부인에게 말했다.

"당신처럼 대단한 사람이 왜 남편의 병은 치료해주지 않고 저렇게 고통스럽게 그냥 두는 겁니까?"

부인이 대답했다.

"여러 번 치료해주었지만 병을 고칠 수가 없었지요. 그 사람의 병은 스스로 치료할 필요가 있습니다!"

그 말을 들은 노인이 목청을 높여 악한 남편에게 말했다.

"당신은 들었소? 당신의 병은 스스로 치료해야 됩니다."

악한 남편은 고통스럽게 연신 고개를 끄덕였다. 그는 정말 다

---

* 원주: 아미타불의 화신이다.

급했다. 그 노인이 뜻을 가지고 부인에게 물었다.
"부인께는 좋은 방법이 있을 텐데 좀 말해보십시오."
부인이 대답했다.
"내가 무슨 말해도 저 사람은 듣지 않아요."
악한 남편은 마치 물에 빠진 사람이 지푸라기를 잡고 목숨을 구하려는 것처럼 떼굴떼굴 굴러서 침대에서 기어 나와 부인 옆에 서서 초조하게 귀를 기울였다. 부인은 때가 되었다는 것을 알고 그에게 말했다.
"이제 고통이란 어떤 것인지 알겠어요? 이전 일을 한번 생각해 보세요. 당신에게 피해 본 생명들이 얼마나 고통스러웠을 지를!"
악한 남편의 마음은 마치 칼로 도려내는 것 같았다. 부인이 또 말했다.
"이리 하세요. 정원에 나가 머리를 만 번 조아리며 당신이 상하게 하여 해쳤던 모든 생명들에게 진심으로 사죄하고 참회하세요. 그리고 진심을 다해 당신이 저질렀던 못된 짓과 악한 짓을 참회하면 아마도 당신은 바로 구원될 겁니다."
악한 남편은 안간힘을 쓰며 말했다.
"내가 이 몸으로… 어떻게 만 번을 조아려 절을 한단 말이오?"
이에 옆에 있던 노인이 일깨워주었다.
"아무리 어렵더라도 이것만이 살 수 있는 방법이라는데, 그렇게 하지 못한다면 죽기만을 기다릴 수밖에 없지 않겠소?"
노인이 돌아간 다음에 악한 남편은 병으로 너무 아파서 앉을 수도 누울 수도 없이 고통스러웠다. 그는 생각했다. 나는 아마도 죽어야 할 것이다. 그러다 그는 노인과 부인의 말을 떠올리고는 마음을 움직이기 시작했다.

"그렇다, 그동안 나는 죽이고자 생각하면 죽이고 때리고자 생각하면 때렸으며 욕하려고 생각하면 욕을 했다. 부모조차도 예외가 아니었다. 또 눈앞의 아내가 그렇게 선량하고 나에게 이렇게 잘 해주었지만 내가 그녀에게 가져다 준 것은 온몸의 상처 자국과 끝없는 눈물뿐이었다. 나는 정말 사람이 아니다! 내가 이런 병에 걸린 것도 인과응보야! 옛사람들이 말하기를 '착한 일을 하면 선한 보답이 있고, 악한 일을 하면 악한 보답을 받는다'고 했는데, 진짜 이런 일이 생기는구나.

나에게 얻어맞고 욕을 먹고 모욕을 당하고 비방을 당하며 내가 업신여기고 피해를 줬던 모든 생명들이여, 나는 이제야 겨우 당신들의 고통을 몸으로 알게 되었습니다. 이제껏 당신들을 해쳤던 일과 괴롭혔던 일, 모두 미안합니다. 지금부터 당신들에게 속죄하니 청컨대 나를 벌해 주십시오. 그리고 내가 마땅히 받아야 할 모든 고통을 받게 해주십시오. 만약 내세가 있어 소나 말이 되더라도 나는 꼭 지난날의 잘못을 깊이 뉘우치고 선량한 마음과 진심으로 하나하나의 생명을 대하며 그 위에 내가 빚진 모든 것을 배로 갚을 것입니다."

그리고는 정원으로 가서 큰 나무 아래에 엎드려 하늘에 머리를 조아리며 절하기 시작했다. 몇 번 머리를 조아리고 절하자 금세 땀이 온몸을 적셨고, 고통스러운 통증으로 살고 싶지 않았다.

그러나 다시 한 번 자기에게 시달림 받고 상처를 받은 그 생명들을 생각했다. 그리고 스스로 이 세상을 떠난다고 생각하니, 금생에 진 빚을 갚을 기회도 얼마 남지 않았다는 것을 깨달았다. 그는 소리 내어 통곡하며 이를 악물고 고통을 참고 또 참았다.

"나는 진심으로 중생들에게 지은 죄를 속죄하고자 하니, 나의 고통으로 해를 입은 사람들의 원한을 줄여줄 수 있기를 바라나이다."

악한 남편은 마음속으로 묵묵히 기도했다. 하나, 둘, 셋……. 보살들이 공중에서 위로하며 기쁜 웃음을 드러냈다. 상서로운 천녀도 아름답고 상서로운 구름을 송이송이 만들어서 공중에서 날리며 춤을 추었다. 한 무리의 새들이 날아와서 그의 주위에서 찬미하는 노래를 불러주고 있었다.

밭 갈고 씨 뿌리던 농부가 손에 쥐었던 호미를 자신도 모르게 내던지고 달려왔다. 천을 짜던 여인들도 손에 쥐었던 북을 놓고 달려왔다. 소를 몰던 목동들도 피리를 거두어들이고 바삐 소를 몰아 달려왔다. 노인들도 기우뚱거리며 왔고, 아이들은 깡충깡충 뛰면서 왔다. 이름을 알 수 없는 감동과 끌림에 많은 사람들을 약속이나 한 것처럼 정원에, 부인의 곁에 모이게 했다.

부인은 여러 사람들을 자애로운 눈길로 주시하고 또 영혼 세례를 받고 있는 그 악한 남편을 주시하면서 의미심장하게 말했다.

"이제 나는 가야 한다!"

부인은 말을 마치고 사라져서는 보이지 않았다.

드디어 불타는 공중에서 그의 장엄하고 신성하고 거대한 형상을 나타냈다. 많은 보살들과 천신들도 모두 약속이나 한 듯이 형체를 드러내며 불타의 주위에 둘러 서 있었다. 이때에 대자대비하신 관세음보살님의 목소리가 공중에서 메아리쳤다.

"위대한 불타님이시여, 당신의 능력은 무한한데, 왜 법력을 사용하여 이 악인을 직접 제도하지 않으시고 몇 년 동안 그의 아내 신분으로 친히 여러 가지 잔혹한 학대를 감수하셨습니까?"

불타는 자비로운 눈길로 보살을 바라보며 말했다.

"악업이 깊고 중한 자는 불법의 힘과 외부의 힘으로 전화轉化시키기 쉽지 않다. 그와 부부의 인연을 맺어야 그와 한시도 떨어지지 않고 일상생활 속에서 은연중에 말로 전하고 몸으로 가르쳐서 교화해야만 한다. 그래야지만 비로소 이 악인은 자기 마음속 깊은 곳에서부터 스스로의 사악함을 발견할 수 있다. 그리고 선량한 것을 느끼고, 선량한 것을 이해하며, 선량한 것을 발굴하여, 진심에서 중생에 대한 자비심을 일으키는 것이다. 그가 장래에 윤회하며 만들어 놓을 악업을 이 세상에서 압축하여 끝내야지만 비로소 그와 무수한 중생들이 장차 받아야 할 끝없는 재난을 면하게 할 수 있는 것이다."

많은 보살과 많은 천신들은 일제히감동을 받아 진심으로 정성스럽게 불타에게 예를 올리며 외쳤다.

"위대한 불타님이시여……."

부르는 소리가 온 우주를 흔들었다.

죄업이 깊고 무거운 이 남자는 비통한 참회 속에서 몸과 마음이 부서지며 하늘을 향해 흩어졌다. 그리고 공중에 홀연히 한 송이 작은 연꽃이 피어났다.

　이야기가 끝나자 나는 불타부인 이야기에 감동을 받아 눈물이 온 얼굴에 가득했다. 상사님 역시 소리 없이 눈물을 흘리고 있었다. 나는 상사님이 이처럼 슬퍼하는 것을 본 적이 없었다. 나는 상사님에게 말했다.
　"상사님, 너무 슬퍼하지 마십시오. 이것은 단지 하나의 이야기가 아닙니까?"
　오랜 시간이 지난 후에야 상사님은 눈물을 거두고 말했다.
　"불타부인이 실제로 나를 크게 감동시켰지. 그가 중생들을 위해 고통 받고 모욕 받은 것이 마치 자애로운 어머니와 같다네. 이러한 위대한 자비심은 정말로 하늘을 놀라게 하고 땅을 움직이게 하는 거야."
　잠시 깊이 침잠해 있다가 상사님은 가라앉은 낮은 소리로 나에게 말했다.
　"바이이, 자네는 알고 있나? 나는 가장 친근한 사람을 잃게 될 것 같네……."
　나는 놀라서 입을 크게 벌렸다.
　"상사님, 그 분이 누구십니까?"
　"나의 어머니."
　나는 놀라서 말이 나오지가 않았다. 상사님은 아주 오랜 세월 동안 여러 사람을 돌보며 많은 사람을 위해 어려움을 해결해 주

제리코 해변(Jericho Beach)에 서서 바다를 바라보고 있는 진푸티상사

였지만 한편으로 지구 저쪽에 계시는 연로하신 어머니를 깊이깊이 마음에 두고 계신다는 것을 나는 알고 있었다.

당신을 위해 죽다

 2003년 봄이 왔다. 나무에 싹이 트고 꽃들이 만발하여 만물이 생장하고, 벌과 나비는 춤을 추며 온갖 새들은 봄을 노래한다. 그러나 지구상의 사람들은 역사에 없던 생명의 재난을 경험하고 있었다. 그해 3월에 상사님의 어머니가 고요히 돌아가셨다. 그녀는 아주 편안했고, 향년 72세였다. 당시에 상사님은 외국에 있었기 때문에, 어머니가 떠나갈 때에도 여전히 상사님과는 천 개의 산과 만 개의 강을 사이에 두고 떨어져 있었다. 어머니가 특별히 아주 사랑하고 아끼던 아들이었지만, 최후의 순간에 마지막으로 한 번도 만나지 못했다.

 상사님과 어머니는 정이 매우 깊었다. 부모에게 상사님은 어릴 때부터 부모의 마음을 매우 잘 이해하고 효도하던 아이였다. 그는 다른 사람의 마음을 잘 이해해 주었으며, 스스로의 욕심을 채우기 위해 부모에게 그 어떤 걱정을 끼친 적이 없었다. 반대로 언제나 묵묵히 부모를 도와 집안의 힘겨운 일을 분담하곤 했다.

 어렸을 때에 그는 가족들에게 말하지 않고 밖에 나가서 고물을 모아 팔거나 해서 집에 필요한 기름, 소금, 식초 같은 식료품을 사 오거나, 생활이 더 어려운 사람들을 도와주었다. 설 명절이 되면 어머니가 새 옷을 사 주셨지만 그는 아까워하며 입지 않았다. 그리고 자기보다 옷이 더 필요한 이웃집 아이에게 그것을 보내 주거나 혹은 자신과 몸집이 비슷한 큰형에게 조용히 주곤 했다. 그러나 정작 그의 옷은 깁고 또 기운 허름한 옷이었다.

상사님은 어릴 때부터 온몸에 병이 많아 몇 번이나 생사고비를 넘나들었다. 그런 그가 수련을 시작하여 득도하고, 법을 널리 펴고 중생을 제도하려고 고향을 떠나 머나먼 타국에까지 왔다. 염불로 가는 극락세계와 환생하는 기나긴 과정에서 부모의 사랑만은 예전과 같이 변함없었다. 항상 부모는 상사님에게 무조건 베풀었고 되돌려 받을 생각 따위는 하지 않았다.

상사님이 어렸을 때에 어머니는 돈을 벌어 생활에 보태기 위해 낮에는 건축공사장에서 모래와 자갈을 운반하는 작업을 했다.* 그리고 저녁에는 낮의 피로함도 잊은 채, 쉬지 않고 집안일을 돌보았다. 어머니가 어두운 등잔불 밑에서 여전히 의복을 꿰매고 있는 모습을 상사님은 여러 번 잠에서 깨어나 보았다.

흔들리는 불빛에 비추어진 어머니의 얼굴은 자애로운 모습이었지만 벽에 비추어진 어머니의 마른 몸은 감출 수 없었다. 너무나 피곤했던 어머니는 졸음을 잠지 못하고 종종 옷을 꿰매는 바

---

* 원주: 한번은 어머니가 아픈 몸으로 모래작업 일을 하다가 피곤하고 굶주리고 병든 나머지 그만 공사장에서 쓰러졌는데, 다행이도 마음 착한 동료들이 그를 집으로 데려왔다.

늘에 손가락이 찔려 피를 흘리곤 했다. 이럴 때면 어린 상사님은 얼른 벌떡 일어나 어머니 품으로 가서 어머니의 그 찔린 손을 가져다가 입에 물고 어머니의 고통이 줄어들 수 있기를 바랐다. 그는 응석어린 눈길로 어머니를 바라보며 마음속으로 기도했다. 그러면서 쉴 새 없이 재잘대면서 말했다.

"엄마 안 아프지! 엄마 안 아프지!"

이럴 때면 어머니는 거칠고 따스한 손으로 상사님의 등과 배를 두루두루 쓰다듬어 주시며 옛날이야기를 해주었다. 어머니의 이야기는 아주 많았다. 나이 어린 상사님은 어머니 손에서 바느질실을 가져다 살아가는 일들을 배우면서 다른 한편으로는 어머니가 하는 이야기를 들었다.*

어렸을 때에 상사님은 자주 어머니를 따라 절에 가서 부처님께 절을 했다. 상사님의 기억 속 어머니는 절에서 꽤 멀리 떨어진 곳에서부터 머리를 조아리기 시작했다. 그녀는 한걸음 걸을 때마다 머리를 조아리면서 절하며 부처님 발밑까지 갔다.

상사님은 사람들 속에서 수행하고, 사람들 속에서 득도했으며, 사람들 속에서 사람들을 제도하지만, 그도 보통사람들의 성정을 가지고 있다. 그래서 연로하신 부모를 자신의 곁에서 모시면서 효도하며 살기를 바랐다. 그러나 상사님은 이미 지난 몇 년

---

* 원주: 진푸티상사님은 어릴 때부터 살아가는데 필요한 일을 배워서 지금까지도 그는 여전히 직접 옷을 수선해 입고 텔레비전도 수리하며, 반찬을 만들고, 만두를 찌며, 고장 난 지퍼나 가방도 수리한다. 또 우리들 같은 이들 신변에 있는 제자들을 위해 이발도 해주신다.

동안 자애로운 부모와 만날 수 없었으며 오직 다른 경로를 통해서만 자신의 효심과 관심을 표현할 수밖에 없었다.

그러나 작은 풀의 마음이 춘삼월의 빛을 안아온다고 하지 않았던가. 설사 부모가 이제껏 한마디 원망의 말이 없었지만, 상사님의 마음속에 영원히 갚을 수 없는 빚으로 남아있었다.

어머니의 별세로 상사님은 아주 커다란 타격을 받았다. 이미 3년 전에 아버지가 돌아가셨지만, 이번 어머니의 별세는 상사님을 또다시 극도의 비통함 속에 빠지게 했다. 부모는 모두 각기 자기 사명을 완수하고 그들이 돌아가야 할 곳으로 갔다는 것을 상사님도 잘 알고 있다. 오래 이별했던 고향으로 돌아간 것이며, 실제로는 더 좋은 일일수도 있다. 그러나 어찌 되었던 부모님을 잃은 큰 비통함을 모두 지울 수는 없었다.

부모님의 음성과 얼굴, 웃는 모습을 생각했다. 그분들이 온갖 고생과 어려움을 참아내면서 자식이라는 무거운 짐을 위해 했던 모든 일을 생각했다. 산에서 나온 다음에 동분서주하며 법을 널리 펴고 중생을 제도하느라고 부모님을 곁에서 모셨던 날은 손으로 꼽을 만큼 적은 날들이었다.

그러나 도리어 부모님이 밤낮으로 자식의 일에 관심을 가지고 마음조리며 사셨을 것이다. 부모님이 자식을 가장 필요로 할 때에 곁에서 시중들지 못하고 물 한 컵, 약 한 봉지도 제 때 드리시 못했다. 게다가 마지막으로 가시는 길에도 얼굴을 뵙지 못하고, 그분들의 산소에 절 한번 올리지 못했던 것을 생각하니, 상사님의 마음은 찢어질 듯 아팠다.

"아들은 봉양하고 싶지만 부모님이 기다리지 않는다."

사실 십여 년 전에 상사님은 이러한 결과를 예견하고 있었다. 만약 처음 삼 년만 불법을 전하고 그만두었더라면 그 개인으로는 아주 완벽한 결과였을 것이다. 즉 부모를 가까이에서 효도하고, 안정된 생활을 하면서 좋아하는 곳에서 좌선수행을 할 수 있었을 것이다. 그러나 여러 사람을 제도하는 일을 그만두지 않았기 때문에 자신도 무수히 많은 어려움을 겪을 뿐만 아니라 부모들도 상응하여 수명이 짧아지게 된 것이다.

상사님은 중생들을 구하여 제도하겠다는 발원을 했고 중생들을 대신하여 중생들의 업장*을 이어서 짊어지려고 했다. 그리하여 중생들의 많은 병고와 재난을 그가 모두 대신하여 받으려 했다. 뿐만 아니라 부모와 함께 행복하게 사는 것을 마음에 두지 않고 결연히 세속에 들어가서 전법傳法의 길을 선택했다. 상사님은 말했다.

"나 개인의 생로병사는 나에게 있어서는 아무 것도 아니며 나는 이 문제에 관심이 없다. 오직 내가 아는 것이라고는 나를 통해서 무수한 중생들이 행복을 얻을 수 있고, 건강을 얻을 수 있고, 해탈을 얻을 수 있다는 것뿐이다. 내가 왔기 때문에 더욱 많은 생명이 극락세계로 갈 수 있다는 것이다."

다만 상사님이 마음속으로 가책을 느끼고 있는 것은 부모에게 진 많은 빚을 아직 다 갚지도 못했는데 이렇게 영원히 이별을 하

---

* 업장(業障): 과거에 자기가 한 일로 인해 생기는 장애를 말한다.

게 된 것이었다. 우리는 상사님이 날로 수척해져 가는 모습을 보며 조용히 눈물을 흘리고 마음속으로 묵묵히 그를 위해 기도하는 것 말고는 달리 다른 방도가 없었다.

그해 봄에는 풀들이 고개를 숙이고, 꽃들이 눈물 흘리고 산과 하천들이 흐느끼고 새들이 슬프게 울었다. 그리고 큰 나무들이 바람 속에서 세상의 처량함을 슬퍼하며 한탄하고 있었다.

더욱 잔혹한 것은 상사님이 부모님을 잃은 비통한 심경이 채 회복되기도 전에 괴로운 전염병 사스가 흉측한 얼굴을 드러내고 인류의 생명을 향해 결사적으로 진격을 시작했던 것이었다. 이는 생과 사의 싸움이었으며 이러한 재난은 인류로 하여금 미처 손 쓸 새도 없이 만들었다.

일순간에 마치 세상의 종말이 온 것처럼 가는 곳마다 공포와 걱정 그리고 고통으로 넘쳐났다. 사람들은 당황하여 어찌할 줄을 몰랐고, 사람들은 스스로 위협을 느끼며 두려워했다. 죽음의 그림자가 집집마다 드리워져 있었고, 수많은 사람들이 병마에 의해 사정없이 고귀한 생명을 빼앗기고 있었다. 사스라는 이 악마 앞에서 인류는 한없이 작은 존재였다. 아무런 대항도 하지 못한 채 그렇게 속수무책 앉아서 죽기만을 기다리며 병마가 활개 치는 대로 내버려 둘 수밖에 없었다. 이것은 모두 우리 중생들의 공업*이 만들어낸 재앙이며, 심각하고 침통한 교훈이고, 또한 하늘이 인류에게 내린 경종이라는 것을 우리는 알고 있다.

---

* 공업(共業): 여러 사람이 함께 지은 업을 말한다.

인류의 명예와 이익에 대한 끝없는 욕심은 방자하고 혹독했다. 무정한 전쟁을 일으켜서 수많은 무고한 백성들의 생명을 삼켰을 뿐만 아니라 또한 지구의 환경도 극도로 악화시켰다. 인류가 만든 악은 이미 헤아릴 수 없어서 글로 다 표현할 수도 없다. 그들은 어리석고 아둔하여 함부로 찍고 함부로 베어 대며 대자연의 생태균형을 파괴했다. 그들의 잔인함과 악독함은 일시적으로 입과 배를 만족시키려는 욕심 때문에 다른 생명이 죽고 사는 것을 고려하지 않았다. 그래서 살아 있는 생명을 산 채로 집어삼키고 있었다. 아마도 이 재난은 인류 자신의 탐욕, 발광, 잔혹, 허위, 무지와 패도를 스스로 징벌하고 스스로를 멸망시키려는 것 같았다.

　사람들이 감히 상상하지도 못하고 있을 때에 재난은 바로 자기 집 문을 두드릴지 모른다. 불행히도 병마에 감염된 사람들의 재앙은 그와 접촉했던 죄 없는 사람에게까지 미치고 심지어 아주 짧은 시간에 온 집안이 멸망하기에 이르렀다.

　공장이 일을 그만두고 학교가 수업을 쉬었으며 상점과 식당들이 휴업 하고 집집마다 문을 잠가 걸었다. 사람들은 아무런 저항도 하지 못한 채 날마다 텔레비전에서 나오는 사망자 수를 마주하고 앉아서 두려워할 뿐이었다.

　하늘에 오르고자 해도 길이 없고 땅에 들어가고자 해도 문이 없으며 살자 해도 희망이 없는 사람들은 이 사느냐 죽느냐, 남아 있느냐 망할 것이냐의 위급한 상황 속에서, 무수한 생명을 구해 주었던 진푸티상사님을 생각하게 되었다.

국내중국에서 구원을 요청하는 전화가 상사님의 거처로 끊임없이 걸려 왔다. 그 중 한 여자는 전화를 걸어 울부짖었다.

"대사님, 제 아들이 사스에 감염되었다는 의심을 받고 십여 일 전부터 격리되었습니다. 저는 아들이 없으면 안 됩니다! 대사님, 제발 제 아들을 구해주세요."

그녀는 전화 속에서 목 놓아 울며 통곡하고 있었다. 나와 사형師兄들은 모두 다급함에 마음이 불타는 것 같았다. 그래서 우리는 더욱 정진하여 수행을 하며, 각자의 업무 이외에도 매일 성심으로 부처님과 상사님에게 중생들의 죄업을 소멸하고 하루빨리 생사의 고비를 넘기게 해달라고 진심으로 기도를 드렸다.

상사님의 마음은 더욱 칼로 에는 듯했다. 중생들의 생사이별에 직면하여 그는 부모를 잃은 자신의 슬픔은 잠시 뒤로 미루고, 자신의 체력이 극도로 허약하다는 것도 잊은 채, 2003년 5월 11일 저녁 8시부터 밤낮으로 7일 동안이나 중생들을 위해 재난을 극복하고 복을 기원하는 기도를 했다. 그는 부처님께 향을 피우고 최고의 예를 행하며 부처님 앞에 오랫동안 무릎 꿇고 앉아 눈물을 흘리며 기도했다.

"부처님이시여, 부모는 자식을 잃을 수 없고 자식도 또한 부모가 없을 수 없습니다. 만약 중생 죄업이 깊고 중하여 생명으로 갚아야 한다면 그 죄업은 그들을 대신하여 제가 받겠습니다. 제가 그들을 대신하여 이를 감당하고 죽겠습니다!"

그는 자신의 모든 공덕을 사용하고, 자기의 모든 심신과 수명을 사용하여 중생들을 위해 업장을 막으며 중생을 위해 평안과 건강을 기도하며 빌었다.

나는 상사님 뒤에 조용히 무릎 꿇고 앉아 있었다. 어떤 말로도 나의 마음을 형용할 수 없었다. 이때 나는 비로소 무엇이 '심령의 떨림'인가를 몸으로 정말 절실히 알게 되었다. 누가 자신의 생명을 사랑하지 않겠는가? 누가 또 자신의 건강을 아끼지 않겠는가? 그러나 중생들이 가장 필요로 하는 순간에 상사님은 이렇게 의연하게 자신의 건강과 생명을 선택하여 조금도 남기지 않고 모두 중생들에게 바쳤다.

향로에서는 공경스럽게 태우는 단향이 깨끗하고 담백한 향내를 풍기고 있었고 향의 연기는 모락모락 피어올라 공중에서 머물다가 묵묵히 우주를 향해 날아갔다. 불탁佛卓 위의 촛불도 눈물을 흘리고 있다. 촛불이 반짝이는 이 고요한 밤은 그렇게 청명하고, 비장할 수 없었다. 아주 오래 전에 상사님이 이런 말씀을 하신 적이 있었다.

"나는 내 스스로를 불태워 어둠 속에서 걸어가는 사람들의 길을 비춰주기를 원한다. 비록 아주 고통스럽겠지만 나는 그것을 원한다."

묵묵히 상사님 뒤에 꿇어앉은 나는 눈물이 비 오듯 쏟아졌다. 나도 내 수명을 모두 내가 가장 존귀하게 여기는 상사님에게 바치겠다고 발원했다. 이 세계에서 내가 하나 더 있음은 아무것도 아니고, 내가 없어도 세계는 달라질 것이 없을 것이다. 그러나 이 세상에서 상사님이 없을 수는 없다.

기도 이후 사스의 발병 통계보고 숫자는 곧장 내려가기 시작

반트젠 호수(Bantzen lake) 가에서 좌선하고 있는 진푸티상사

했다. 그러나 내가 가장 존경하는 상사님은 도리어 몸 저 누었다. 놀라움과 두려움을 가져 왔고, 비애와 상심을 가져 왔으며, 사스라는 큰 고난을 가져왔던 이 봄은 이미 지나갔다. 하지만 그것은 우리의 육체와 심령상의 고통 그리고 생명, 인생, 자연과의 상호관계에 대한 생각을 가져다주었고, 지금도 계속되고 있다.

목사님이 치료를 부탁하다

이날도 미스 양이 나를 찾아와 말했다.

"바이이씨, 지금 우리 교회 사람들이 모두 당신이 병을 치료해 준다는 소식을 듣고는 교회로 나와서 도와주기를 바라고 있어요. 부탁드려도 괜찮을까요?"

나는 흔쾌히 동의했다. 이때부터 나는 교회의 단골손님이 되었으며 늘 여러 사람들의 병을 치료해 주었다. 윌리엄 목사의 심장병마저도 나의 치료를 받고 많이 좋아졌다. 교회 사람들은 모두 나를 '백의 천사'라고 불렀다. 그들이 병마의 고통 속에서 벗어나 다시금 천진난만한 웃음을 짓고 있는 모습을 보면서 나는 진심으로 기쁨을 느꼈고, 또한 상사님의 넓고 큰마음에 더욱 탄복하게 되었다.

어느 날 오전, 잔디밭에서 낙엽을 쓸고 있는데 멀리서 낯익은 얼굴의 남자가 걸어오고 있었다.

"굿모닝!"

멀리서부터 나에게 인사말을 건네며 다가오는 사람은 윌리엄 목사였다. 나는 그를 방으로 안내하고 녹차 한 잔을 대접했다.

윌리엄 목사는 말했다.

"바이이씨, 정말로 감사드립니다. 최근에 자주 심장병이 재발하곤 했지요. 병이 재발할 때면 가슴이 아프고 답답해서 숨을 쉴 수 없는 상황이 매번 이삼일씩 지속되었고요. 그래서 항상 약을 가지고 다녀야 했습니다.

그러나 당신에게 몇 차례 치료를 받고나니 요즘은 많이 좋아진 걸 느낍니다. 지금도 보름에 한 번 씩 아프기는 하지만 예전처럼 통증이 심하지 않고 회복되는 속도 또한 매우 빨라요. 그런데 혹시 당신이 내 병의 뿌리까지 없애주실 수는 없나요?"

나는 그를 자세하게 살펴보고 말했다.

"윌리엄 목사님, 당신의 병은 아주 심각한편이라 뿌리를 없애는 것이 쉽지는 않아요. 하지만 희망은 있습니다."

이에 목사가 얼른 말했다.

"바이이씨, 어떤 방법이든 알려주세요. 나는 모두 받아들일 준비가 되어있습니다."

나는 말했다.

"한 가지 특별한 방법이 있긴 해요. 이 방법은 비록 간단하긴 하지만······."

내가 말을 다 끝내기도 전에 목사가 내 말을 막았다.

"어서 말씀해 보세요."

내가 말했다.

"오늘 오후 4시에서 6시 사이에 이곳으로 오십시오. 헐렁한 옷을 입으시고 식사는 지나치게 많이 먹지 말아야 한다는 것을 기억해 주세요."

그날 오후부터 나는 그에게 푸티의 초급수지법을 전수하기 시작했고, 그는 아주 진지하게 배웠다. 그리고 집에 돌아가 매일 두 시간씩 더 연습할 것을 권했는데, 그로부터 한 달이 지나자 목사의 병은 거의 완치가 되었다. 그 후부터 그는 나를 '바이이 선생님'이라고 불렀다.

일곱 빛깔이 나는 가사

2003년 7월 5일, 미국에서 온 제자들을 위해 오전 내내 법을 강론한 상사님은 밖으로 나와 신선한 공기를 한껏 마셨다. 상사님은 여전히 흰색 긴 티셔츠를 입고 있었으며 바지는 지난 십여 년 동안 그와 함께했던 회색 면바지였다. 세월이 오래 되어 바지 뒷면과 무릎 부위는 닳아져 보풀이 심하게 생겨있었으며, 색깔은 퇴색하여 연한 회색이 되었다. 제자들은 여러 번 그에게 옷을 바꾸어 입을 것을 권하기도 하고, 새 옷도 보내오기도 했지만, 상사님은 그렇게 하려 하지 않았다. 상사님은 말했다.

"옷을 입는 것도 친구를 사귀는 것과 마찬가지로 시간이 오래 되면 정이 들게 되지. 하물며 아직 입을 만한 옷인데 어찌 그냥 버릴 수 있겠는가?"

맑고 상쾌한 공기가 얼굴에 불어와 사림의 가슴을 시원히게 했다. 상사님은 조용한 오솔길을 따라 천천히 산책을 했다. 비록 한낮이었지만 주거 지역에서는 시끄러운 소리는 거의 들리지 않았고, 지나다니는 사람들의 모습도 별로 눈에 띄지 않았다. 가끔 자동차가 천천히 지나갈 뿐이었다. 길 양쪽에 질서정연하게 줄지은 울창한 나무의 가지들은 마치 큰 우산처럼 정오의 뜨거운 햇볕을 막아주었다. 그리고 길 양옆에 있는 개인주택의 정원 곳곳에는 다양한 색깔의 꽃들이 만발하여 매우 아름다웠다. 공기는 상쾌하고 감미로웠다.

　중국 사람들에게 여름은 무덥고 건조하다. 그러나 이곳의 여름은 무더운 흔적을 조금도 찾아볼 수 없다. 사계절의 차이가 크지 않고, 기후는 항상 온화하고 따스하여 사람들에게 적당하다. 그야말로 이곳은 인간세상의 천당이라고 칭찬할 수 있다. 이곳의 자연환경은 확실히 세계 일류이며 인위적인 오염과 파괴가 매우 적어서 햇빛이 유난히 찬란하고 공기는 깨끗하고 투명했다. 그래서 외출할 때에는 반드시 선글라스 끼는 것을 잊지 말아야 한다.

　사람과 대자연의 완벽하고 조화로운 관계는 캐나다 사람들의 선량하고 우호적이며 박애한 심성, 그리고 여러 가지 동물과 식물 등 대자연에 대한 진지한 보살핌과 보호의 결실이라고 할 수 있다. 부처님께서 "심성과 환경은 가까워서 나누어 놓을 수 없고 천 가닥 만 가닥의 관계를 갖고 있다."라고 말씀했는데, 이 말의 깊은 뜻을 캐나다에서 확실히 체험하고 있다.

　은은한 하늘에서 한 가닥 퉁소소리가 멀리서 들려왔고, 상사님은 얼굴을 들어서 하늘을 향해 바라보았다. 새파란 하늘은 구름 한 점 없으니 그렇게 조용하고 그렇게 드넓었으며, 햇볕은 아무런 구속 없이 대지를 비춰주고 있었다. 갑자기 먼 하늘가에서 유연히 아름다운 일곱 색깔의 상서로운 구름 한 송이가 날아 왔다. 상서로운 구름은 귀를 즐겁게 하는 천상의 음악을 동반하며 서쪽에서 동쪽으로 천천히 날아 이동하여 점점 더 선명해졌다. 상서로운 구름은 완연히 빛나고 빛나는 가사[袈裟. 스님들이 입는 옷]와 같았으며, 그 광채가 눈부시고 선명했다.

더욱 신기한 것은, 대자대비하신 관세음보살이 직접 이 채색 구름의 가사를 받쳐 들고 공중에서 천천히 떠오는 것을 상사님은 분명히 보았다. 그리고 관세음보살의 뒤에는 많은 보살들과 천인天人들이 끊임없이 따라 오고 있었다. 마치 하늘에서 성대한 축제를 거행하는 것을 방불케 했다. 상사님은 그 광경을 보고 행복을 느끼고 있었으며 마음은 무한한 기쁨으로 충만했다. 관세음보살이 이 세상에서 보기 드문 일곱 색깔의 가사를 상사님의 몸에 가볍게 씌워주자, 그는 몸이 즉각 더없이 거대해지는 것을 느꼈다.

이튿날 점심때에 상사님은 거주하는 곳 부근의 잔디밭에서 좌선하고 있는데, 마치 가사와 같은 일곱 색깔의 상서로운 구름이 또다시 상사님이 사는 곳 상공에 나타났다. 상사님은 상서로운 구름을 발견한 후에 우리에게 전화로 알렸고, 우리들은 다행히 이 기이한 광경을 촬영하여 보존할 수 있었다.

보살이 성스러움을 드러내다

최근 몇 달 동안 상사님은 늘 과거 수련기간 중에 있었던 특별한 경험들을 추억하면서 그 가운데 득도 과정에 있었던 몇몇 진짜 있었던 이야기를 설명해주었다.

나는 그날의 그 정경을 영원히 잊을 수 없다. 높은 창가아래 놓인 긴 의자에는 흰 천이 깔려 있었다. 상사님은 그곳에 편안하게 올라앉아 있었다. 눈은 깊고 절실하게 먼 곳을 응시했고, 어조는 아주 한가로웠고 아주 천천히 말을 이어나갔다. 햇빛은 유리창을 투과하여 그의 어깨를 비스듬히 비추고 있었다. 상사님은 가끔씩 고개를 들어 바깥의 하늘을 바라보았는데, 마치 그의 이야기를 우리만 듣고 있는 것이 아니라 더 많은 생명들도 조용히 듣고 있는 것 같았다.

이러는 동안 일곱 색깔의 상서로운 구름이 그 상공에 나타났고 우리는 몇 번 그 모습을 찍어두었다. 이러한 상서로운 구름들은 어떤 것은 색깔이 있는 구슬 같았고, 어떤 것은 구슬이 달린 왕관 같았다. 어떤 것은 금빛 용과 같았고, 어떤 것은 신선들의 집회 같기도 했다. 그리고 천녀가 보물을 바치는 모습과도 같았고, 나한이 좌선하는 것 같았으며, 중생들이 성인을 조현하는 것 같았다.

7월 17일 저녁, 상사님은 자신이 득도하여 자아를 뛰어 넘고 만 가지의 생각을 내려놓았을 때에 관세음보살과 많은 보살들이 찾아와서 예를 드리고 문안하며 자신을 향해 축하했던 것을 회상했다. 상사님이 말했다.

"내가 법을 전하며 중생을 제도하는 중요한 시각마다 매번 보살님은 나타나셨지."

잠시 생각에 잠기던 상사님은 아주 평온한 어조로 그곳에 있는 제자들에게 말했다.

"자네들도 친히 보살님의 존귀한 얼굴을 볼 수 있을 거야."

이튿날은 관세음보살 성도기념일이었다. 나는 아침 일찍 향을 올리고 좌선하고 있었는데, 순간 불안한 기운을 느꼈다. 이때 전화벨이 울렸다. 교회의 천陳 부인이 자신의 딸을 구해달라는 전화였다. 그녀의 딸이 요 며칠 동안 열이 40도까지 올라가 떨어지지 않고 있다고 했다. 병원에 가서 의사에게 보이니 의사는 해열제만을 처방해주었고, 약을 먹어도 전혀 효과가 없다는 것이었다. 어제 저녁부터 열이 다시 올라서 가족들은 아이에게 무슨 일이라도 생길까봐 밤새 걱정하다가 이른 아침부터 구원요청을 했던 것이다.

나의 원래 계획은 오전부터 상사님의 강론을 듣는 것이었으나, 우선은 사람을 구하는 것이 급했다. 오전에 첸 부인의 딸을 치료하고 나서, 오후에 바삐 상사님에게로 건너가니 이미 많은 사형과 사매들이 함께 모여 있었다. 그곳의 여러 사람들은 모두 몹시 흥분된 모습이었다. 나는 다급히 물었다.
"무슨 일이 생겼어요?"
꽌성觀生 사매가 기쁘게 말했다.
"보살님께서 정말로 성스런 모습을 드러내셨어!"
그녀는 그 과정을 생생히, 그림을 그리듯 묘사하며 설명했다. "상사님이 두 개의 카메라로 촬영하셨어. 하지만 디지털 카메라로는 아무 것도 찍지 못했어. 다행히 필름 카메라로도 두 장을 찍었는데, 잘 나왔을지 모르겠네. 지금 막 현상하러 가셨거든. 아무쪼록 보살님이 보호해 주실 거야."
그 이튿날, 인화된 사진을 본 여러 사람들은 몹시 흥분했다. 사진 속에서 보살님이 우리를 자애롭게 지켜보고 있었다.
이후에 꽌성 사매는 〈관세음보살이 성스런 모습을 드러내신 것을 기쁨으로 바라보면서〉라는 글을 썼는데, 이 글을 발췌하면 다음과 같다.

2003년 7월 18일[음력 6월 19일]은 관세음보살의 성도기념일이었다. 이날, 상사님이 거처하는 상공에 대자대비하신 관세음보살의 성상이 나타났다.
오전 10시 50분에 우리들은 상사님이 강론한 법문자료들을 정리하고 있었는데 지존이 학교에서 전화를 걸어와 아주 특이한 현상이 나타났다고 알려주었다. 우리는 재빨리 하던 일을 멈추고 상사님을 따라 그것을 관찰하러 나갔다.

　새파란 하늘에는 송이송이 흰 구름이 떠다니고 있었다. 동쪽에서는 여러 가지 모양의 구름들이 나타났는데, 마치 하늘을 나는 선녀 같았다. 그것은 스스로 날아다니며, 마치 손에 공양물을 받쳐 들고 있는 것 같았다. 서쪽에서는 거대한 기둥 모양의 구름이 천천히 날아와 움직이면서 변하고 있었다. 멀리서 바라보니 구름 속에는 무수한 부처와 보살상들의 모습이 보였다. 어떤 것은 앉아 계셨고, 또 어떤 것은 서 계셨다.

　기둥 모양의 구름은 천천히 이동하며 조금씩 변하고 있었다. 얼마 지나지 않아 공중에서는 엄청난 크기의 배가 만들어졌다. 커다란 삼각형 모습의 구름이 바로 배 머리였는데, 그 모습이 묘하고 놀라울 뿐이었다. 사람들이 가장 경탄을 그치지 못했던 것은 배의 꼬리 부분이었다. 끝없이 이어지는 송이 송이의 흰 구름이 푸른 하늘 끝까지 이어졌다. 이런 구름은 마치 활짝 핀 연꽃 같았고, 또한 마치 구하여 제도해야 할 무수한 중생들 같았다!

　잠깐 사이에, 보살이 공중에 성상을 나타냈다. 그 보살은 흰 면사포를 걸치고 손에 맑은 물병을 들고 있었는데, 병 속에 들어 있는 버드나무가지가 선명하게 보였다. 올려다보니, 그 보살의 얼굴은 장엄하고 자상했으며 편안했다. 공중에서 높고 크게 우뚝 서서 창공과 대지를 굽어보고 있었다. 나는 나도 모르게 뜨거운 눈물이 솟구쳐 나와 주체할 수 없었다. 두 손을 모으고 발밑의 녹지에 꿇어앉아 절하고, 마음속으로 한 번씩 한 번씩 부르며 염송했다.

나무 대자대비 관세음보살!
나무 대자대비 관세음보살!
나무 대자대비 관세음보살!

만약 내 자신이 그 자리에 없었더라면, 만약 직접 눈으로 보지 않았더라면, 이날 일어난 하나하나의 장면들은 믿기 힘들었을 것이다.
누가 이처럼 신통력이 있어서 대자대비하신 관세음보살을 감동시켜 현신하게 할 수 있을까? 또 누가 이처럼 대덕대능하여 상서로운 일곱 빛깔 구름으로 하여금 오래도록 공중에서 감돌게 했겠는가?
6월초부터 지금까지 상사님이 법을 강론할 때마다 일곱 빛깔의 구름이 상공에 모여 있었다. 부처님과 보살님들이 모이고, 뭇 천신들이 위세를 북돋우고, 천룡팔부도 나오고, 천녀들도 공물을 바치면서 하늘에서 날아다니며 노래 부르고 춤추었다. 그 신비한 장면이 더없이 미묘하여 인간의 말로써는 형용할 수가 없었다. 이는 도대체 무엇을 설명하는 것일까?
불경에는 이런 기록이 있다.
당시에 석가모니 부처님이 법을 강론할 때였다.

시방 무량세계는 말할 수 없고, 모든 부처님들과 대보살 마하살이 모두 와서 모여들어 석가모니 부처님께서 오탁악세五濁惡世에서 상상할 수 없는 대지혜의 신통력으로 드센 중생들을 조절하여 굴복시켜 고난을 알고 법을 즐기도록 만든 것을 찬탄했다.
- 《지장보살본원경》

    이때에 삼천대천세계에 여섯 가지의 진동이 있었고 아울러 여러 가지 희귀한 신변이 나타났으며 밝은 빛을 크게 내뿜어서 사방을 두루 비추었다. 다시 제천이 있었는데, 허공에서 미묘한 음악을 만들어내고 따라서 기쁜 소리를 내어 마침내 색계의 제천에 이르러서도 모두가 들을 수 있었는데, 일찍이 아직 없었던 것이라고 탄복하고 무량한 묘한 꽃이 분분히 내려왔다.
- 부처님께서 말씀하신 《대승무량수장엄청정평등각경》

    지금 바로 이 광경이 실제로 다시 우리들의 눈앞에 나타났다. 오랫동안 나는 선禪의 경지에 빠진 것 같았고, 이 모든 것이 실제라는 것이 감히 믿어지지 않았다.
    상사님은 보살님이 성스럽게 나타나기 하루 전에 사진 촬영을 생각했다고 말했다. 당시에 사용한 카메라는 흔히 사용하는 디지털 카메라였고, 주위의 사람들도 역시 평소와 다를 바 없는 모습이었다. 상사님은 여전히 이미 때가 지난 의복을 입고 있었고, 슬리퍼를 신고 계셨다.
    그런데 사진이 찍혀 나온 걸 보자 우리는 그만 놀라서 멍해졌다. 일곱 빛깔이 상사님의 상공에서 방사되어 나왔던 것이다. 상사님 몸 주위에는 한 겹 한 겹의 일곱 색깔의 빛의 동그라미가 하나로 꿴 수정같이 밝은 일곱 색깔 구슬이 상사님의 머리 위쪽 상공에서 직사되어 내려오고 있었다. 크고 작은 빨강, 노랑, 남색, 녹색, 자색… 색채 하나하나는 찬란했고, 수정 같은 구슬은 투명했다. 빛의 구슬 속에는 또 하나의 빛의 점이 있었는데, 자세히 살펴보니 빛 속에는 아주 많은 부처님과 보살님들의 성상聖像이 있었고, 상사님은 이 빛의 줄기 속에 둘러싸여 있었다. 그 가운데 한 장의 상사님의 사진에는 이미 얼굴과 손은 볼 수 없고, 그의 몸은 완전히 투명하고 부처님의 광채 속에 융화되어 있어서, 오로지 상사님의 그 적색 옷만 볼 수 있었다. 이때 상사님의 목소리가 나의 귓가에 맴돌아왔다.

"두 발을 지구 위에 딛고 하늘을 떠받치고 땅에서 일어서라. 불광이 내 몸에서 사방 주위 세계로 비추니, 크게 맹세하여 바라건대, 나는 부처님의 신령스런 빛으로 고난 속에 살고 있는 영혼들을 구하고, 그들로 하여금 건강과 자유로운 몸을 되찾게 하리라."

당시 나는 마음속 느낌을 표현할 방법이 없었고, 이 떨리는 마음이 격동인지 희열인지 괴로움인지, 또는 평온함인지 알 수 없었다. 나는 단지 손 안에 있는 펜이 너무 바보 같고 둔하게 느껴졌다.

그리고 나는 드디어 깨달았다. 이 모든 것은 우리 중생들에게 보여주려는 것이며, 그것은 천지만물을 향하여 무언가를 증명하고 있다는 것을.

그것은 진실 되게 증명했다. 진푸티상사님은 확실히 위대한 불사佛師이고, 그는 우리를 인도하여 지혜를 향해 나아가게 하고,

깨달음으로 향해 나아가게 하고, 육도윤회를 영원히 벗어나는 금빛으로 빛나는 큰 길로 나아가게 하고 있다. 그는 그의 생명과 모든 것을 중생들에게 바쳤다. 오직 부처님과 보살님이어야만 비로소 이러한 대자대비를 가지고 있고, 비로소 이러한 크게 버리는 것과 크게 사랑하는 것을 가질 수 있다.

그것은 진실 되게 증명해준다. 진푸티상사님이 전하는 법은 진실하고 허무하지 않는 정법正法이다. 십 몇 년 동안 그는 사람에 따라서, 장소에 따라서, 시간에 따라서 가장 좋은 방법으로 무수한 중생들을 제도했다. 그들로 하여금 무명하여 혼수상태에 빠진 인생의 큰 꿈속에서 깨어나 자아를 벗어나고 우매에서 빠져나와 선량으로 돌아가게 하고 정도正道로 돌아가게 했다.

십 몇 년 동안에 그는 무수한 사람들 속에서 살아 있는 보살을 배양하여 만들어냈다. 이들 인연을 맺은 사람들은 모두 그가 가르친 바, 전한 바, 준 바에 의거하여 자신에게 엄격하게 요구하며 정진 수행했다. 영원히 불퇴전의 보리[菩提, 깨달음, 지혜]의 마음을 간직했을 뿐만 아니라 사람들을 도와서 다른 사람을 제도하는 지혜와 법력과 에너지를 소유하게 되어 진정으로 사람들 속에 살아 있는 보살이 되게 했다.

한 사람의 인간이면서 부처이기도 한 진푸티상사님은 올 적에 종적이 없고 갈 때에도 그림자가 없는 신선이 아니며, 또 현묘하게 생각해낸 하느님도 아니다. 하지만 필요할 때에 그는 신선의 형상으로 나타날 수 있다.

진푸티상사님은 사람들 사이에서 태어나 사람들 사이에서 수행하여 부처가 되고서도 사람들 사이에 있는 큰 지혜를 갖고 크게 깨달을 분이다. 그는 부모, 자식, 아내, 제자들, 나아가 생명이 있는 만물에 대해 불쌍히 여기는 것이 매우 깊고 절실하다.

그가 중생들을 깨우치는 진여본성*의 묘법은 지극히 높고 지극히 진실하며, 중생을 교화하는 언행 속에는 모두 반야의 지혜를 주체로 하고 자비를 묘용으로 한다. 그가 깨친 심성은 본래 청정하고 오염이 없으며, 진정으로 세상의 모든 번뇌의 속박에서 해탈되었다.

그가 전하는 법은 우리들에게 불법을 세간의 법에 들어가게 하여 융화되게 가르치고 이끌지 않은 것이 없다. 사실이 아닌 인식을 어떻게 포기하고, 무명에 빠진 습관과 기운을 어떻게 단절하여 일상생활에서부터 사람 노릇하는 일을 하기 시작하여, 실제 선 수행과 생활이 융합되고 진정으로 통달하여 걸림이 없는 인생을 실현하라고 가르치고 있다.

또한 우리로 하여금 악한 일을 중지하고 착한 일을 하게하며 심성을 순수하고 깨끗하게 하는 고통에서 벗어나는 좋은 약이 되었다.

상사님이 출생하여 수행하고 깨닫게 된 것은 모두 우리들이 사는 이 시대에서 모두 이루어진 일이라는 것을 우리는 잘 알고 있다. 그러므로 그가 가장 제도하기 좋은 중생이 우리라는 점 역시 잘 알고 있다. 이번 생에 그의 제자가 되어 그를 따라 수행하

---

* 진여본성(眞如本性): 사물의 있는 그대로의 모습이라는 뜻으로, 우주 만유의 본체인 평등하고 차별이 없는 절대의 진리를 이르는 말이다.

고 법을 전파하며 삶을 이롭게 할 수 있다는 것은 우리가 수 없는 전생의 삶에서 공덕을 쌓은 결과이며 행운 가운데의 행운이다.

　상사님은 우리에게 깨달음의 문을 여는 황금열쇠를 주었을 뿐만이 아니라, 순결하고 관통하며 투명하고 진실하며 정성스럽고 성실하여 비할 수 없는 마음을 주었다. 그리고 더 귀중한 것은 수행의 과정에서 바람 불든지, 비가 오든지, 마귀가 나타나든지, 장애가 생기든지 간에 그는 시시각각 우리와 함께 있고 우리를 돌보고 보호하며, 우리를 지도하며 잠시도 해이하여 떠난 적이 없다는 점이다.

　이 시각에도 상사님이 저렇게 밤낮으로 수고하여 잠이 몹시 부족하여 피곤한 모습을 보면 우리는 마음속에서 뭉클 뭉클 이는 괴로움을 참을 수가 없다.

　상사님이시여! 당신께서는 말씀하셨습니다.

　"나는 얽매이고 걸린 것이 없을 수 없지만, 모든 중생은 마치 내 몸에 흐르는 피와 같다. 나는 그들을 고난 속에 던져두고 나 혼자만 극락세계의 그 텅 빈 곳을 홀로 향유할 수 없다."

　다만 당신은 너무 피곤하고 너무 고단하십니다. 이렇게 위대한 상사님이 계시고, 이렇게 특별히 우수한 묘법을 가지고 있는데, 우리가 깨달음을 얻어 부처를 이루는 것은 얼마나 멀고도 먼 길입니까?

　상사님은 우리로 하여금 편견을 내려놓고, 번뇌를 내려놓고, 아집을 내려놓고, 모든 집착을 내려놓고, 금생에서의 푸티 인연을 진기하게 잘 아끼고, 매 순간에 일어나는 마음과 움직이는 생각을 잘 다스려서 진심으로 부처님을 대면하고, 상사님을 대면하게 한다. 우리는 장차 새로운 느낌과 깨달음, 새로운 체험을 갖게 될 것이며 내일에는 곧 하나의 참신한 자아를 갖게 될 것이다.

우리를 보호해주는 부처님과 보살들께 진정한 정성으로 최고의 예를 올리자!
우리가 가장 경애하는 부처님께 진정한 정성으로 최고의 예를 올리자!

나무 아미타불!
나무 대자대비 관세음보살!
나무 대자대비 진푸티상사!

목사의 의문

나는 보살님이 성스러운 모습을 드러낸 사진 한 장을 골라 확대하여 숙소에 걸어놓았다. 그랬더니 보는 사람마다 모두 감탄을 그치지 못하며 나에게 사진을 달라고 했다. 우리들은 즐겁게 여러 장을 더 인화하여 나눠주며 여러 사람들과 인연을 맺었다. 윌리엄 목사도 좌선할 때에 이 성상聖像을 보고 아주 신기해하며 감탄했다.

"불가사의한 일입니다!"

윌리엄 목사의 부탁으로 나는 그를 데리고 상사님을 만나 뵈었다. 그는 못 믿겠다는 듯 상사님에게 물었다.

"상사님, 보살이 정말 존재합니까?"

상사님은 고개를 끄덕였고, 그가 다시 물었다.

"어떻게 사람이 보살로 변할 수 있는시 말씀해주세요."

상사님은 명랑하게 웃으며 말했다.

"참 좋은 질문이군요. 나는 사람은 누구나 모두 보살이 될 수 있다고 생각합니다. 다만 보살이 되려는 동기가 있어야 하고 온 힘을 다해 보살이 되고자 노력을 해야 합니다. 그렇게 한다면 곧 살아 있는 보살이 될 수 있습니다."

상사님은 이어서 말했다.

"이른바 보살이란 중생들의 모든 고난을 용감하게 부담하는 사람입니다. 그가 추구하는 것은 자신의 해탈과 깨달음이 아니라 중생을 이롭게 하고 중생을 돕는 것입니다. 그는 해탈 이후에도 사바세계의 고통을 회피하지 않고 도리어 인간 세상으로 돌아와 자신의 지혜와 자비심을 중생들에게 바치며 여러 사람을 도와 고난에서 벗어나 즐거움을 얻게 하고, 깨달음을 얻게 합니다.

보통사람이 만약 보살이 되려고 생각한다면 무슨 일을 할 때마다 절대 잊지 말아야할 것이 있습니다. 바로 '나는 보살이다! 나는 절대적인 자비심과 사랑하는 마음이 있는 사람이다.'라는 생각입니다. 그럼 무엇 때문에 '절대'라는 글자를 붙였을까요? 왜냐하면 보통사람들은 대부분 일반적인 자비와 사랑하는 마음을 갖고 있습니다. 그러나 그 마음이 부족해서 사심과 욕심을 면하기 어렵습니다. 이 때문에 이것의 양이 아주 중요합니다.

마음속에 하나의 신성하고 고상하며 자비롭고 사랑하는 마음의 정신 형상을 우뚝 세웁니다. 그리고 난 다음에 구체적인 문제에 직면하고서는 자연스레 보살님은 이 일을 어떻게 보고 대할까, 보살님은 어떻게 처리했을까를 생각합니다. 그런 다음에 또 보살님의 방법을 배워야 하는데, 이것이 곧 평범한 사람이 보살이 되는 과정입니다."

목사가 물었다.

"이리도 간단합니까?"

상사님이 말했다.

"그렇습니다. 평범한 사람과 보살의 차이는 오로지 한 가지, 생각의 차이입니다. 많은 사람들은 대부분 이론적으로는 알고 있지요. 하지만 실제로 문제에 봉착했을 때에 욕심과 자아가 바로 첫 번째 자리로 올라옵니다. 그러나 보살의 마음에는 오직 중생만 있을 뿐이고, 자아는 없습니다.

우리는 마땅히 '자아'에서 '무아'로 변하는 것을 가장 먼저 배워야 합니다. 이 과정은 하루아침에 이루어지는 것이 아니지요. 모든 보살은 자기의 만족과 수확을 용감하게 내려놓지요. 이는 보통 사람들은 하지 못하는 일입니다. 그리고 보살은 사람들에게 상서로움과 부귀를 갖다 주기 때문에 보살이 가장 부귀한 분입니다. 만약 보살의 선량하고 자비한 마음을 사람들 속에 확산시킨다면, 인류사회는 곧 이상적인 천당으로 변하게 될 것 입니다."

목사가 또 물었다.

"당신의 말대로라면 천당은 곧 인간 세상에 있네요?"

상사님이 말했다.

"그렇습니다! 만약 모든 사람이 실천한다면 천당은 곧 사람들 사이에 있고, 바로 우리 주변에 있습니다."

마음속에 있는 천당

윌리엄 목사가 돌아 간 다음에 상사님이 나에게 물었다.
"바이이, 자네가 어렸을 때의 천당은 어떤 것이었나?"
"저… 제가 어렸을 때의 천당이란 정말 예쁜 하얀 치마를 입고 동화 이야기에 있는 백설공주와 같은 모습으로, 필요하다고 생각하면 무엇이든 다 가질 수 있는 곳이었던 것 같아요. 수정 같은 집에서 살며, 하인들이 시중을 들며, 거대하고 아름다운 꽃밭에는 전 세계에서 가장 진귀하고 희귀한 식물들이 있죠. 또 공작새, 카나리아 같은 새들도 있고… 아, 죄송합니다. 다만 어렸을 적의 환상이에요."
나는 상사님의 질문에 생각 없이 대답했지만 곧바로 후회했다. 어려서부터 어른이 될 때까지 나의 삶이 모두 그렇게 사치하고 그렇게 무지했다는 점을 느끼고서 금세 얼굴이 붉어졌다. 상사님은 말없이 나의 말을 다 듣고 나서 아주 오랜 시간이 지난 뒤에 말했다.
"자네는 아는가? 내가 어릴 때 가졌던 환상적인 천당은 어떠

했는지?"

나는 고개를 흔들었다. 상사님은 천천히 말했다.

"내 어릴 적의 환상적인 천당이란 아주 간단했다네. 나에게 천당이란 단지 날마다 배불리 먹고, 겨울에는 따뜻하게 입고, 남들의 업신여김을 받지 않는 것이었지."

불경에 서술된 극락세계란 황금으로 길을 깔고 아름다움과 보석들이 나무가 되고, 집은 헤아릴 수 없이 많은 진주보석으로 장식되어 있으며, 신기한 연꽃이 핀 연못과 공덕수가 있는 곳이다. 이곳에 오는 사람들은 이 성스러운 물에서 목욕을 하고 나면 바로 번뇌와 고통, 배고픔이 사라지고, 나고 죽는 것이 없어서져 모든 것이 완벽하게 된다. 그러나 어릴 적의 상사님, 그가 갈망한 천당은 이렇게도 평범한 것이었다.

나는 좀 이해가 되지 않아 상사님을 바라보았다. 상사님이 어린 시절에 생각하던 천당과 비교해 보면 나는 태어나서부터 천당에 있었던 것이 아닌가? 나는 태어나서 자라면서 배고파 본 일이 없다. 어릴 적에 입도 아주 까다로워 항상 음식을 가려 먹곤 했다. 갑자기 키가 자라 한번 입어보지도 못했던 새 옷들도 많았다. 그러나 나는 그다지 행복하다고 느끼지 못했다.

지금에 와서야 비로소 내가 얼마나 아름다운 어린 시절을 보냈던가를 감사하게 되었다. 실제로 나의 어린 시절은 이미 상사님이 꿈꾸던 천당을 훨씬 초월했다. 상사님은 내 마음을 꿰뚫어 보는 것처럼 다시 말을 이었다.

"자네와 나의 어릴 적에 꿈꾸었던 천당이 어찌하여 이처럼 큰

道를 논하다 325

차이가 있는지 그 이유를 알겠는가?"

나는 고개를 저었다. 상사님이 다시 물었다.

"그럼 자네가 꿈꾸던 천당은 실현되었는가?"

"아니요. 아직 실현되지 못했습니다. 그럼 상사님께서는요?"

나는 입에서 나오는 대로 한 마디 물었다.

"물론 실현되었지. 사실 자네는 이미 천당에서 생활하고 있다는 것을 느끼지 못하고 있어, 그렇지 않은가?"

나는 겨우 고개를 끄덕였다.

"그러기 때문에 자네는 지금까지도 또 다른 천당을 찾고 있는 거야."

나는 계속 고개를 끄덕였다.

"그렇다면 자네는 지금 천당이 어디 있는지 알 수 있지 않은가?"

그 순간 나의 마음속 가장 깊은 곳에서 이전에 느껴보지 못했던 일종의 평온감과 행복감이 솟아올랐다. 마치 끝없는 초원의 만발한 작은 흰 꽃들이 따사로운 바람에 일종의 행복, 아름다움, 달콤함, 깨끗함, 고요함을 일으키는 것 같았다. 지난날의 나는 순식간에 종적을 감추고 사라져서 마치 극락세계의 성수로 목욕을 하고 환생한 것 같았다.

치화 법사

이날 윌리엄 목사는 진심을 다해 상사님을 초청하여 그들의 교회 곳곳을 안내했다. 내가 상사님을 모시고 그곳을 참관하고 있을 때에 리 사형으로부터 전화가 걸려왔다. 리 사형이 한 달 남짓 치료하던 치화법사*가 지금 몹시 간절하게 상사님을 만나 뵙기를 청한다는 것이었다. 치화법사는 아주 유명한 법사인데, 불행히도 신장염에 걸려서 여러 곳에서 치료했지만 차도가 없었다. 리 사형이 이미 그를 위해 한 달여 동안 치료해주었지만 여전히 큰 치도는 없었다.

이야기를 전해들은 상사님은 지금 교회에 있으며, 치화법사가 이리로 오는 것은 불편할 테니, 내일 다시 이야기 하자고 했다. 그러나 얼마 지나지 않아 리 사형은 치화법사를 데리고 우리 앞

---

* 원주: 여기서 '치화(啓華)'란 그의 가명이고 진짜 이름은 숨겼는데, 만약에 같은 이름을 가진 사람이 또 있다면 이는 우연일 뿐이다.
역자주: 아마도 너무 유명하여 본명을 밝히는 것이 그 분에에 혹 누가 될까하여 작자가 그 본명을 숨긴 것 같다.

에 나타났다. 리 사형이 말했다.

"치화법사가 계속 고집을 부리며 상사님을 뵙고자 해서 이렇게 왔습니다. 교회에 오는 것도 상관없다고 했습니다."

치화법사의 눈빛과 표정은 편안했다. 수행한 사람 특유의 자비를 투영하고 있었다. 법사는 헐렁한 스님 복장으로 매우 소탈해 보였다. 단지 얼굴이 좀 여위었고 피로한 기색이 역력했다.

리 사형의 안내를 받으며 치화법사가 상사님 앞으로 왔다. 그는 상사님을 향해 두 손 모아 합장하며 말했다.

"아미타불, 당신을 귀찮게 해드립니다."

이에 상사님이 미소를 지으며 말했다.

"지나치게 겸손하십니다. 당신의 크신 명성은 일찍부터 들어 잘 알고 있습니다."

그런 다음에 상사님은 손을 가볍게 치화법사의 머리 위에 올려놓고 그에게 가피했다. 치화법사는 곧 머리가 맑아지고 기분이 상쾌해지는 것을 느꼈다고 했다. 상사님은 또 그를 위해 몇 병의 생수에 가피하여 마시도록 했다. 치화법사가 감격하여 말했다.

"상사님, 저는 지금 기분이 매우 좋습니다. 당신께서 보시기에 이 노승의 병은 좋아질 수 있겠습니까?"

상사님이 대답했다.

"비슷한 환자들 가운데 당신은 비교적 위중한 편입니다."

치화법사는 고개를 흔들며 탄식하며 말했다.

"업장이야, 업장! 예전에 일본과 미국에 가서 치료를 받아 본 적이 있지요. 하지만 모두 효과는 거의 없었습니다. 그러나 방금 당신의 가피를 받고나니 이전과는 다른 느낌입니다. 당신께서는 반드시 방법이 있을 것 같습니다."

상사님은 잠깐 동안 망설이다가 말했다.

"방법이 있지요. 하지만 당신이 받아들일 수 있을지 걱정입니다."

치화법사가 말했다.

"그게 뭡니까?"

상사님이 말했다.

"보아하니 법사님은 하지 못할 일 같군요. 말하지 않는 것만 못합니다!"

이때 법사를 따라온 제자가 눈시울을 붉히며 두 손을 모아 합장하고 땅에 꿇어앉아 말했다.

"저희 사부님은 대덕고승大德高僧이신데, 자비롭고 선량하신 마음으로 몇 십 년 동안 여러 나라를 돌아다니며 법을 전파하셨습니다. 중생들을 이롭게 하느라 피로함도 몰랐으니, 과로가 겹쳐서 병을 얻은 것입니다. 상사님, 제발 저희 사부님을 구해주십시오! 부처님께서 말씀하시기를 '한 사람의 목숨을 구해 주는 것이 칠층보탑을 쌓는 것보다 낫다'라고 하셨습니다. 상사님은 많은 사람들을 치료해주셨다고 들었습니다. 상사님은 분명 사부님의 건강을 회복시켜 주실 방법을 알고 계실 겁니다."

그는 말을 마치고 머리를 조아리기 시작했다. 상사님은 한동안 가만히 제자를 바라보다가, 치화법사에게 진지하게 말을 꺼냈다.

"그렇게 말씀하시니 알려드리지요. 법사님은 지금 당장 참회를 하셔야 합니다."

법사가 이해할 수 없다는 표정으로 물었다.

"참회라고요? 지금요? 어디서 합니까?"

상사님이 대답했다.

"바로 여기서입니다."

그러자 법사와 그의 제자는 모두 멍한 표정을 짓더니 난색을 표하며 말했다.

"아… 우리는 승려인데, 교회에서 참회를 하다니요. 장소가 적당하지 않은 것 같습니다."

상사님은 고개를 저었다.

"법사님, 그럼 묻겠습니다. 당신께서는 무엇을 위해 수행을 합니까?"

"깨닫기 위해서입니다."

치화법사가 회답했다.

"그러면 깨달은 후에는요?"

"깨달으면 바로 지혜가 생기지요!"

"그러면 지혜가 있으면요?"

"지혜가 있으면 우주법칙과 인류 고통의 근원을 똑똑히 알 수 있습니다."

"고통의 근원은 모두 어떤 것들입니까?"

상사님이 물었다.

"중요한 것은 탐내는 마음[貪心]과 화내는 마음[瞋心]과 어리석은 마음[痴心]*입니다. 사람들은 끝없이 탐하는 생각과 차별하는 마음[分別心]을 갖고 있기 때문에 끊임없이 흘러나오는 고통이 생깁니다."

"여쭙겠는데, 당신께서는 탐내는 마음과 화내는 마음, 어리석은 마음과 차별하는 마음이 없습니까?"

"저에게는… 저에게는……."

치화법사는 고개를 숙인 채 한동안 말을 하지 못했다.

한참이 지나서 천천히 고개를 들어 올리는 그의 눈에는 눈물이 반짝이고 있었고, 얼굴에는 행복과 희열의 빛이 흘러나왔다. 그는 상사님을 다시 한 번 향해 합장하며 말했다.

"아미타불, 노승이 눈이 있어도 태산을 못 보았습니다! 오늘 당신의 한 마디가 꿈속에 있는 사람을 깨웠습니다."

말을 마치고는 무릎을 꿇고 앉아 감개무량해 하면서 말했다.

"높으신 상사님이시여, 청컨대 이 어리석은 제자의 절을 받아주십시오. 이 문제는 저를 십여 년 동안 줄곧 곤혹스럽게 했지요. 그러나 오늘 부처님의 자비가 드디어 신령함을 드러냈습니다."

상사님은 미소를 짓고 있었다. 치화법사는 한 쪽에 꿇어앉아 속마음으로부터 우러나오는 참회를 하기 시작했다. 법사는 계속해서 눈물을 흘리며 감개무량해 했다. 많은 이야기를 하지는 않았지만 우리는 모두 그의 마음을 이해힐 수 있었다.

많은 교회의 신도들이 몰려와 우리를 둘러쌌다. 그들은 상사

---

* 불교에서는 이를 탐(貪), 진(瞋), 치(痴)라고 하여 탐욕스런 마음과 성내는 마음과 어리석은 마음이라고 하여 이를 따로 삼독(三毒)이라고도 한다.

님을 숙연한 자세로 바라보며 각자 참회를 하고 있었다.

상사님은 교회를 나와서 주위의 신선한 공기를 깊이 들이마셨다. 끝없는 하늘을 바라보며, 그는 공중에서 자유로이 떠다니는 흰 구름들을 바라보았다. 그의 생각은 아주 높고, 아주 먼 곳으로 날아가고 있었다. 옆에서 지켜보고 있던 윌리엄 목사도 감개무량하여 말했다.

"참으로 위대하십니다! 당신은 차별이 없고, 장애도 없습니다. 나는 지혜의 위력을 처음으로 미약하게나마 알게 되었습니다. 당신은 반드시 천하 중생들에게 복을 마련해 줄 수 있는 분입니다."

치화법사는 참회를 마치고 나서 아주 공손하게 상사님에게 제자의 예를 올렸다.

그 후에 치화법사는 얼마 동안의 수련을 통해서 '대광명수지법'을 익혔다. 그리고 상사님의 가피를 거쳐서 몇 달 후에 법사의 건강은 몰라보게 좋아졌다.

아프리카 어린이들

어느 날 리 사형이 나에게 아프리카 고아들의 사진과 자료들을 보여줬다. 사진 속의 아이들을 보니 작은 아이는 한 살이 좀 넘어보였고 큰 아이는 대략 열 살 정도인 것 같았다. 대부분 영양실조로 인해 몸이 여위고 약하며 병들어 있었다. 아이들의 사진을 보자 나도 모르는 사이에 주체할 수 없는 눈물이 뚝뚝 떨어졌다.

만약 내가 아프리카에서 태어났다면 나 역시 이런 모습이리라. 존귀하신 상사님의 어린 시절도 이들 아프리카의 아이들처럼 고통스러웠고, 똑같이 빈곤과 기아에 허덕였다. 리 사형이 말했다.

"세상에는 이런 아이들이 너무 많아. 눈물은 그만 흘리고, 방법을 좀 생각 해 보자고."

이어 그는 또 말했다.

"나는 딸아이의 피아노 수업을 그만두게 하고, 먼저 1,000달러를 기부할 생각이네. 아이의 피아노 수업보다는 사람을 구하는 것이 더 긴급하지 않겠는가."

이야기를 마친 리 사형이 갑자기 창밖을 가리키며 소리 내어 웃기 시작했다.

"바이이, 저기 치화법사의 옷차림을 한번 좀 보게나. 너무 웃겨서 쓰러질 것 같아!"

고개를 돌려보니 리 사형의 말이 맞았다. 치화법사는 긴 두루마기 위에 점퍼를 입고 운동화를 신었으며 손에는 새하얀 백합꽃 한 다발을 들고 있었다. 그도 밖에서 우리를 보고는 크게 웃으면서 문으로 들어서며 소리쳤다.

"어때? 멋있어?"

이에 리 사형이 말했다.

"법사님의 차림새가 백합꽃을 무색하게 만듭니다."

치화법사가 말했다.

"아니, 그런데 바이이씨는 왜 울고 있소?"

리 사형이 얼른 말했다.

"모두 제 탓입니다. 제가 아프리카 고아들의 사진을 가져와서 그녀의 마음을 아프게 한 겁니다."

법사가 말했다.

"그 사진 나도 좀 봅시다."

치화법사는 리 사형이 내민 사진과 자료들을 자세히 보더니 한동안 말을 하지 못했다.

"무슨 일입니까?"

안에서 좌선을 하고 있던 윌리엄 목사의 목소리가 들려왔다.

리 사형이 사진들을 가리키며 말했다.

"목사님도 이 사진을 좀 보십시오. 우리는 지금 아프리카 고아들에 대해 이야기를 하고 있습니다."

윌리엄 목사는 사진을 한참동안 보더니 말했다.

"이 아이들을 위해 나는 3,000달러를 내겠소."

치화법사도 가지고 있던 300달러를 내놓으며 말했다.

"미안하네, 내가 가장 초라하네."

신비한 소리

어느 날 리 사형이 나를 찾아와서 말했다.

"자네에게 소개해줄 사람이 있어. 혹시 자네가 이전에 만난 적이 있을지도 모르겠어. 그는 음성학 전문가로 상사님 목소리에 대해서 많은 과학적 실험을 했던 사람이라고 하네."

생각해 보니 그에 대한 기사를 봤던 것 같았다.

"아, 예전에 신문에서 본 적이 있었던 것 같아요."

리 사형이 말했다.

"그 과학자가 지금 미국에서 왔다는데 한번 만나 보겠는가?"

"그래요? 그럼, 당연히 만나야지요. 예전부터 직접 만나보고 싶었거든요."

우리는 바로 약속을 잡고 그를 만났다. 음성학전문가는 내몽골 사람이었는데, 중국군사연구원의 연구원이었다. 그는 몽골인 특유의 솔직함과 지혜가 있었고 입담도 좋았다.

"나는 말입니다, 신비한 현상에 대해 관심이 아주 많아요. 만약 이런 연구를 철저히 하고 파악한다면 물리학, 천문학, 생물학, 의학 및 인류의 모든 영역에서 대대적인 발전이 있을 겁니다.

나는 음성학을 연구하는 사람이며 이전부터 국내[중국]에서 음파에 관한 여러 가지 실험을 했지요. 우리는 영향력 있는 수행 대사와 특이한 인사들의 목소리를 모두 녹취해서 반복적으로 실험하고 분석했습니다. 그런데 진푸티상사님의 목소리에는 인류의 것이 아닌 특별한 음파를 함유하고 있는 것을 발견했습니다.

나는 상사님을 특별히 존경했기 때문에, 의식적으로 더 많은 연구, 조사와 실험을 했지요. 그 결과, 상사님은 확실히 보통을 뛰어 넘는 에너지와 비범한 능력을 갖고 계시다는 것이 증명되었습니다.

어느 해 명절에 나는 고향으로 친지들을 만나러 갔습니다. 당시 조카 녀석이 밤마다 계속 울어서 식구들이 힘들어 하더군요. 그런데 의사에게 보여도 그 원인을 알 수 없었습니다. 그래서 나는 상사님의 음악을 그 아이에게 들려주었지요. 그렇더니만 조카는 밤에 울지 않았고 깊고 평온하게 잘 수 있었습니다.

그리고 내몽골에서는 우유를 잘 생산하지 못하는 젖소들이 많아 목장을 운영하는 사람들의 걱정이 이만저만이 아니었습니다. 그래서 나는 시험적으로 상사님의 음악을 젖소들한테 들려주었는데, 반나절도 안 되어 젖이 나왔습니다."

나는 흥분을 금할 길 없어 그의 말을 막았다.

"상사님의 목소리가 젖소의 젖을 나오게 했군요!"

우리는 모두 즐거운 웃음 속에 빠져 있었다. 그는 계속 말했다.

"이뿐만 아니라 양계장에서도 상사님의 녹음테이프가 큰 도움이 되었지요. 일반적인 암탉은 한 달에 20일 동안 알을 낳는데, 내가 닭들에게 상사님의 음악을 들려주자 닭들이 알을 더 많이 낳게 되었고, 알을 낳는 간격도 상대적으로 줄어들었습니다.

그리고 또 같은 환경에서 두 그룹으로 나누어 한쪽 버섯 균에 상사님의 음악을 들려주었는데 역시 버섯 균의 성장속도가 세 배 이상 빨라졌으며 더 건강해졌습니다."

헤어지기 전 그는 또 말했다.

"최근에는 상사님께서 가피하신 물에 대해 실험을 해볼 생각입니다. 그래서 관련된 전문가와 설비를 찾으려고 준비하고 있지요. 왜냐하면 상사님께서 가피한 물이 아주 많은 기적들을 낳았으며 많은 병을 치료했기 때문입니다."

무엇을 잡고 무엇을 버릴 것인가

어느 날 치화법사가 나를 찾아왔다. 최근 그에게 그들의 협회에서 발행하는 불교 주간잡지에서 〈어떤 태도로 명예와 이익을 대할 것인가〉에 관한 글을 써달라는 요청이 들어왔다고 한다. 그런데 그는 내가 이 글을 쓰는 것이 더 적합할 것 같다며 나에게 부탁했다. 나는 말했다.

"나의 모든 것은 상사님의 가피와 인도에 근원하고 있습니다."

그러자 치화법사가 말했다.

"그럼 자네가 상사님에게 글을 써달라고 청해볼 수 있겠나? 만약에 상사님이 써주신다면 그것이 가장 좋지."

나는 상사님에게 이런 이야기를 전했더니, 상사님은 한동안 깊은 생각에 잠겼다. 그리고 잠시 후에 말을 꺼냈다.

"만일 사람이 살아가는 도중에 명예와 이익에 관한 문제가 해결된다면 아주 쉽게 자아를 초월하고 해탈할 수 있으며, 행복, 건강, 길상, 부귀 등은 청하지 않아도 모두 저절로 찾아올 것이야."

상사님은 자세하게 말했고, 나는 이를 기록하고 정리했다.

잡을 것은 무엇인가

사람이 살아가는 도중에 가장 파악하기 힘든 것이 곧 명리名利이다. 명예는 이익을 낳을 수 있고 이익 속에는 재물도 포함된다. 그리고 사람들이 일반적으로 내려놓지 못하는 것도 역시 이 재물이다. 재물이 없으면 우리는 살 집이 없고 입을 옷이 없으며 먹을 밥이 없으니, 이것은 우리가 생활하는 매일 매일을 따라다닌다. 속담에 이르기를 '사람은 재물을 위해 죽고, 새는 먹이를 위해 죽는다!'고 했다. 복잡한 인류사회 속에서 아주 많은 사람들이 그칠 수 없는 탐욕으로 이익을 찾는 동안에 건강을 잃고 명예는 사라진다.

나는 여러분과 더불어 모든 사람들이 피할 수 없고 떠날 수도 없는 이 '재물'에 관해 탐구하고 토론해 보려 생각한다.

먼저 상업 활동부터 이야기해 보자.

'상업을 경영한다'라는 말과 '상인'이란 말을 들으면 어떤 생각이 드는가? 흔히 '간사하지 않으면 장사하지 못한다'는 말을 연상하는 데, 이처럼 '간사한'이란 말은 거의 상인의 대명사가 되었다. 상인은 간사하고 교활하고 속이는 이미지가 강해서, 마치 동화 속에 나오는 여우같은 느낌이다. 그러나 사실 이렇게 이해하면 안 된다.

우리의 현실 생활 속에서 농민들이 농사지은 각종 농작물이나 제조상들이 만드는 여러 제품. 심지어는 과학자들이 발명하고 창조한 것들은 그 어느 것도 상업적 활동을 떠나서는 효과적으로 대중과 사회를 위해 쓰일 수 없다. 상품의 개념은 아주 광범위한데, 토지 자체와 지하에 매장된 각종 광물, 땅 위에 자라는 숲과 나무, 농작물 그리고 높은 빌딩 등을 포함해서 인류가 창조한 여러 가지 실제의 물건은 모두 상품에 속한다.

그러나 모든 상품은 반드시 상업적 활동을 통해서만 바야흐로 사람들의 생활 속으로 들어갈 수 있다. 그러므로 상업활동과 우리는 긴밀히 연계되어 있으며, 이는 생산자와 수요자 사이에 다리를 놓는 것이고, 사회의 경제를 촉진하고 사회발전을 밀어 움직이는 필요한 수단이다. 상업의 경영자들이 상업활동을 하는 가운데에서 적당한 보수를 얻게 되고 일정한 상업적 이윤을 얻게 되는데, 그것은 매우 당연한 일이다. 왜냐하면 체력이건 지력이건 어느 것을 막론하고, 경영자들은 모두 자신의 노동을 제공하기 때문이다.

그러나 어떤 경영자들은 탐심이 너무 깊어 고객을 속이는 등 비열한 수단으로 이용해서 상업규칙을 교란시킬 뿐만 아니라 오히려 경영자들의 명성을 떨어뜨리기도 한다. 더 심각한 것은 사회의 도덕적 규범을 파괴하고 사람의 마음을 죄악의 깊은 늪으로 끌어가서 심각하게 사회문제를 조성한다는 점이다.

사실, 사회적 폐단이란 일부 옳지 않은 상인 가운데만 존재하는 것이 아니다. 여러 가지 직업 행위는 모두 사람으로부터 조종되는 것이고, 사람의 마음이 나쁘면 어느 직업 행위도 모두 사회에 대해 나쁜 영향을 끼칠 수 있다. 전체 사회는 마치 하나의 그물과 같이 서로서로 고리로 연결되어 있어서 한 가닥을 당기면 전체가 움직이게 된다. 만약 모든 사람들의 직업적 행동과 하는 일이 모두 사기성을 가진다면, 그들과 그들에게 봉사하는 사람들로 인해 조성된 일체의 악과惡果를 이어받을 수 있다. 예를 들면 자동차, 비행기, 배 등은 인류가 늘 사용하는 교통도구들인데, 일단 품질의 문제가 생기면 바로 사람의 생명에 관계되는 불행을 빚는다.

오늘날의 사회 속에서 사람들의 마음에는 전체적으로 불안감을 내재하고 있다. 어쩌면 도처에 위험이 도사리고 있는 환경 속에서 사람들은 서로를 기만하는 동시에 기만당하고 있을지도 모른다. 즉, 사람들은 은연중에 사기꾼과 강도가 되는 한편, 다시 자기 자신을 보호하고 있는 것이다.

우리 아이들은 세상물정을 접하면서 어른들이 돈 때문에 다투고 근심하며, 돈을 벌면 미친 듯이 기뻐하고, 재산을 잃게 되면 침통해 하는 것을 보게 된다. 그러기 때문에 많은 아이들의 어린 심령도 비뚤어지게 되어 돈이 그들의 인생의 이상으로 변하고, 그 밖의 것은 어느 것도 고려하지 못하게 되어 버린다.

만일 사람들의 도덕적 관념이 파괴되어 그것이 극도로 나빠져서 각각의 사람들이 이익과 탐욕을 위해 모든 것을 생각하지 않고 오직 실리만 도모한다면 그것은 실제로 대단히 무서운 일이며, 이러한 사회는 장차 어떤 모습으로 변하겠는가?

아마도 그대는 물을 것이다. 사욕과 냉혹함은 온 사회의 병폐인데, 나 한 사람의 신념과 힘으로 전체 사회를 개변시킬 수 있겠는가?라고. 그러나 나는 그대에게 자신 있게 대답할 수 있다. 할 수 있다!

신념이 변화되면 가장 먼저 구원받는 것이 바로 그대 자신이고 이로움을 받는 것도 그대 자신이다. 그대의 선량한 언행과 신념은 주변에 있는 사람들을 강화시키고, 이러한 사람들이 다시 그들의 주변에 있는 사람들에게 영향을 준다면 점차 더 많은 사람들이 영향을 받게 될 것이다. 이렇게 하여 사회풍토가 변하게 되는데, 이는 그리 먼 곳의 이야기는 아니다.

우리가 행동하는 모든 결과는 모두 최초에 생각하는 방법과 동기 그리고 의식에서 결정되는데, 이것은 바로 불경에서 늘 말하는 '경지境地란 마음으로부터 돌아간다'는 것이다. 경지란 환경과 사물 그리고 표상을 가리킨다.

만약 그대가 일을 할 때에 마음의 상태가 좋은 뜻이라면 그대가 희망하는 바의 결과는 곧바로 나타날 수 있을 것이고, 얻는 것 역시 좋은 결과일 것이다. 만약에 그대가 파괴적이고 기만적이며 추악한 의식과 태도로 스스로의 인생을 대하고, 다른 사람을 대면한다면 장래에 얻어지는 것은 바로 악한 결과이다.

나는 이렇게 돈벌이에만 치우쳐서 장사를 하는 한 사람을 알고 있다. 하루는 어떤 사람이 그에게 얼마간의 양털을 사려고 찾아왔다. 장사꾼인 그가 적당한 마진을 붙여 돈을 버는 것은 이치에 어긋남이 없다. 그러나 그는 만족할 줄 모르고 '특별가공'을 한다. 특별가공이란 양털 위에 식용유를 뿌리고 그 위에 다시 얼마간의 가는 모래를 뿌리면 기름과 모래가 쉽게 엉겨 붙어 양털의 무게가 훨씬 더 많이 나가게 하는 것을 말한다. 그리고 특별 가공된 거친 양털로 그는 몇 천 위안을 더 벌었다.

그 일을 한 후에 이 장사꾼은 돈 벌기가 참으로 쉽다고 느꼈고, 이에 또 다른 돈 벌 기회를 노리고 있었다. 마침 황금을 사고팔면 큰돈을 벌 수 있다고 하기에 그는 황금을 파는 사람을 찾아 양심을 팔아 번 돈을 황금을 사는데 전부 쏟아 부었다. 그는 이 묵지한 번쩍이는 황금을 어떻게 하면 더 높은 가격으로 되팔 것인지 흐뭇하게 생각하면서 황금을 망치로 내리쳤다. 아니 그런데 이 황금이 허무하게 부서지는 것이 아니겠는가! 이 금덩이는 도금한 돌덩이이었다. 결과적으로 이 장사꾼은 본전에 이윤, 게다가 사기로 번 많은 돈까지 고스란히 날렸다. 기가 막힌 그는 가슴을 치고 발을 구르며 하늘이 공평하지 않다고 소리를 쳤다.

진정으로 하늘은 공평하지 않은가, 아니면 그가 마음먹은 것이 바르지 않은가? 속임수로 사람들을 대하며 돈은 벌었지만, 그것은 일시적인 이익에 불과했을 뿐이다. 결과적으로 자신이 기만 당한 것 외에는 얻은 것이 하나도 없게 된 것이다.

우리는 구체적으로 이상을 실현하는 과정에서 때때로 깨끗하게 깨어있는 생각과 깨끗한 마음을 가져야 하며, 개인의 이익을 위해 맹목적으로 추구해서는 안 된다.

그러나 어떤 상황 아래서는 머리가 깨끗하게 깨어 있어도 처리하기 어려울 때가 있다. 이럴 경우에는 '큰 지혜를 가진 사람이 어리석은 사람처럼 한다'는 처리방식을 채택해야 할 필요가 있다. 그것이 바로 '내려놓는다'이다. 복잡하고 해결하지 못할 문제를 만나면, 그것을 뛰어넘거나 초월해서 자신의 정신과 심신이 빠지지 않도록 해야 한다. 만일 여기에 빠져 들어가면, 밑 빠진 구멍에 빠진 것처럼 빠질수록 더욱 깊어지고 심지어는 모든 것을 잃어버리게 될 수 있다. 만약 그대가 자신의 마음과 생각을 단단히 쥐고, 의롭지 못한 재물의 유혹에 항거하면서 절벽 위의 위험한 길을 걷지 않는다면 그대는 능히 함정에 빠지는 피해를 입지 않을 것이다.

우리 보통 관직에 있거나 혹은 상업적 활동을 하는 경우에 이른바 '이익'을 보았을 때에 함정에 빠져 들어간다. 이익에 집착하면 바로 이익이 끼치는 해를 입을 수 있다. 되돌아보면 일찍이 한때 명성을 날리던 대다수의 높은 벼슬아치들과 부유한 상인들이 추락하는 것은 모두 맹목적인 탐욕으로 말미암은 것이다. 작은 생각의 차이가 큰 잘못을 만들어내고 일이 벌어지고서야 비로소 자기가 너무 어리석다고 한스러워하는데, 이는 이미 늦었다.

목전의 중국에서 어떤 사람은 도시 하나를 살 수 있을 정도로 많은 돈을 가지고 있다. 그렇지만 그들은 여전히 온갖 방법을 동원해서 더 많이 가지려고 생각한다. 하지만 최종적으로 큰 재난이 코앞에 닥치면 돌이킬 방법이 없게 된다.

인생에서 그 어떤 일이든지 모두 '도度'와 '양量'을 살 파악해야 한다. 만약 잘 파악하지 못하면 다른 사람을 해치고 자신도 해친다. 마치 자동차를 운전하면서 좌충우돌한다면 자동차는 부서지고 사람은 목숨을 잃기도 한다. 말을 탄 사람이 낭떠러지 앞에서 말을 멈추지 않는다면 필시 그는 뼈가 부스러져 몸은 가루가 될 것이다. 또한 요리사가 불의 강도와 시간을 조절하지 않는다면 그가 만들어 낸 요리는 가히 짐작할 수 있을 것이다.

마찬가지로 쥐어야 할 때에는 용감하게 쥐어야 하며 놓아야 할 때에는 서슴없이 내려놓아야 한다. 물론 '쥐는 데'는 지혜가 필요하지만 내려놓는 데는 가장 큰 용기와 지혜가 필요하다. 쥐는 것도 어렵지만 놓는 것은 더 어렵다. 특히 수시로 놓는다는 것은 어려운 것 중에서도 훨씬 더 어렵다. 이 '놓는'과정은 실제로 사람의 의지력에 대한 가장 좋은 단련이다. 어려운 것을 알고 올라가야 하며, 아주 자연스럽고, 아주 가볍게, 어떤 심리적인 압력도 없이 금전과 권력과 명성을 내려놓는 것을 배우고 이해해야 한다. 만약 마땅히 놓아야 할 때 놓지 않으면 그대의 생명과 그대가 갖고 있는 모든 것은 이로 인하여 잃어버릴 수 있다.

하나의 이야기가 있다.

한 사람이 한 자루의 은자銀子를 지고 배에 앉아서 강을 건너게 되었다. 생각지도 못하게 배에 한 개의 구멍이 생겨서 배 안에 물이 들어오자 강 언덕에 있는 사람들이 다급하게 소리쳤다.

"빨리 그 은자를 던져 버려. 우선 살고 봐야 할 게 아닌가!"

그러나 이 사람은 재물을 아끼는 마음이 절실하여 은자를 차마 버릴 수가 없었다. 은자의 무게가 지나치게 무거워서 배는 아주 빠르게 강 밑으로 가라앉았고, 그 사람은 은자와 함께 영원히 물 밑으로 빠져 들어갔다.

금전과 권력은 양날을 가진 한 자루의 칼과 같다. 이를 잘 운용하면 자기를 위해 타인을 위해 그리고 사회를 위해 복을 마련하는 유익한 도구가 될 수 있다. 즉 자신과 주변 사람들의 생활을 개선할 수 있으며, 또 공덕을 쌓아 착한 일을 더 많이 할 수 있다. 그러나 만약 이를 잘 운용하지 못하면 바로 무궁한 재난을 가져오게 된다. 왜냐하면 금전이란 사람의 욕망을 가장 쉽게 유혹하기 때문이다. 금전과 권력이 사용하는 '도'와 '양'을 질실質實하게 잘 파악할 수 있다면 그대의 인생은 곧 부유하고 충분하며 즐거울 것이다.

그러므로 우리가 사는 세계, 우리가 의지하며 생존하는 자연환경과 사회 환경, 심지어는 우리의 이상 실현 등, 이 모든 것은 반드시 우리 스스로가 파악하고 창조하며 결정하는 것으로 말미암는다. 우리가 만약 꽃의 묘종을 심는다면 몇 달 후에는 아름답고 향기 나는 생화生花가 그대를 맞이할 것이다. 만약 가시나무의 씨앗을 퍼뜨리게 되면 몇 달 후에는 가시덤불에 포위될 것이다.

이로 인해 우리는 가족, 친구, 동료 그리고 이웃 등을 포함하는 주변사람들에 대해 평화롭고 따뜻하고 향기롭고 선량한, 도와주려는 마음을 가진 태도로 그들을 대할 것을 제창한다. 그렇게 되면 멀지 않은 장래에 그대는 이러한 선한 생각에 대한 무한한 보답을 얻을 수 있게 될 것이다. 농민이 농사짓는 것처럼 그대가 마음을 써서 씨앗을 고르고, 정성껏 보살피며 수고롭게 일한다면 풍부한 수확이라는 과보를 향유할 것이다.

사람에 대해서도 그리고 사회에 대해서도 마찬가지이다. 만약 자신의 삶의 질은 물론 환경을 개선하려고 생각한다면 바로 마땅히 '나'부터 하기 시작해야 한다. 우리의 사상과 관념에서부터 실생활에 있는 작은 일에까지 진정으로 책임지고, 맡은바 해야 할 일들을 진실하게 하며, 마음과 생각을 순수하고 선량하게 유지한다면 사회의 여러 측면에서 지혜의 광채가 빛날 것이다.

이렇게 하면 우리 사회는 한 사람 한 사람의 노력으로 인해 보다 따뜻하고 아름답게 변할 것이다.

몸은 보리수菩提樹이고 마음은 명경대明鏡臺와 같으니 항상 부지런히 닦아 먼지가 일어나지 않게 하라.*

불법을 배우는 사람들은 일반적으로 사람들이 상상하는 것처럼 생활을 포기하고 사회를 회피하는 사람들이 아니다. 부처님은 "불법은 세상 사이에 있는 법에서 떨어지지 않으며 세상 사이에 있는 법에는 우리의 생활과 사업, 행동과 인품 등의 모든 방면을 포함한다."라고 말씀하셨다.

불가의 제자들이 일반 대중과 다른 점은 우리 자신에게 있어서 옳고 그름이 더 분명하고 규율에 대해 더 엄한 반면에, 다른 사람에게는 더 넓은 아량을 갖고 있으며, 기꺼이 봉사하고 헌신한다. 그러므로 우리는 마땅히 중앙에 세워진 버팀목의 중요한 역할을 감당해야 하고, 우리의 모든 마음과 행위를 성실하게 파악하여 전 사회를 이끌어서 정확한 도덕관념을 옹호함으로써 자신을 돕고 남을 도와서 진정한 의

---

* 선종의 5대 조사인 홍인대사의 제자 신수(神秀) 스님의 오도송(悟道頌)이다.

미에서의 성공과 행복을 획득하게 된다.

　잡을 것은 무엇인가라는 이 주제에 관해 상사님이 쓴 또 한 편의 글이 있다. 〈날개 돋친 채소 소매상〉이라고 제목을 붙인 글로 우리를 깊이 일깨워 준다.

날개 돋친 채소 소매상

마흔세 살 되는 리아이뚱李愛東은 몇 년 전까지는 사람들이 부러워하는 대기업 가전공장의 부주임이었다. 그러나 구조조정으로 직업을 잃었고, 나이가 많아 다시 일자리를 찾지 못하고 있었다. 단번에 안정된 수입원을 잃게 된 그는 다섯 식구들의 끼니를 걱정할 수밖에 없는 상황이 되었다.

어쩔 수 없이 그는 가족들을 먹여 살리기 위해 적지 않은 나이임에도 불구하고 삼륜차로 짐을 운반하기도 하고, 식당에서 잡일을 하기도 했다. 또한 건물의 경비원으로 일하기도 하는 등 돈이 되는 일은 뭐든지 해보았다. 그러나 이런 일들은 고생스러운 것은 둘째 치고 다른 사람들에게 무시와 멸시 그리고 모욕을 받으면서도 손에 쥐는 수입은 몇 푼 되지 않았다. 이리저리 생각하다가 그는 노점상을 벌여 채소를 팔아보기로 결심했다. 그러나 노점상 문을 연 지 두 달도 안 되어 그는 다시 한 번 좌절했다.

원래 채소 노점은 관할하는 사람이 없을 것이라고 생각했다. 하지만 노점 단속을 피할 수 없었고, 생각지도 못한 벌금을 물어야만 했다. 게다가 깡패와 불량배의 협박에 고생스럽기가 이만저만이 아니었다. 하루 종일 장사를 해도 수입은 얼마 되지 않았고, 집에 돌아가서는 집안 식구들이 걱정할까봐 속내를 털어놓을 수도 없었다. 또한 스스로의 체면 때문에 노점상을 그만두지도 못했고, 이보다 더 적당한 일을 찾을 수가 없어서 그는 하루하루를 힘겹게 버텨나가고 있었다.

리아이뚱은 안정된 직장에 다니던 시절의 생각을 떨치지 못했다. 그때 그는 수하에 몇 십 명을 두고 관리했으며, 공장 안에서도 어느 정도 위엄과 신용이 있었다. 주택도 공장에서 마련해 주었고, 병이 나면 회사에서 치료비를 대주었다. 비록 부유하다고 할 수는 없었지만 하루하루를 착실하게 보냈고, 최소한 하루 세 끼를 위해 근심하거나 남들에게 모욕을 당하지는 않았다. 그러나 현재의 그는 생활비의 부담이 점점 커지는 것을 느꼈다. 하지만 어떻게 하든지 이 세월을 견뎌내야 했다.

살기 위해 그는 많은 것을 생각할 겨를이 없었다. 지금 그가 가진 유일한 생각은 돈을 많이 벌어서 가족들을 좀 편안하게 지내도록 하는 것뿐이었다. 그래야 자신의 마음이 비로소 좀 가벼워질 수 있을 것 같았다.

그래서 그는 노점에서 채소를 파는 이 작은 장사로 어떻게 해야 더 많은 돈을 벌 수 있을지 궁리하기 시작했다. 그러던 그에게 영감이 떠올랐다.

'저울의 눈금을 속이자.'

그러나 선뜻 마음이 내키지 않았다.

'이것은 다른 사람을 속이는 일이 아닌가?'

그는 생각을 다시 바꿨다.

'요즘은 착한 일 하는 사람은 손해보고 빈궁할 뿐, 돈을 벌 생각은 꿈도 못 꾸지. 오히려 제멋대로 날뛰며 자신의 강함을 믿고 약한 사람을 능멸하는 악당들이 더 잘 먹고 잘 살지 않은가! 할 수 없지, 약육강식의 사회이니까!'

리아이뚱은 스스로 변명할 정당한 이유를 찾은 것 같았다. 이때부터 그의 마음속 저울은 양심의 눈금이 점점 더 가벼워지고 금전의 눈금이 점점 더 무거워졌다.

이렇게 되어 그때부터 그는 사람을 보아가며 채소를 팔기 시작했다. 점잖은 사람, 눈이 좋지 않은 노인들이나 또 어린아이들이 와서 채소를 사면 그는 저울을 조작해서 칠팔십 퍼센트만 담아주었다. 그리고 때로는 채소에 물을 뿌려 무게를 늘리기도 했다.

그렇게 무게를 속이기 시작하여 며칠간은 돈을 좀 벌었지만 매일 장사를 마치고 나면 마음이 편치 않았으며 답답했다. 은근히 불안하기도 하고 자신은 나쁜 사람이고 또 나쁜 짓의 온상이 된 것 같았다.

그리고 얼마 후 리아이뚱의 노점은 점점 찬바람이 불고 한산해졌다. 한번 그에게서 채소를 사갔던 사람은 다시는 와서 사지 않았기 때문이다. 노점을 거둘 시간에도 항상 많은 양의 채소가 남아 있었다. 한 달이 지나자 노점을 계속 운영하기가 어려워졌다. 돈을 벌기는커녕 매일매일 밑천을 까먹는 상황이었다. 그는 다시 극도의 고민 속에 빠졌다.

'한집안의 가장인 내가 끝내 이런 지경에까지 떨어지다니. 마누라와 자식들을 먹여 살리기 어려울 뿐만 아니라 부모님조차도 항상 걱정하고 힘들어하니 무슨 면목으로 살아갈 것인가?'

리아이뚱의 마음속에 있는 울화와 번민은 큰 산처럼 그를 내리 눌러 숨쉬기조차도 힘겨웠다. 그렇게 잔혹한 현실은 서서히 그를 무너뜨리며, 심지어 몇 번이나 죽음을 생각하게 만들었다. 한번 마음속에 자리 잡은 '죽음'이라는 생각은 그를 끊임없이 괴롭히고 있었다. 그러나 죽는다는 것도 해결책은 아니었다.

'내가 죽으면 마누라와 아이들은 누가 돌보고 기를까? 그리고 연로하신 부모님이 자식까지 잃게 되면 얼마나 슬퍼하실까? 아들의 죽음에 충격 받은 부모님은 어떻게 살아가실까?'

리아이뚱은 생각만 해도 끔찍했다. 죽지도 못하고 살 수도 없는 처지였다. 그렇게 절망에 빠진 그는 마지막으로 한 줄기의 위안과 해탈의 희망을 품고 어느 사원의 대문에 들어섰다. 이제껏 부처님을 한 번도 뵌 적이 없던 그였지만, 불상 앞에 꿇어 앉아 경건하게 세 번 머리를 조아리며 절을 하고서 불상을 쳐다보며 마음속으로 묵묵히 빌었다.

'부처님이시여, 사람들은 모두 당신이 아주 자비롭다고 하는데, 당신께서 저를 좀 도와주실 수 있습니까? 저는 제가 이렇게 해야 할지, 제 길을 모르겠습니다. 당신께서 저에게 방법을 말씀해주시겠습니까?'

이렇게 빌고 비니 눈물이 그치지 않고 볼을 타고 흘러 내렸다.

부처님께 예를 마친 그는 법당 한쪽 탁자 옆에 복전함이 놓여있는 것을 발견했다. 가까이 다가가보니 정면에 두 줄로 된 글귀가 쓰여 있었다.

한없는 복의 밭에 씨 뿌리고, 보리의 선한 씨앗을 파종하자.
많이 버리면 많이 얻는다.

"아!"
리아이뚱은 길게 탄식했다. 그의 수중에는 겨우 1위안이 남아 있을 뿐이었다. 그는 이 1위안을 꺼내어 두 손으로 받쳐 들고 탁자 옆에 앉아있는 노老스님 앞에 가서 말했다.
"스님, 제게는 1위안밖에 없습니다. 이것만이라도 시주해도 되겠습니까?"
노스님은 자상한 눈빛으로 그를 바라보며 친절하게 말했다.
"아미타불! 당신은 이미 한없는 복의 밭에 씨를 심었습니다."
그는 또 노스님에게 물었다.
"스님, 어떻게 해야 좀 부유해질 수 있습니까?"
노스님은 복전함의 글귀를 가리키며 말했다.
"많이 버리면 많이 얻지요!"
집으로 돌아오는 길에 그는 반복하여 노스님의 말을 생각했다.
'어떻게 많이 버리면 많이 얻을 수 있다는 것일까? 나는 지금 몹시 궁색하여 아무것도 없지 않은가? 그런데 무엇을 버릴 수 있

단 말인가? 무엇을 가져다가 버려야 하는 것일까?'

노스님의 표정은 진지했고 놀리는 것 같지는 않았다. 오히려 자신을 일깨워주는 것 같았다.

'스님은 내가 시주한 1위안이 한없는 공덕을 쌓을 수 있다고 했는데 1위안의 돈을 어떻게 무량한 공덕이라고 할 수 있는가?'

며칠 후 리아이뚱의 썰렁한 노점에 채소를 사려는 노파 한 분이 찾아왔다. 노파는 꼼꼼하게 채소를 고르며 말했다.

"여보게, 내가 번거롭게 채소를 고른다고 타박은 하지 말게. 채소를 사려는 이 돈이 쉽게 나온 게 아닐세. 나는 내 관 값을 가져다가 채소를 사는 거라네. 한평생 의지하며 살아온 내 아들이 지금 죽을병에 걸려 약조차 살 수 없지.

이 돈 역시 아들이 내게 준 용돈을 남겨 모아둔거야. 평소에는 차마 아까워서 쓰지 못했는데, 이제는 아들이 제일 즐겨먹는 채소를 사려고 가지고 나왔다네. 채소를 사게 되면 돈은 그만큼 줄어들겠지. 그래도 어쩔 수 없어.

이 채소는 아들과 내가 가장 좋아하는 채소야. 하지만 나는 차마 먹을 수가 없네. 아들만 먹여야지. 아, 이 외로운 늙은이의 기구한 팔자로세!"

노파의 이야기는 그의 마음을 움직이게 했다. 자신의 상황이 떠오른 그는 코끝이 시큰거리는 것을 참지 못했다. 그는 즉시 봉지를 하나 꺼내어 여러 가지 채소를 가득 담아 노파 손에 쥐여 주며 말했다.

"할머니, 아무 말 없이 가져가세요. 저는 할머니의 고충을 잘

압니다. 저는 채소를 파는 가난한 사람이라서 큰 도움은 드릴 수는 없지만, 얼마간의 채소는 드릴 수 있습니다. 저의 조그만 마음이라고 생각하십시오."

노파가 눈이 동그래져서 그를 바라보았다.

"정말인가? 자네는 정말 좋은 사람이야! 내가 오늘 살아있는 보살을 만났구먼! 고맙네! 정말 고마워!"

노파는 연신 인사를 하며 그에게 무릎을 꿇으려 했다. 그는 노파를 급히 붙잡으며 말했다.

"할머니, 이러지 마세요. 별로 큰 도움을 드린 것도 아닌데, 이러시면 제가 더 민망합니다."

노파는 수 없이 감사의 말을 남기고서 떠나갔다. 노파의 뒷모습을 바라보는 그의 마음속에서는 만감이 교차되었다. 그리고 오랫동안 멀어져 있던 상쾌함과 형용할 수 없는 희열이 느껴졌다.

리아이뚱은 무게를 줄이고 고객들을 속인 이래로 오랫동안 이런 느낌을 느껴보지 못했다. 반대로 매일매일 맷돌을 매달아 놓은 것처럼 마음이 무거웠고, 나날이 수입은 줄어갔다. 오늘에 이르러서야 겨우 남을 돕는다는 것이 아주 보잘 것 없는 일이라도 매우 큰 즐거움을 가져다준다는 것을 알게 되었다. 이때에 그 노스님의 말이 귓가에 울려왔다.

"많이 버리면 많이 얻을 것이오."

리아이뚱은 비로소 크게 깨달았다! 그는 즉시 큰 종이 한 장에 글자를 썼다.

양을 넉넉하게, 아이와 노인도 속이지 않는다.

리아이뚱은 이 종이를 노점 앞에 꽂은 다음 숨을 한번 깊이 몰아쉬었다. 그날부터 장사는 활기를 띠기 시작했으며 단골손님도 날이 갈수록 많아졌다. 점점 장사가 잘되어 혼자서는 도저히 감당할 수 없게 되었고, 그의 아내까지 나와서 일을 도왔다. 그리고 그의 심성은 갈수록 좋아졌다.

1년 후에는 직원 두 명을 고용했고, 노점의 규모는 점점 더 커져갔다. 그리고 채소의 품종도 많아져서 장사가 불같이 번창했다. 이제 노점만으로는 고객들의 수요를 충족시킬 수 없어서 채소 가게로 확장했으며, 그의 생활은 날이 갈수록 더욱더 윤택해져갔다.

어김없이 바쁜 하루를 보내고 돌아온 그는 침대에 누워 지난 1년 동안의 변화와 수확을 행복하게 되새겨보았다. 그리고 절에서 떨리는 두 손으로 1위안을 시주했던 일과 노스님의 말을 떠올렸다. 어렴풋이 마치 꿈속으로 들어간 것 같았다. 멍하니 하늘을 바라보니 '많이 버리면 많이 얻는다'라는 글귀가 금빛을 번쩍이며 먼 곳에서부터 떠오더니 점점 커져서 온 하늘을 꽉 채웠다. 뒤따라서 흰옷을 입은 사람의 그림자가 공중에서 둥둥 날아왔는데 자세히 보니 관세음보살이었다.

그때 리아이뚱은 손에 있는 돈을 달콤하게 세고 있었으며 보살은 자애로운 눈길로 그를 바라보고 있었다. 얼마가 지나자 보살은 높은 곳에서 리아이뚱을 향해 자신을 따라오라며 가벼운 손짓을 보냈다. 리아이뚱은 손안에 있는 두툼한 돈을 보면서 좀 아까운 생각이 들었지만 잠시 미적거리다 의연히 돈을 내려놓고 보살이 있는 방향으로 따라갔다.

순간 리아이뚱은 갑자기 자신의 몸이 순식간에 가볍게 변한 것을 느꼈다. 마치 날아다니는 것 같았다. 고개를 돌려 바라보니 언제 그랬는지 자신의 몸에 이미 한 쌍의 새하얀 날개가 자라 있었다. 그가 시험 삼아 가볍게 한번 날개 짓을 해보자 뜻밖에도 몸이 날기 시작했다. 그는 공중에서 날개를 활짝 펴고 마음껏 날아다니며 구름을 뚫고 산천을 지나 높은 하늘로 날아올라 대지를 굽어보았다.

그렇게 아무런 구속도 없이 자유자재로 날아다니는 느낌은 아주 미묘했다. 사람도 새들처럼 날 수 있었구나! 다시 자신의 몸을 보니 하얗고 유연한 것이 한 송이의 흰 구름 같았고 공중에 떠 있는 한 가닥의 엷은 면사포 같기도 했다.

꿈속에서 깨어난 리아이뚱은 이 기이한 꿈을 되새겨 보았다. 꿈속에서의 미묘한 느낌과 기이한 정경들은 그로 하여금 오랫동안 기쁨과 행복 속에 잠기게 했다. 이 꿈은 그 후 여러 날 동안 줄곧 그의 머릿속에서 맴돌았다. 그래서 그는 또 특별히 많은 자금을 시주하며 복의 밭에 씨를 뿌리는 착한 일을 했다.

어느 날 리아이뚱은 갑자기 새로운 아이디어가 떠올라 채소 가게의 판매상품에 새로운 내용 한 가지를 추가했다. 그것은 국수와 관련된 제품을 파는 것이었다. 예를 들면 국수발, 만두피, 만두, 전병 같은 것들을 원가만 받고 이윤을 남기지 않고 팔겠다는 계획이었다. 그는 바로 실행에 들어갔는데 반응이 의외로 좋아서 순식간에 많은 고객을 끌어 모았다. 심지어 아주 먼 곳에서 오로지 이것 때문에 찾아오기는 사람도 생겨났다.

그러자 하루 매출이 매일매일 수직으로 상승했고, 아울러 경영규모를 끊임없이 확장해야 했다. 리아이뚱이 고용한 점원은 무려 20여 명으로 늘어났으며, 그의 가게 이름 역시 금자탑의 브랜드가 되었다. 그의 착한 일 하나는 사회적으로 영예를 안겨줬을 뿐 아니라 그의 지명도 또한 크게 높여주었다. 그와 합작하려는 사람들이 사방에서 찾아 들었고, 그의 브랜드 사용권은 10여만 위안을 뛰어 넘었다.

리아이뚱은 여러 체인점을 경영하여 더욱 사업을 키우고자 했다. 그는 자신의 동업자를 엄격히 골랐다. 그의 동업자들 가운데는 경제적인 지식도 있고 경험도 풍부한 상인도 있었지만, 돈도 없고 권세도 없지만 성실하고 선량한 보통사람도 많았다.

더욱이 후자의 경우에는 자신의 어려운 시절을 떠올리며 규정 이익 보살핌과 자금 원조를 통해 그들이 더 크게 성장하도록 도왔다. 그의 보살핌을 받은 합작 파트너들은 진정으로 감격하여 더 힘써 일하고 성실하게 신용을 지키며 품질을 기본으로 삼았다. 그의 사업은 아주 빠르게 발전하여 그룹형의 체인점을 이룩했다.

지금까지도 리아이뚱은 늘 그 기묘한 꿈을 상기한다. 얼마 전에 리아이뚱은 상사님에게 전화를 걸어 이 꿈이 도대체 어떻게

된 일인지 물어보았다. 상사님은 웃으면서 말했다.
"또한 많이 버리면 많이 얻는다는 것이오."

사람을 해치는 탐욕의 병

어느 날 깊은 밤에 귀를 찢는 전화벨소리가 나를 깨웠다. 한때 푸티의 제자였던 허싱何星의 아내가 도움을 요청하는 전화였다.

"남편이 어제 간암 말기 진단을 받았습니다. 부디 상사님께서 자비를 베풀어 그를 구해주세요."

지난 2년 동안 우리는 여러 번 허싱에게 전화를 걸어 통화를 해보려고 했다. 하지만 그는 상사님 쪽에서 연락이 왔다는 것을 알면 즉시 전화를 끊어버리곤 했다. 우리는 허싱의 아내를 찾아가기도 했지만 그의 아내는 이미 자신들의 마음에는 더 이상 푸티가 존재하지 않는다며 남편을 찾지 말라고 했다.

상사님은 허싱의 아내에게 사리사욕으로 마음을 채우지 말라고 했으며, 더욱이 상사님에 대한 푸티수련생들의 진정한 정성을 이용하여 여러 사람들의 신임과 재물을 편취하지 말라고 경고했다. 그러나 허싱은 허물에 대해 반성하기는커녕, 옳지 않은 방법으로 재물을 긁어모았다. 그리하여 2년여 사이에 두 도시에 몇 곳의 부동산을 마련했다. 분명한 사실은 허싱 부부는 모두 평범한 직장인이었고, 정당한 수입으로는 그런 부유함에 이를 수 없었다.

상사님을 만나기 전 이들 부부의 심령은 크나큰 상처를 받았었다. 허싱 부부의 열 살 쯤 되는 아이가 외사촌 형과 놀다가 사소한 일로 다투었다. 그러다가 외사촌 형의 실수로 그만 목숨을 잃게 되었다. 이 일은 두 사람의 심신에 큰 타격을 주었으며 정신적 충격으로 인해 정상적인 생활이 불가능할 정도였다.

그 이후 허싱 부부는 다른 아이를 입양하면서 생활에 안정을 되찾은 것처럼 보였다. 하지만 사랑하는 아들을 잃은 타격은 계속하여 그들을 힘들게 했다. 이로 인해 점점 정신이 흐려지고 몸도 갈수록 쇠약해졌다.

그즈음에 허싱 부부는 상사님을 만났다. 상사님의 도움으로 두 사람의 심신은 점차 건강하게 회복되었으며 모두 정상적으로 생활하며 일을 할 수 있게 되었다. 그러나 그들은 어느 순간부터 푸티 조직을 이용하여 암암리에 다단계 사업을 하기 시작했다.

허싱은 쉬펑徐鳳이라는 사람과 함께 불법으로 한약재를 판매했는데, 상사님이 가피하신 약재라고 사람들을 속였다. 특히 당뇨병과 심장과 뇌혈관 경화 등의 질병을 완치하는 한약재라며 사람들을 현혹시켰다. 그리고 이로 인해 발생되는 이윤은 푸티 사업에 사용되어 중생을 제도하는 데 쓰인다는 거짓말까지 했다. 이러한 사실을 모르는 일부 푸티 수행자들에게 이것들을 다단계로 판매한 것이다.

어느 날 허싱은 상사님이 머물렀던 호텔에 찾아가 상사님이 사용했던 이부자리, 침대보, 베개 등을 전부 사서 집에 와서 사용하기도 했다. 하지만 상사님의 물건을 사용한 식구들이 모두 고열에 시달리자 덜컥 겁이 나서 다시는 이를 감히 사용하지 못했다.

나는 허싱의 아내의 전화를 받은 후에 말했다.

"지금은 상사님이 계시지 않으니, 우리가 힘껏 기운을 전해 돕도록 하겠습니다."

그러나 나는 그의 병 치료하기에는 너무 늦었다고 느꼈다. 무언가 불길한 징조가 전화기를 통해 나에게로 전달되어 왔다. 그를 돕고 싶은 마음은 가득했지만 나의 힘이 부족할 것 같았다. 그 후 그에게 몇 번의 원격조종치료를 했지만 이미 회복할 힘이 없었고 뚜렷한 효과도 보지 못했다. 두 달 후에 그가 세상을 떠났다는 소식이 전해져 왔다.

해마다 많은 사람들이 태어나고 또 많은 사람들이 사망한다. 그러나 허싱의 죽음은 나로 하여금 설명하기 어려운 가슴 아픈 슬픔에 젖게 했다. 과거 허싱이 가장 고통스러울 때에 대자대비하신 상사님은 그를 구해주었다. 당시 허싱은 그 자리에 있는 수천 명의 수련생들 앞에서 열정적으로 표현했다.

"상사님께서 저를 구해주셨고, 저에게 새 생명을 가져다 주셨습니다. 저는 반드시 상사님이 다시 만들어주신 은혜에 보답할 것이며 반드시 선량한 사람이 되겠습니다."

그러나 그 일이 있고나서 겨우 몇 년이 지났을 뿐인데 그러한 은혜에 보답하려는 마음은 이미 모두 사라지고, 원래 가지고 있던 선량함조차도 경제적 이익 앞에서 흔적도 없이 사라져버렸다. 과거에 커다란 타격을 입었던 사람이 상황이 조금씩 좋아지게 되자, 곧 선한 생각을 버리고 은혜에 감사하는 생각을 잊어버리더니 사리사욕에 눈이 어두워져서 푸티의 이름을 빌려 재물을 긁어모았다. 그리고 이에 만족하지 못하고 심지어 아랫사람과 윗사람을 속이는 데까지 이르렀다. 속담에서 말했다.

군자란 재물을 좋아한다 하더라도 그 이익을 취할 때에도 도리가 무엇인지 알고 있는 사람이다.
물방울만한 은혜를 받았다면 마땅히 샘물로 갚아야 한다.

이는 모두 사람 노릇을 하는 기본적인 도리이다! 허싱은 다른 사람을 기만하면서 피해를 보는 사람들의 고초를 생각지 못했단 말인가? 아마도 피해자들은 그 약이 사랑하는 가족의 목숨을 구할 수 있기를 바랐을 것이다. 피해자들에게 그 돈은 피 같이 소중한 돈일 것이며, 아마도 그것은 그들이 마지막으로 지푸라기라도 잡는 심정으로 준비한 돈이었을 것이다.

그러나 허싱은 상사님에 대한 사람들의 굳은 신념과 은혜에 감사하는 마음을 이용하여 의롭지 못한 재물을 가져다가 자신만의 주머니를 채웠고, 그 결과는 사람들의 연민과 자비를 거두게 하고 비난과 탄식을 보내게 만든 것이다.

이 일은 나로 하여금 아주 오랜 동안 생각하게 했다. 나는 이것이 그저 소문이고, 하나의 악몽이기를 진심으로 희망했다. 그리고 진심으로 그에게 또 다른 결말이 있기를 바랐다. 즉, 허싱이 당초에 상사님을 만난 다음에 열심히 수행하여 착한 마음으로 다른 사람에게 관심을 가졌다면, 그는 매우 즐거웠을 것이고 아주 건강했을 것이며 아주 산뜻했을 것이다. 우리가 다시 만났을 때에 허싱은 온 얼굴에 웃음꽃이 활짝 피고, 기쁘게 환호하며 즐겁게 마음을 열고 서로를 맞이할 수 있었을 것이다.

얼마 전에 좌선을 하며 나는 다시 한 번 허싱을 떠올렸다. 그는 지금 어디에 있을까? 나는 부처님 앞에서 묵묵히 그를 위해 기도했다. 인과응보, 즉 선인선과, 악인악과라는 말은 조금도 틀리지 않았다는 진리를 나는 여실히 보았다.

약 반년 후 어느 날 리 사형은 나와 이 일을 의논하다가 나에게 또 다른 인과응보에 관한 이야기를 들려주었다.

1995년에 있었던 상사님의 경험담이었다.

그날, 상사님은 야간에 베이징에서 허베이성 스쟈장石家庄시로 이동하여 법을 강론하게 되어 있었다. 자동차는 징스 고속도로를 달리고 있었다. 당시 이 도로는 아직 완전히 정비되지 않아서 징스 고속도로라는 이름보다 '사망고속도로'라고 더 잘 알려져 있었다. 그곳은 노면이 울퉁불퉁하고 모래자갈 더미가 여기저기에 널려 있었다. 더 무서운 것은 밤길 운선을 위한 조명시실과 경고 표지가 전혀 없다는 것이다. 그래서 운전 중간 중간에 위험요소들이 두루 나타났다. 당시 상사님은 기사에게 당부하며 말했다.

"길에서 많은 음의 기운들이 느껴지니 조심하게!"

"제가 생각해도 그렇습니다. 핸들을 통제하기 힘들고 자동차가 날라 가는 것 같습니다."

기사의 말이 끝나기가 무섭게 바로 앞 멀지 않은 곳에서 사고가 발생했다. 상사님 일행은 차를 세우고 그들에게 다가가 사고 처리를 도와주었다. 소형 승합차 하나가 완전히 뒤집혀 있었다. 몇 사람은 차 밖으로 기어 나왔지만 아직 나오지 못한 사람도 있어 상사님과 제자들은 급히 그들이 차 밖으로 나오는 것을 도왔다.

이때 도로 옆 칠흑같이 어두운 나무들 속에서 갑자기 경찰 한 사람이 스윽 나타났다. 그리고는 알 수 없는 이상한 표정과 야릇한 목소리로 말했다.

"어떻게 된 거요? 어떻게 운전을 했길래 멍청하게 다리 난간을 들이받는단 말이오?"

그제서야 사람들은 차가 다리난간을 들이받고 튕겨 나와 노면에 전복되었다는 것을 알게 되었다. 다리난간의 끝에는 한 무더기의 흙이 쌓여 있었는데, 아마도 이것은 충돌을 방지하기 위해 쌓아놓은 것 같았다. 그런데 이 난간은 특이하게 도로 중간에 자리 잡고 있었다. 자세히 살펴보니 이 다리는 예전부터 있었던 것으로 고속도로를 건설하면서 비용을 절감하기 위해 과거의 낡은 다리를 계속 이용하고, 양쪽 너비만을 확장시켰던 것이다. 이 때문에 이 다리의 난간이 도로 중간에 놓이게 되었는데, 어떤 이유에서인지 도로 개통 이후에도 줄곧 철거하지 않았다.

운전자는 차를 운전하면서 오르막길을 따라 올라오고 나서야 다리 난간이 길을 막고 있다는 것을 발견하게 된 것이다. 이런 사고는 설사 낮이라도 면하기가 매우 어려웠을 터인데, 하물며 캄캄한 밤이고 아무런 경고표시도 없으니 사고가 날 수밖에 없는 곳이었다. 상사님이 경찰에게 질문했다.

"이보시오, 경찰 양반. 이렇게 위험한 구간에 왜 경고표시를 설치하지 않았소?"

경찰이 말했다.

"있지요. 저길 보시오!"

사람들이 일제히 경찰이 가리키는 쪽을 둘러봤지만 아무 것도 보이지 않았다. 다행히 사고가 난 승합차 기사는 심하게 다치지는 않았다. 경찰이 기사에게 말했다.

"전복된 차를 당신이 혼자 세울 수 있겠소?"

기사가 말했다.

"아니오. 저는 못합니다."

"내가 차를 바로 세울 레커차를 불러줄 수는 있소. 다만 늦은 시간이라서 1,000위안을 내야 할 것이오."

"그렇게 많은 돈은 없습니다."

기사는 자기 주머니를 뒤집어서 경찰에게 보였지만 그 경찰은 한 마디로 딱 잘라 말했다.

"600위안을 내지 않으면 안 되오!"

상사님은 상황이 돌아가는 것을 잠시 지켜봤다. 그리고는 못된 심보의 경찰을 만났으니 다른 방법이 없다고 생각하며 주머니에서 600위안의 돈을 꺼내 경찰에게 주면서 말했다.

"좋소, 그럼 이 돈은 내가 내겠소. 저 사람은 이 사람들을 병원에 보내야 하니, 치료비도 넉넉하지 않을 거요."

경찰은 돈을 받아 주머니에 넣으며 신경질적으로 말했다.

"규정대로라면 천 위안을 받아야 하는데 당신이 600위안만 내니 영수증은 줄 수 없습니다!"

상사님은 말했다.

"당신은 빨리 저 차나 제대로 처리하시오."

경찰은 시커먼 수림 속에서 다용도 교통 지시차를 몰고 나왔는데, 차 위의 경고표지는 거의 2미터 높이나 되었다. 그러나 그 경찰이 신호등의 스위치를 꺼버렸기에 운전하는 기사들은 여기에 이런 경고신호가 있다는 것을 알 수가 없었다.

비로소 그곳에 있던 사람들은 원래 이 경찰이 마땅히 이곳에서 신호등을 켜고 노변의 적당한 위치에 지시차를 세워놓고 운전자들에게 위험을 알려주도록 했어야 한다는 것을 알게 되었다. 그러나 경찰은 오히려 신호차를 고의적으로 감춰두고 노변에 숨어서 사고가 발생하기를 기다렸다. 그리고는 사고가 발생하면 득달같이 쫓아 나와서 노략질을 한 것이었다.

상사님과 사람들은 모두 화가 나서 씩씩거렸다. 경찰은 순식간에 차를 들어 제대로 세워놓고 말했다.

"그래도 당신들은 목숨이 긴 셈이요. 그저께는 이곳에서 다섯 사람이나 죽었소. 이걸 보라고. 그래서 이 난간에다 흙을 쌓아 놓지 않았소. 이 조그마한 난간이 글쎄 몇 십 명의 목숨을 앗아갔다니깐. 아마도 이 난간에 살이 낀 것 같소."

이에 한 제자가 경찰에게 물었다.

"당신은 경찰로써 마땅히 이 신호차를 노변에 세워 사람들에게 위험을 알려줘야 하는 것 아니오? 그런데 왜 신호등을 끄고 숨어있었소?"

"당신이 뭔데 나한테 이래라 저래라 난리야? 불만이 있으면 성당省黨위원회의 당서기를 찾아가!"

상사님은 말했다.

"좋소. 우리가 그를 찾아가보겠소."

다음 날 상사님은 성당위원회의 해당부서를 찾아 이 정황을 설명하고, 정부에서 이 문제를 시정해줄 것을 요청했다. 고속도로 안전은 수천수만 명의 백성들의 생사에 관계되는 중요한 사안이다. 그러나 해당부문에 있는 직원들은 도리어 책임을 회피하며 이 도로는 성당위위원회의 청程 아무개 한 사람이 책임지는 것이라고 변명하기에 바빴다.

이후에도 상사님은 제자들을 시켜서 그 성당위원회 서기에게 계속해서 편지를 쓰게 했지만 그 어떤 답변도 얻어내지 못했다. 상사님은 매우 안타까워하시며 곁에 있던 제자들에게 말했다.

"허베이성 당위원회 서기인 청 아무개는 사람 목숨을 검불처럼 여기고 백성들의 생사를 염두에 두지 않고 있군. 이는 곧 스스로 자기 무덤을 파는 것이네!"

1998년 어느 날 《베이징만보》에 뉴스 하나가 실렸다. 징스 고속도로가 건설된 뒤로 몇 년 동안 사고 사망률이 하루 평균 3명

을 넘었다는 것이었다. 그리고 2003년 봄, 청 아무개는 조사를
받고 마땅히 받아야 할 징벌을 받았다.

성탄절의 산타클로스

성탄절 밤에 모든 불이 환하게 켜졌다. 집집마다 집 밖에 크리스마스 전구를 장식했다. 어떤 집은 지붕 밑에, 어떤 집에서는 창문에 달았으며, 또 어떤 집은 정원의 화단에 장식했다. 또 어떤 집은 전구를 이용하여 여러 가지 동물과 모양을 만들었다. 길 양쪽에 늘어선 가로수에도 여러 모양으로 전구를 장식하여 나무들이 오색찬란하게 빛나고 있었다. 어딜 가든지 빛의 바다였고 빛의 세계였다.

밴쿠버의 성탄절 밤이 밝았다. 마치 중국인들이 설을 쇠는 것처럼 서양인들도 모두 성탄절의 즐거운 분위기에 흠뻑 빠져들었다. 아이들은 거의 모두가 전설 속 산타클로스의 선물을 기대하고 있었다. 부모들은 성탄절 선물이 가득 담길 양말을 사다가 일찍이 아이들의 침대 앞에 걸어 놓는다.

전설 속의 산타클로스는 빨간 옷을 입고 빨간 모자를 쓰고 흰 수염을 기르고는, 해마다 성탄절이면 그는 사슴이 끄는 썰매를 타고 와서 착한 일을 많이 한 아이들에게 좋은 선물을 많이 주는 사람이다. 일반적으로 성탄절 선물을 양말 안에 넣어서 아이들의 침대 옆이나 화로 앞에 놓는다고 한다

전해 내려오는 이야기에 따르면, 산타클로스는 소아시아에서 태어났다. 그리고 어려서부터 품행이 단정하고 선행을 즐겨하며 베풀기를 좋아했다고 한다. 그의 부모가 세상을 뜬 후에 그는 전 가산을 팔아 가난한 사람들에게 나누어 주었다고 한다. 당시 마을의 어느 가난한 집에 세 딸이 있었는데, 오직 둘째 딸만 나면서부터 몸이 건강하고 총명하고 예뻤으며 다른 두 딸은 몸이 허약하고 잔병치레가 많았다. 이에 아버지는 둘째 딸을 팔아 생계를 유지하려 했다. 산타클로스 할아버지는 이 일을 알게 되었고, 한밤중에 몰래 양말 세 개에 금을 가득히 채워서 세 딸의 침대 머리맡에 가지런히 갖다 놓았다.

이튿날 잠자리에서 일어난 세 자매는 금을 발견하고는 뜻밖의 선물에 놀라며 기뻐했다. 그 금으로 빚을 다 갚았을 뿐만 아니라 생계도 근심걱정이 없게 되었다. 후에 그녀들은 이 금을 보내준 산타클로스에 대해 알게 되었는데, 그날이 바로 성탄절이란 것이었다. 그 후부터 해마다 성탄절이 되면 사람들은 이 이야기를 아이들에게 들려주었고, 아이들은 모두 매우 부러워하며 산타클로스가 자기에게도 선물을 주기를 바랐다.

이날도 날씨가 아주 추웠다. 저녁 8시가 넘었을 무렵에 상사님은 우리를 시내중심가로 데리고 나갔다. 나는 차에 오르고 나

밴쿠버 시 중심에 있는 원구형 표지성 건축물인 과학관

서야 차 안에 매우 많은 옷과 이부자리들이 있는 것을 발견했다. 이에 나는 문득 깨달았다.

　상사님이시여, 당신은 돌아갈 집 없어서 거리에서 노숙하는 사람들을 위문하려는 것이지요!

　비록 캐나다는 사회보장제도가 잘되어 복지여건이 세계에서 최고라고 하지만 이곳에도 가끔씩 노숙하는 사람들을 볼 수 있었다. 상사님은 우리를 태우고 친히 차를 운전하여 불빛이 휘황찬란한 거리들을 지나고 장엄하고 웅장한 버라드 대교를 지나 20여 분을 더 달려서 시내중심가에 도착했다.

우리는 이곳저곳의 거리와 골목을 누비며 노숙자를 찾아다녔다. 높은 빌딩 아래 바람을 피할 곳이나 상점의 쇼윈도 옆, 주차장이나 심지어 쓰레기 상자 옆에서 노숙자들을 만날 때마다 상사님은 그들에게 옷가지와 이부자리를 나눠주고 용돈도 주었다. 이에 그들은 상사님을 산타클로스라고 부르며 감사해 했다.

　상사님이시여, 당신은 돌아갈 집 없어서 거리에서 노숙하는 사람들을 위문하려는 것이지요!

자물쇠를 풀다

상사님이 계신 이곳을 찾아오는 사람들이 매일 줄을 지었다. 어느 날, 치화법사가 자신의 제자 몇 명을 데리고 조용히 수행을 하러 왔다. 휴식시간이 되자 그 중 어린스님 한 분이 상사님에게 물었다.

"저의 사부님은 20년 동안 좌선을 하고, 매우 자비로우신 분이십니다. 그런데 어찌하여 특수한 능력이나 신통력 같은 걸 닦지 않습니까? 또 몇몇 수행하는 사부님들을 보면 신통력이란 말만 나오면 반감을 가지며, 이는 근본적으로 추구해야할 것이 아니라고 말씀하십니다. 상사님께서는 이 문제를 어떻게 생각하시는지 궁금합니다."

상사님이 대답했다.

"우선 우리는 수행하는 목적을 명확히 해야 하네. 수행은 자신을 완벽히 하는 동시에 중생들을 도와 고통과 번뇌를 없애주고 사회에 더 많은 공헌을 하려는 것이라네. 이 모든 것은 모두 '능력'을 떠날 수 없지. 능력이 없으면 그대가 원하고 바라는 것과 이상은 한마디 빈말에 지나지 않네. 이는 마치 오관과 사지가 없는 것과 같아서 모든 것을 느낄 수 없는 것인데, 어떻게 적절하고 효과적으로 다른 사람을 도울 수 있겠나?

예를 들자면 대자대비하신 관세음보살은 소리만 듣고도 중생들을 고난에서 구해주신다네. 중생들이 필요할 때에 보살은 어떤 방식이나 형상, 장소, 시간을 막론하고 구원의 손길을 뻗어 제도할 수 있지. 그리고 남자나 여자, 의사, 문인 심지어는 여러 종류의 생명으로 화현하여 여러 사람들을 도와주고 문제를 해결하여 구해주네. 만약 보살에게 그런 능력이 없고 신통력도 없다면 이 모든 것을 할 수 없지.

그대가 중생들의 이익을 위해 수행하고 깨닫겠다는 큰 소망을 가졌다면 알맞고 적당한 수행방법을 따라야 하네. 다시 말하면 정진하며 게으르지 않게 수행해야 하고, 수행을 하다보면 어느 단계에 올라가게 되지. 그렇게 일정한 수준에 이르게 되면 특수 능력과 신통력은 자연히 생기게 되네.

물론 오로지 신통력만 추구하는 것은 잘못이지만 그것을 배척하는 것 또한 잘못이네. 선禪의 과정에서 반드시 급하지도 않고 느슨하지도 않으며, 올라가지도 않고 내려가지도 않으며, 안도 아니고 밖도 아니며, 기쁜 것도 아니고 슬픈 것도 아니며, 집착하는 것도 아니고 놓아두는 것도 아니며, 사는 것도 아니며 죽는 것도 아닌 것을 파악하며 신통력이 생기는 것을 거절하지 않는 것이 정도正道일세."

어린 스님이 또 물었다.

"그럼 구체적으로 어떻게 해야 합니까?"

"마땅히 보살을 따라 배우고 보살을 본받아 진실한 사랑을 대중에게 받들어 바쳐야 하네. 불교역사에는 여덟 종파 모두의 조사이시며 제2의 불타인 용수보살님이 말씀하셨네. 불타의 정신이란 그저 머리나 삭발하고 고목처럼 앉아서 이치를 변별하고 경전을 외우는 것이 아니고, 이는 단지 학습과 자아완성의 과정일 뿐이라고. 중생을 이끌고 중생을 마음에 두고 사랑하며 중생을 제도하는 것이 진정한 불타의 정신이며 비로소 우리의 본분이라고 말이야.

용수보살님은 또 말씀하셨네. 단지 자신의 해탈을 추구하는 것은 불타의 가르침에 근본적으로 위배하여 달려가는 것이라고 말이야. 그러므로 그대들은 항상 절에 가만히 앉아서 자아청정만을 추구해서는 안 되는 것이네. 그곳은 학습하고 수련하는 장소이고 수행을 하는 하나의 단계성을 지닌 곳이라는 것을 알아야 하지.

진정한 보살은 몸을 드러내어 법을 설하며 세상을 구하고 사람들을 제도하며 결코 사회를 회피하거나 세인들을 외면하지 않지! 만약에 그대가 학생이라면 영원히 학교 안에만 있을 수는 없지 않은가? 졸업을 하면 사회에 진출해야 하고 그대의 지식과 능력으로 사회에 이바지해야 하지. 시찰을 충분히 이용하고 운용하면 능력은 바로 활성화되네. 다만 영활하게 운용해야 비로소 불법의 지혜를 드러내서 넓힐 수 있네.

그러기 때문에 우선 큰 소망을 세워야 하고 아울러 힘써서 이를 실현해야 비로소 정진하고 수행할 수 있는 힘을 생산할 수 있고, 다시 우리가 행동하는 원칙을 잘 파악할 수 있네. '육바라밀'을 진실하게 이행해야 하는 것, 즉 보시하고 계율을 지키며 굴욕을 참고 정진하며 선정하고, 지혜를 수련하는 것, 이것이 수행하여 깨닫는 근본 경로일세.

이 대광명수지법은 선법禪法 가운데, 가장 편리하고 가장 실용적인 방법으로 효과가 아주 빠르지. 가장 간단하고 효과적인 수행방법은 우리가 제작한 녹음테이프를 따라 하는 것인데, 이를 따라하면 효과가 더욱 뚜렷해진다네. 보통사람을 기준으로 매일 일정한 시간을 정해서 매일 30분 혹은 1시간씩 하루 두 번 이상 수행하면 그 효과가 더 좋다네. 이리하면 신체의 피로도 없앨 뿐만 아니라 질병도 치료할 수 있지. 또 심성도 정화할 수 있고 에너지도 집약시킬 수 있어서 생각하지 못했던 신비한 능력이 생긴다네."

어린 스님이 의아해 하며 물었다.

"이렇게 간단한 방법으로 신통력을 수행해낼 수 있습니까?"

상사님은 아주 확실하게 대답했다.

"비교적 간단하지. 내가 가르치는 방법에 의해 수련해 나간다면 곧 효과를 볼 수 있네."

이 어린 스님은 돌아가서 매우 진실하게 수련하고 익혔으며, 다른 동문에게도 이를 보급하고 소개했다. 그런데 뜻밖에도 이는 그의 동문 사숙인 치능啓能법사의 불만을 샀다.

하루는 치능법사가 치화법사와 함께 우리를 찾아왔다. 우리는 그를 진심으로 환영했으며, 아울러 그에게 푸티 선법을 열정적으로 소개했다. 그런데 예상 외로 치능법사는 우리를 달갑게 여기지 않으며 말했다.

"나는 불문의 제자입니다. 그렇기 때문에 오로지 염불만 합니다!"

이에 내가 물었다.

"그러면 염불은 무엇을 위해서 합니까?"

치능법사가 말했다.

"당연히 이는 서방의 극락세계로 가기 위한 것이지요."

내가 또 물었다.

"왜 극락세계로 가시려 합니까?"

치능법사가 대답했다.

"극락세계에는 황금이 땅에 쭉 깔려있고, 그곳의 나무는 모두 아름다운 옥, 보석 등 일곱 가지 진기한 보배로 만들어져 미묘하기 그지없지요. 그리고 가장 중요한 것은 극락세계에 가면 생사를 벗어날 수 있다는 겁니다."

이야기 도중에 상사님이 들어와 미소를 지으며 우리에게 인사를 건넸다.

"여러분, 토론을 아주 열렬하게 하는군요!"

내가 여러 사람에게 상사님을 소개하자 치화법사가 물었다.

"상사님께 묻겠습니다. 당신은 이후에 서방 극락세계로 가실 것이라 생각합니까?"

상사님이 웃으시며 말했다.

"내가 있는 여기가 바로 극락세계가 아닙니까?"

치능법사가 의아해 하며 물었다.

"여기가 바로 극락세계라고요? 그게 무슨 말입니까?"

상사님이 대답했다.

"만약 일률적으로 극락세계만 찾아 구한다면 그것은 바로 안경을 끼고 안경을 찾는 것과 같지요. 모든 일은 모두 마음으로부터 오는 것이니, 마음이 깨끗하면 바로 부처님의 정토이고, 순수하고 깨끗한 마음이 바로 극락정토입니다!"

치화법사가 말했다.

"만약 당신께서 지금 극락세계에서 살고 있다고 말한다면, 당신의 극락세계와 부처님이 말한 극락세계는 매우 큰 차이가 있습니다."

상사님이 또 말했다.

"맞습니다. 매우 큰 차이가 있습니다. 그러나 나는 우리들이 있는 이 땅이 서방 극락세계의 황금대지보다 진귀한 것이 더 많다고 생각합니다. 비록 황금을 만들어낼 수는 없지만 우리가 있는 이곳의 토지는 만물을 육성해내고 한 세대 또 한 세대 사람들을 양육하고 있으며 무궁무진한 생명을 육성해내고 있습니다. 어떻습니까? 그렇지 않습니까?"

"아!"

치화법사는 상사님의 이야기에 전적으로 공감했는지 연신 고개를 끄덕이며 이야기를 듣고 있었다. 상사님이 이어서 말했다.

"서방 극락세계의 옥으로 된 나무도 우리 지구상의 나무와 비할 수 없을 것이라고 생각합니다. 옥으로 된 나무가 산소를 만들어낼 수 있을까요? 그리고 생기를 낼 수 있습니까? 또 새들과 다른 생물들이 그 위에서 번식하며 살 수 있습니까? 만약 온 세상에 오로지 옥으로 된 나무만 있다면 그 세계는 곧 죽어서 적막한 곳이 되겠지요. 불타께서 당시에 극락세계를 소개한 목적은 사람들이 금, 은, 재화와 보물에 대한 탐심을 갖고 있기 때문에, 이를 이용해 우선 사람들을 인도하고 수행의 문으로 들어서게 하기 위한 것이었지요. 수행과정에서 다시 점차적으로 한 걸음 한 걸음씩 탐욕과 아집을 벗기고, 한 걸음 더 나아가서 깨달음을 향해 나가게 한 겁니다.

불타는 《법화경》에서 어느 화택火宅의 이야기를 했습니다.

옛날에 어느 대단히 부유한 노인이 있었습니다. 하루는 그 집에 불이 났는데도 아이들이 계속 방에서 놀고 있었습니다. 그는 다급하게 아이들에게 빨리 나오라고 소리쳤지만 아이들은 노는 것에 정신이 팔려 들은 척도 하지 않고 계속 놀고만 있었습니다.

이에 긴급한 상황에서 그는 방법 하나를 떠올렸습니다. 그는 아이들이 놀기를 좋아하고 신기한 장난감을 좋아한다는 점을 떠올리고는 아이들에게 소리쳤습니다.

"빨리 나와 보려무나. 밖에는 꽃사슴이 끄는 화려한 수레가 있다. 이 수레는 정말로 재미있구나! 게다가 이렇게 많은 보석까지 박혀있으니 더욱 예쁘구나. 빨리 나와서 보렴!"

이 말을 들은 아이들은 모두 앞을 다투어 밖으로 뛰어나왔습니다. 그리고 아이들이 집밖으로 나오자마자 집이 '쿵'하는 소리와 함께 무너졌습니다. 아이들은 모두 무사했습니다.

부처님은 이 이야기를 마치고 바로 사리불에게 물었습니다.

"이 늙은 아버지가 아이들을 기만했다고 생각하느냐?"

사리불이 대답했답니다.

"아닙니다. 만약 그 아버지가 사실대로 말했다면 아이들은 절대 밖으로 나오지 않았을 겁니다. 그래서 그는 아이들의 호기심과 놀기 좋아하는 특징을 이용하는 기지를 발휘해서 아이들을 구할 수 있었습니다."

실제로 부처님이 우리에게 극락세계를 소개한 의도는 바로 이 화택의 이야기에 잘 비유되지요. 극락세계란 바로 이 이야기 속의 아름다운 수레와 같습니다.

당연히 부처님은 그의 거대한 자비와 지혜와 신통력으로 서방 극락세계를 만들었으며, 이는 허황하지 않고 진실하지요. 그러나 그곳에서 살기 위해서는 공덕을 쌓아 복전에 씨를 뿌리며 수행 정진하는 것 보다 더 중요한 게 있습니다. 그것은 바로 모든 욕심을 내려놓는 거지요. 여기에는 극락세계에서 살고 싶다는 욕심을 내려놓는 것도 포함됩니다.

사실 극락세계와 지옥은 모두 우리 마음속에 있으며, 부처님이 말씀하신 것처럼 마음이 깨끗해야 불토도 깨끗합니다. 선종

---

* 원문은 '菩提本無樹, 明鏡亦非臺, 本來無一物, 何處惹塵埃'이다.

육조 혜능대사는 일찍이 "보리에는 본래 나무가 없고, 밝은 거울 또한 대臺가 아니라네. 본래 아무것도 없는데 어디에서 티끌이 일어나랴."라고 말했습니다.

만약 황금이 깔린 극락세계만 추구한다면, 그대는 틀려도 크게 틀린 겁니다. 이런 탐심으로 불법을 구한다면 그대는 또 어떤 불법을 구하여 도달할 수 있겠습니까?

사람의 고통이란 바로 탐욕에서부터 옵니다. 부처님이 우리에게 말해 준 극락세계란 단지 우리들이 입문할 수 있도록 이끌어 주는 일종의 방편에 불과하지요.

왜 우리들의 극락세계는 서로 다를까요? 그것은 우리들이 바라고 요구하는 것이 같지 않기 때문입니다. 같은 상황이라도 어떤 사람은 그곳이 극락이고 어떤 사람은 그곳이 지옥일 수 있는데 이는 모두 그대의 마음에서 만들어내는 거지요."

치능법사는 연신 고개를 끄덕였고, 그런 다음에 말했다.

"불경에서 이르기를 극락세계에 가서 살게 되면 육도윤회에 빠지지 않고 영원히 생사에서 해탈할 수 있다고 했습니다."

상사님은 의미심장하게 말했다.

"당신은 생사해탈을 미래나 사후에 기약할 것입니까? 석가모니불의 대철대오*와 생사해탈도 당세에 성취하지 않았나요? 우리는 이처럼 현세에서 수행하고 현세에서 성취하는데 주목해야만 합니다."

---

* 대철대오(大徹大悟): 크게 깨달아 번뇌와 의혹이 모두 없어지는 일을 이르는 말이다.

"현세에 성취할 수 있다고요? 말처럼 그렇게 쉬울까요? 그럼 당신께서 잘 가르쳐주십시오. 어떤 좋은 방법이 있습니까?"

"방법은 매우 많습니다. 공양, 보시, 지계, 인욕, 정진, 선정 등이 모두 성취하는 방법입니다. 그 가운데 한 가지만 성실하게 파악해도 깨달을 수 있습니다.

불타는 《법화경》에서 '용녀가 보물을 바치자 즉시 정각을 이루었다'는 사례를 이야기하셨습니다.

어떤 용왕에게 딸이 하나 있었는데 그녀는 순식간에 보리심이 발동하여 무량공덕을 충분히 갖추어 불퇴전의 경지에 도달하여 원융무애*했습니다. 이에 지적보살이 의심스럽다는 듯이 말했습니다.

"나는 석가여래가 무수한 억겁 속에서 고생스럽게 수행하여 공덕을 쌓으며 보리를 성취하는 방법을 찾기를 계속하여 멈추지 않았습니다. 그리하여 자기 신체와 생명을 버리는 것도 아까워하지 않은 후에야 겨우 보리의 도를 얻을 수 있었다는 것을 발견했습니다. 나는 이 용녀가 순식간에 정각正覺을 성취했다는 것을 믿을 수 없습니다."

지적보살의 말이 채 끝나기도 전에, 그 용녀가 갑자기 앞에 나타나서 예를 드리자, 게송**하며 찬탄했습니다.

---

* 원융무애(圓融無碍): 원융하여 일체의 거리낌이 없는 상태를 말한다.
　원융: 참된 마음이 두루 이르고 원만하여 막힘이 없음.
** 게송(偈頌): 부처의 공덕이나 가르침을 찬탄하는 노래이다.

"듣자하니 내가 보리를 얻었다는데, 이 일은 부처님만이 압니다. 나는 대승교법을 말하며 고난을 받는 중생을 제도하여 구해줍니다."

이때 사리불이 용녀에게 말했습니다.

"당신이 말씀하시기를, 당신은 찰나에 무상한 보리를 얻었다는데 우리는 그것을 믿기가 아주 어렵습니다. 무엇 때문일까요? 여인의 몸은 대단히 불결하여 법을 이룰 그릇이 못 되는데 어떻게 무상보리를 얻을 수 있습니까? 불법의 진수는 높이 걸려 있고, 널리 퍼져 있으므로 반드시 무수 겁에 은근하게 고생스럽게 수행하여 육도[六度. 육바라밀]를 두루 갖추고서야 수행을 완성할 수 있습니다. 게다가 여인들의 몸은 다섯 가지 장애가 있습니다. 첫째로 범천왕이 될 수 없고, 둘째로 제석천이 될 수 없고, 셋째로 마왕이 될 수 없고, 넷째로 전륜성왕이 될 수 없으며, 다섯째로 부처의 몸을 성취할 수 없습니다. 그런데 어떻게 여인의 몸으로 신속하게 부처를 이룰 수 있습니까?"

원래 용녀는 값이 삼천대천세계에 해당하는 보배 구슬을 하나 갖고 있었습니다. 용녀가 이 귀한 보배 구슬을 부처님에게 바치자 부처님이 받았습니다. 용녀는 지적보살과 사리불 존자에게 말했습니다.

"내가 보배 구슬을 바치자 세존께서 빋으셨는데 이 일이 매우 신속하지 않습니까?"

그들이 회답했습니다.

"그렇지요. 매우 빠르지요."

道를 논하다

용녀가 말했습니다.

"청컨대 당신들이 신력으로 관찰해 보십시오. 내가 부처가 된 것도 이렇게 신속했습니다."

그 당시 자리에 있던 대중들은 모두 용녀가 갑자기 남자로 변해 보살행을 다 충족시키고 남방의 깨끗한 세계로 갔으며, 연꽃보좌에 앉아서 정등* 정각을 성취하고 32종류의 용모에 80종류의 호**를 구비하고 시방세계의 모든 중생들에게 두루 미묘한 법문을 연설하고 있는 것을 보았습니다.

그때 사바세계에 있는 보살, 성문***, 천룡팔부, 그리고 인간과 비인간들이 모두 용녀가 부처가 되는 것을 멀리 멀리서 보았습니다. 널리 법회하는 가운데에 하늘과 사람 등의 무리들을 위해 정감을 가지고 법을 강론하는 정경을 보고 마음속으로 매우 기뻐하며 모두 용녀를 향해 멀리서 예배를 했습니다. 무수한 중생들이 용녀의 법을 강론하는 것을 듣고 모두 깨달음을 얻었으며, 뒤로 물러나지 않는 경지에 이르렀습니다. 무수한 중생들이 부처님의 수기****를 받았습니다.

---

* 정등(正等): 삐뚤어지지 않고 치우치지 아니한 깨달음을 말하며, 바로 우주의 일체 만상을 두루 하는 지혜로 아뇩다라삼먁삼보리와 같다.

** 용모는 부처님의 몸에 갖춘 32개의 표상을, 호(好)는 부처님 몸에 있는 80가지의 좋은 것을 말한다

***성문(聲聞): 아라한이 되는 것을 이상으로 하는 일종의 저열한 수행자를 말한다.

****수기(授記): 범어로는 화가이다. 부처님이 보살과 2승 등에게 다음 세상에 성불하리라는 것을 낱낱이 예언하는 교설(敎說)이다.

상사님의 이야기를 다 듣고 나서 치능법사가 또 물었다.

"그러면 왜 불경에서는 우리에게 염불할 것을 창도했습니까?"

상사님은 말했다.

"염불은 아주 좋은 수행방법 가운데 하나입니다. 염불하는 것은 바로 부처가 되기 위한 것이며, 부처가 되는 것은 중생을 제도하기 위해서 입니다. 염불은 계속 해 나가는 것이 맞아요.

우리가 지금 말하는 근본 문제는 극락세계에 대해 너무 욕심을 내어 집착하지 말라는 겁니다. 그대는 무엇을 '아집'이라고 하는지 알고 있을 테지요? 무릇 사람의 모든 행위는 모두 자아를 중심축으로 삼고 있지만, 고상한 보살은 자아라는 욕심의 집착이 없고 오로지 중생들만을 그의 원만한 마음속에 두고 있지요. 또한 보살의 모든 행위는 이를 중심으로 둘러싸고 있습니다.

괜찮다면 그대도 여기 와서 수련하셔도 되는데, 아마 당신에게 도움이 될 겁니다. 우리는 현재를 잘 파악해야 하지요."

치화법사가 고개를 끄떡이며 감탄하며 말했다.

"아미타불! 현재는 말법시대*인데 깨달음이 쉽지 않습니다."

상사님이 큰 소리로 말했다.

"그렇게 말씀하시지 마십시오. 진정으로 수행하는 사람들만 있다면 수시로 부저가 될 수 있으며, 전하의 중생을 제도할 수 있

---

* 말법시대: 석가모니가 열반한 후에 불법이 쇠퇴하고 시대가 어지러워진다는 시기이다. 일반적으로 석가모니가 열반하고 5백년간은 정법(正法)시대, 1천년간은 상법(像法)시대, 1만년간은 말법(末法)시대라고 한다

道를 논하다

습니다! 만약 당신의 마음이 말법시대에 속박되어 있다면 그대는 영원히 해탈에 이를 수 없습니다.

부처님께서 말씀하시기를 '말법시대에는 진정으로 수행하는 사람들이 많지 않다'고 하셨습니다. 이는 실제로 우리에게 일깨워 보여준 것이고, 우리들에게 실제로 수행하는 것을 중시하라고 한 것입니다. 동시에 또 우리의 수행하는 신심을 시험하는 것이니, 말법시대인 것 때문에 게으르거나 법에서 물러설 수는 없습니다. 나는 지금이야말로 수행하여 부처가 될 수 있는 절호의 기회라고 생각합니다. 이것이 바로 현재를 파악하는 진정한 의미입니다."

지계*를 말함

캐나다는 이민국가로 나라를 건국하고 100여 년 동안 다른 국가와 종족의 사람들이 그들 각자의 풍습과 문화를 가지고 이곳으로 왔다. 그래서 캐나다 문화는 다원문화이며 각양각색의 종교와 신앙을 가지고 있으며 다른 민족들이 서로 교차하며 영향을 주고 있다. 어느 날, 금발머리에 파란 눈을 가진 젊은 여의사 로라가 상사님을 찾아와 가르침을 달라고 청했다. 그녀는 말했다.

"나는 푸티 사이트에 게재된 글과 자료를 보고 상사님의 불가사의한 위력과 법력**을 알게 되었고 아주 많은 깨우침을 받았어요. 그래서 한 걸음 더 나아가서 직접 만나서 배우고자 합니다. 그런데 수행하는 데는 많은 계율이 있다고 하던데, 저는 담배를 피우고 술과 고기를 좋아하여 자주 먹는 편이에요. 상사님께서 이 문제를 어떻게 보시는지 모르겠으나, 저 같은 사람도 수련을

---

* 지계(持戒): 계율을 지켜서 범하지 않는 것이다. 보통 계상(戒相)에는 비구는 250가지, 비구니는 500가지가 있다.

** 법력(法力): 불법(佛法)의 위력을 말한다.

할 수 있을까요?"

상사님이 말했다.

"당연히 배울 수 있습니다.

사실상, 생활 속에서 개개인마다 이미 계율을 지키고 있습니다. 윤리, 공중도덕, 법률을 지키며 자기 행위를 단속하는 것이 바로 그것이지요. 그대는 스스로 하고 싶은 모든 일을 다 할 수는 없으며, 반드시 사회규범을 준수해야 하지요. 이것도 일종의 지계입니다.

수행하여 지혜를 얻고 자연만물과 융통하는 것을 얻고자 한다면 반드시 만물을 존중하고 사랑해야 하며 자기를 엄하게 단속할 수 있어야 합니다. 그래야 비로소 자연계와 순응하고 조화를 이룰 수 있고 도道에 합치될 수 있습니다."

로라가 물었다.

"그러면 어떻게 계율을 지켜야 합니까?"

"우선 살생하지 않는 것입니다. 사람은 태어나서부터 죽을 때까지 자신의 생존을 위해 많은 살생을 하지요. 예컨대, 물을 마시고 호흡하며 손을 비비고 말하며 심지어 긁는 등의 행동이 모두 다른 생물의 죽음을 초래할 수 있습니다.

그러나 우리는 가능한 살생을 하지 말아야 합니다. 특히 사람과 비슷한 동물들은 오관과 의식을 가지고 있어서, 피를 흘릴 수 있으며 번뇌할 수 있습니다. 그들이 상해를 받을 때의 고통과 참상은 우리의 감각기관을 자극하여 우리에게 놀라움과 사망의 낙인을 남겨놓게 됩니다.

이밖에 그들은 상해를 받거나 고통 받을 때에 원한과 분노, 심하면 보복하려는 기를 내보낼 수 있으며, 이런 부정적인 기들은 우리의 몸과 마음에 직접적인 영향을 줍니다. 장기적으로 지속되면 바로 우리의 마음 상태에 영향을 주어 정상적인 마음을 삐뚤어지게 하지요. 따라서 심성이 잔인해지기에 이르고 선과 악을 구분하지 못하게 됩니다. 그러므로 동물을 상해하지 않는 것은 우리의 자비심과 착한 마음을 키우기 위한 것이고, 더불어 우리들의 몸과 마음의 건강을 위해 대단히 유익한 것이지요.

도둑질에 관해 생각해봅시다. 이것은 나쁜 습관이며 사람들에게 모두 깊이 미워하고 마음 아프게 만드는 행위입니다. 남에게 손해를 끼치는 동시에 스스로에게도 악과를 심어놓게 되지요. 도둑의 범위는 아주 넓은데, 이른바 '알리지 않고 가지는 것'이 모두 도둑에 해당합니다.

음주에 관해 생각해봅시다. 술에 욕심을 내면 통제되지 않는 행동을 유발할 수 있습니다. 이성과 지혜를 가진 사람은 마땅히 자아를 장악하고 단속할 수 있어야 하지요. 그리고 어떤 물리적인 통제를 받지 않아야 하며, 스스로에게 무형의 족쇄를 채우지 말아야 합니다. 그 외에 술은 사람의 성품을 어지럽게 할 수 있지요. 더욱이 지나치게 마시면 몸과 마음의 건강을 크게 해치게 됩니다.

망언에 관해 생각해봅시다. 자아의 탐욕스런 생각을 만족시키기 위해 거짓말을 하거나 혹은 아첨하고 모함하면서 이간질을 통해 다른 사람을 욕하는 일 등을 하지 말아야 합니다.

냄새나는 것을 먹지 않는 것에 관해 말한다면, 주로 파나 마늘, 부추 등 냄새나는 채소를 가리킵니다. 왜냐하면 여러 사람이 함께 있을 때에 이런 것을 먹은 사람의 입 냄새는 대단히 고약합니다. 또 위장을 자극하여 쉽게 사람을 조급하게 행동하게 하여 평정심을 갖는 것이 어려워지지요. 더욱이 이런 좋지 않은 냄새를 풍기는 것은 존경하는 부처님, 보살님이나 신령들께 아주 커다란 불공경이 됩니다. 이밖에 악귀나 야차*들은 특히 이런 냄새를 좋아하며, 이런 냄새가 오래도록 지속되면 선신과 호법신장은 이를 피해 멀리 갈 수 있고, 반대로 악신과 악귀들만이 가까이 오게 됩니다.

고기를 먹는 것에 관해 생각해봅시다. 가장 좋은 것은 절대 먹지 않거나, 혹은 적게 먹는 거지요. 고기는 소화기계통에 부담을 주며, 고기의 지방은 우리 몸의 기혈의 순환을 저해하고, 인체 내외가 원활히 소통하는 것을 방해하며, 심지어 영감의 통로를 막습니다. 그리고 고기를 많이 먹게 되면 콜레스테롤과 비만증 및 심뇌혈관의 질병에 쉽게 노출되며, 고기를 먹는 행위 또한 간접 살생행위이기도 합니다.

어떤 사람이 심한 치질에 걸려 치료 받으러 온 적이 있지요. 나는 그 사람에게 '채식'이란 두 글자를 알려주었고, 그 결과 그는 석 달 만에 바로 좋아졌습니다."

---

* 야차: 8부중(部衆)의 하나로 라찰과 함께 비사문천왕의 권속으로 북방을 수호한다. 여기에는 천야차, 지야차, 허공야차의 세 종류가 있는데, 천야차, 허공야차는 날아다니지만 지야차는 날지 못한다.

상사님은 이어서 말했다.

"불교가 중국에 들어온 이후에 당시 역사적 원인과 사회적 환경이 같지 않음으로 말미암아 통치자들은 자신들의 권리와 이익을 수호하기 위해 승려단체를 관리하고 통제했으며, 매 왕조마다 모두 계율에 대해 다르게 수정하고 첨가하는 일을 하곤 했지요. 그러므로 계율이란 죽어 있는, 즉 고정되어 있는 것이 아닙니다. 부처님이 말씀하시기를 '시간에 따라서 장소에 따라서 법이 생긴다.'고 했으니, 계율도 바로 이와 같지요.

계율을 준수하여 따르는 근본적인 목적은 우리의 행위를 단속하고, 범위를 규정하여 탐욕을 줄이고 탐욕을 소멸하며, 자비심을 키워 정확한 인생관 및 적당한 생활방식을 배양하며, 따라서 우리들이 깨우침을 얻는 것을 도우려는 것입니다.

탐하는 생각이 점차 사라져야 지혜와 능력이 늘어날 수 있지요. 왜냐하면 탐하는 마음은 하나의 꽉 동여맨 족쇄와 같아서 지혜를 단단히 속박하고 있기 때문입니다."

로라는 매우 기뻐하며 말했다.

"상사님, 이제야 알았습니다. 이렇게 분명하게 말씀해 주시니 감사합니다. 이제부터 저는 성실하게 배우겠습니다. 그런데 또 한 가지 궁금한 점이 있어요. 보시는 어떻게 해야 하는 건가요? 저는 해마다 석시 않은 돈을 기부하고 있는데, 이것도 보시라고 할 수 있는지 모르겠네요."

상사님이 회답했다.

"그대의 행동은 아주 훌륭합니다. 모든 착한 생각과 착한 행동은 모두 보시이지요. 그대의 공덕은 무량합니다."

로라는 돌아가는 길에 상사님 사진 한 장을 부탁했다. 그녀는 상사님의 사진을 들어 가슴 앞에 갖다 대고 유창하지 못한 중국어로 송념했다.

"나무진푸티상사"

그로부터 약 한 달 뒤의 어느 날, 로라는 남자친구와 교외로 나가서 등산을 하기로 약속했다. 그런데 출발하기 전날 밤에 상사님이 로라의 꿈속에 나타났다. 상사님은 엄숙한 표정으로 그녀의 집 문 앞에 서서 손을 내밀어 출구를 가로막고 있었다. 그녀가 의아해서 물었다.

"상사님, 산에 가지 말라고 하시는 건가요?"

상사님이 고개를 끄덕였다. 이튿날 아침에 로라는 꿈속의 이야기를 남자친구에게 알려주며 다음에 가자고 말했다. 그러나 남자친구는 단지 꿈일 뿐이라며, 고집을 부리며 계획을 변경하려 하지 않았다. 로라는 도저히 그를 설득할 수 없었다. 결국 다른 방편으로 상사님의 사진 한 장을 공경하는 마음으로 호주머니 속에 간직한 채 집을 나섰다.

로라의 남자친구는 차를 몰면서 온갖 재미있는 이야기를 해주었지만 로라는 그 어떤 것도 즐겁지 않았다. 자동차는 평온하게 달렸고 그녀는 조금씩 졸리기 시작했다. 잠결에 상사님이 갑자기 눈앞에 번쩍 나타나 그녀는 그만 놀라서 잠에서 깨어났다. 이때 갑자기 거대한 화물트럭 한 대가 방향을 잃고 자신을 향해 곧장 돌진해오고 있었다. 그녀는 놀라서 눈을 꼭 감았다. 로라의 의식 속에서 마지막으로 남아 있는 것은 자동차가 충돌하는 소리뿐이었다. 가까스로 정신을 차린 그녀는 자신이 구급차 안에 있다는 것을 깨달았다. 그리고 구급 요원들이 이야기가 들려왔다.

"여보시오. 정신이 좀 드시오? 정말 다행입니다. 당신은 정말 운이 좋군요. 정말 믿을 수가 없어요!"

그들의 자동차는 완전히 부서져서 폐차되었지만, 로라와 남자친구는 가벼운 부상을 입었을 뿐이었다. 의사들은 모두 그녀를 생사의 갈림길에서 살아 돌아온 행운아라고 말했다.

로라가 커다란 꽃다발을 안고 다시 선당禪堂에 나타났을 때에는 그녀의 남자친구도 함께 있었다. 이 이야기를 하는 그녀의 눈에는 하염없이 눈물이 흘렀다.

심경과 환경

이날은 여러 사람들이 집중하여 좌선을 하고 있었는데, 예전에 나에게 허리병 치료를 받고 좋아졌던 쑨 부인이 나타났다. 그녀는 굉장히 불안한 모습이더니 곧 작은 소리로 울기 시작했다. 나는 그녀에게 다가가 연유를 물었다. 쑨 부인이 말했다.

"바이이씨, 이런 모습을 보여서 미안해요. 하지만 누군가에게 말하지 않으면 내 마음이 답답해서 너무 힘들어요. 내 얘기를 들어보고 객관적으로 판단해주세요!"

그런 다음에 쑨 부인은 자신의 억울함을 털어놓기 시작했다.

"내가 처음 남편과 결혼할 때부터 시어머니는 심하게 나를 반대했어요. 그리고 결혼 후에도 계속해서 나에게 아주 냉담했답니다. 벌써 결혼한 지도 20여 년이고 아이도 모두 고등학교에 다니지만 시어머니는 아직도 나를 무시하고 싫어하지요. 그래도 나는 남편 체면을 봐서 고부관계를 잘 유지해보려고 했어요. 설 명절에도 몇 번이나 시어머니를 찾아뵈었지만 시어머니는 여전히 나를 거들떠보지도 않더군요. 이런 일을 가지고 내가 시어머니를 원망하려는 건 아니에요. 최근에 시어머니가 병으로 입원하게 되었고, 남편도 몹시 걱정했지요. 그걸 보고는 다시 한 번 마음을 다잡고 남편과 함께 병문안을 갔지요. 성의 표시로 1,000달러를 준비해서 건네 드렸지만, 시어머니는 나의 마음을 받아주기는커녕 도리어 나를 보니 병이 더 심해진다고 하더군요. 얼마나 비참하던지. 정말로 좋은 마음으로 시어머니를 만나러 갔다가 큰 상처만 받고 돌아왔어요. 여러분은 어떻게 생각하나요? 내가 얼마나 억울할지 상상이 갑니까?"

쑨 부인의 말을 듣고는 사람들이 한마디씩 하기 시작했다.

"시어머니가 진짜 너무하네."

"내가 보기에는 당신도 시어머니에게 잘한 것은 아니야. 몇 십 년 동안 겨우 몇 번을 찾아가지 않았으니 말이야!"

"내가 보기에는 당신들 모두에게 문제가 있군요!"

이때 나는 최근에 받은 한 통의 편지가 쑨 부인에게 도움이 될 만한 내용임을 떠올리고, 여러 사람들에게 말했다.

"쑨 부인의 문제는 매우 보편적이고 매우 중요한 가정문제입니다. 지금은 잠시 말을 아끼고, 이 편지를 읽어드릴 테니 듣고 나서 다시 이야기해 봅시다."

편지에는 이렇게 씌어있었다.

푸티 법문에 입문한 것은 내 인생 길에서 가장 신성하고 아름다운 전환이었습니다. 그것은 나로 하여금 어떻게 해야 자비롭고 선량할 수 있으며 자기의 일생을 더 잘 지낼 수 있는가를 깨닫게 했습니다.

2003년 8월 18일에 드디어 나는 17년 동안 만나 뵙지 못했던 시아버지와 시어머니를 만났습니다. 우리 세 사람은 한 시간 동안 아무 말도 하지 못한 채 울기만 했습니다. 그 감격스러운 마음을 도저히 말로써 표현할 방법이 없었기 때문입니다. 나는 애써 울음을 참으며 말했습니다.

"어머니. 죄송합니다. 모두 제가 잘못했습니다. 저는 좋은 며느리가 아닙니다."

시아버지와 시어머니는 도리어 말했다.

"아니다. 네 잘못이 아니다. 다 우리가 너에게 잘해주지 못한 탓이다."

연로하신 시부모들이 이렇게 이야기를 건네주니, 나는 다시 괴로웠습니다. 역시 나에게 잘못이 있고 시부모에게는 죄송스러운 마음을 금할 수 없었습니다. 이제껏 시부모를 이상한 사람이라고 여기며 한번도 찾아오지 않았던 것이 큰 잘못이었음을 깨달았습니다.

집으로 돌아갈 시간이 되었지만 나는 시부모의 손을 놓고 헤어지기가 너무나도 아쉬웠고, 하염없이 눈물만이 뺨 위를 타고 흘러내렸습니다. 결국 참지 못하고 끝내 울음소리를 냈습니다. 나는 지갑에서 남아 있던 300위안을 꺼내어 쥐어드렸습니다. 그러자 시부모가 말했습니다.

"우리는 돈은 필요하지 않다. 다만 네가 우리를 만나러 오기만 해주면 된단다."

이 말은 나의 마음을 시큰하게 했습니다. 시부모는 나를 대문 앞까지 나와 배웅하며 내가 떠나가는 것을 바라보면서 여전히 눈물을 그치지 못하며 서 있었습니다. 나는 다시 되돌아가 시어머니의 눈물을 닦아드리며 두 분에게 말했습니다.

"제가 지금 불법을 배우고 있는데, 저의 스승님은 진푸티상사님이에요. 앞으로 저는 예전처럼 철없이 굴지 않을 것이며, 앞으로는 자주 찾아뵐께요."

시어머니의 눈물을 닦아드리다가 시어머니의 귀에 아무런 액세서리가 없다는 것을 알게 되었습니다. 순간 시어머니가 금 귀걸이를 무척 좋아할 거라고 생각했습니다. 그리고는 바로 큰 딸이 결혼할 때에 나에게 사준 금 귀걸이를 귀에서 빼내어 시어머니의 귀에 걸어드렸습니다. 시어머니는 다시 많이 감동했습니다. 그 이후 시아버지와 시어머니는 사람을 만나면 나를 칭찬했으며, 우리가 상봉했던 모든 과정을 사람들에게 이야기를 했습니다. 그리고 이야기를 들은 마을의 이웃들도 모두 감동을 금치 못했다고 합니다.

나는 23년 전에 지금 남편의 집으로 시집왔습니다. 신혼 몇 년 동안은 줄곧 시어머니와 함께 살았고, 사이가 제법 좋았습니다. 그러나 점점 시어머니가 매우 포악하고 이기적으로 변하기 시작했습니다. 그리고 내가 며느리이기에 뭐든지 자기의 말대로 해야 하고 따라야 한다고 생각했습니다. 내가 조금이라도 말을 따르지 않으면 바로 벼락같이 크게 화를 내곤 했습니다.

하루는 세 살 되는 딸아이가 이웃집에 놀러갔고, 나는 아이를 데리러 갔다가 이웃 분들과 편하게 이런저런 담소를 나누고 집으로 돌아왔습니다. 그런데 시어머니는 쉬지 않고 나에게 욕을 하며 이웃들과 왕래하지 말라고 명령하듯이 말했습니다. 나는 너무 지나치다고 생각해서 시어머니와 말다툼을 했습니다. 그때부터 나와 시어머니와의 갈등이 깊어지기 시작했으며, 매일 사소한 일로 말다툼이 끊이지 않았습니다. 시어머니는 항상 우리를 내쫓았으며 우리가 나가지 않으면 우리 물건을 밖으로 내던졌습니다. 또 말도 안 되는 구실로 남편을 때리기도 했습니다.

평소에는 집안 식구들이 마시는 물은 모두 나의 남편이 길어 왔습니다. 하지만 가끔 남편이 집에 없거나 몸이 아파 물을 길어 올 수 없게 되면 시어머니는 내가 물을 마시지 못하도록 일부러 무거운 물건으로 물독 뚜껑을 눌러 놨습니다. 매일같이 사사건건 트집을 잡으며 항상 욕하는 것을 쉬지 않았습니다. 그런 시어머니에게 당할 방법이 없어서 나와 남편은 시숙모집으로 거처를 옮겼습니다.

그러자 시어머니는 이번에는 시숙모에게 욕을 퍼부어 우리가 그곳을 나올 수밖에 없도록 만들었습니다. 시숙모에게 폐를 끼칠 수 없었던 우리는 하는 수 없이 여러 곳에서 돈을 빌려서 가까운 마을에 있는 작은 집으로 이사를 갔습니다. 나는 시어머니에게 맞서지 못하니 어디론가 숨어야겠다고 생각했습니다.

그러자 시어머니는 마을의 정부기관에 찾아가서 우리를 고발하는 고소장을 냈고 우리에게 해마다 800위안씩 생활비를 내라고 요구했습니다. 그때의 800위안은 1년을 벌어야 하는 것이었습니다. 우리는 집을 구하느라 돈도 빌렸는데 어디에서 또다시 돈을 마련할 수 있겠습니까?

당시에 시부모는 겨우 쉰세 살이었고 건강도 좋은 편이었습니다. 게다가 생활형편도 괜찮았기에 근본적으로 별도의 생활비는 필요치 않았습니다.

우리를 짓누르는 스트레스는 너무도 컸고 무거웠으며 아주 끔찍했습니다. 나는 매일 화가 치밀어 올라, 때로는 차라리 죽어버릴 생각까지 하게 되었습니다. 그러나 나이 어린 자식을 생각하면, 감히 독한 마음을 먹지 못했습니다. 도저히 방법이 없어서 나는 남편과 이혼을 결심하기도 했습니다. 그래야만 모든 것에서 벗어날 수 있다고 생각했기 때문입니다.

그러나 우리 부부 사이는 아주 좋았기 때문에 헤어질 수도 없었습니다. 다만 부둥켜안고 통곡할 수밖에 없었습니다. 그래서 우리는 친정식구들과 상의하여 40여 리 밖에 있는 친정으로 이사 와서 친정 부모와 함께 살게 되었습니다. 이때부터 비로소 다투는 소리와 욕하는 소리를 듣지 않게 되었습니다.

나는 그동안 받은 상처가 너무 깊었기 때문에 매번 시어머니란 말만 나오면 무더운 여름날에도 온몸에 식은땀이 나며 부들부들 떨곤 했습니다. 나는 죽을 때까지 영원히 시부모를 보지 않을 것이며, 영원히 시집의 문에 발도 들여놓지 않을 것이며, 영원히 생활비도 주지 않겠다고 맹세했습니다.

가끔씩 남편은 나 몰래 시부모를 만나러 가곤 했는데, 그때마다 여동생은 욕을 하고 어머니는 때리기만 하니 남편 역시 마음의 상처가 깊어져만 갔습니다. 그 후 17년 동안, 나와 아이들은 시댁에 단 한 번도 가지 않았으며 시어머니가 너무 지독하다고 느껴져서 내 기억 속에서 지우려고 노력했고, 두 번 다시 만날 생각을 하지 않았습니다.

1999년에 나는 다행히 진푸티상사님을 알게 되었고, 4기에 걸친 건강수련반에 참가한 후에 나는 완전히 환골탈태하게 되었습니다.

과거에 나는 많은 질병을 가지고 있었습니다. 심한 류머티즘으로 정상적으로 걷지 못하고 다리를 절룩거렸고, 20여 년 동안 위장병을 앓았는데 한번 아프기 시작하면 송곳 끝으로 쑤시는 것 같아서 참기 어려웠으며 구토가 심했습니다. 그리고 또 다년간에 걸쳐 방광염이 점점 심해지니, 나의 몸은 그야말로 엉망진창이었습니다.

어떤 약을 먹어도 효과가 없었고, 병이 발작할 때면 통증을 참을 수 없어서 스스로 진통제 주사를 놓을 정도였습니다. 병을 치료하고 약을 구하기 위해 항상 라디오를 켜놓고 오로지 병 치료에 관한 정보만을 청취하며 어디에 용한 약이 있다고 하면 재빨리 쫓아가서 샀습니다. 돈도 적지 않게 썼고, 약도 무척 많이 먹었지만 병은 낫지 않았습니다.

그러던 중에 생각지도 못했던 푸티건강수련반에 참가하여 수련한 후부터 나의 몸은 마치 감로수로 깨끗이 씻은 듯 난생처음으로 온몸이 가뿐하고 유쾌해졌습니다. 정상적으로 걸을 수 있었고, 일을 해도 통증이 생기지 않았습니다. 또 위장도 더 이상 아프지 않았습니다. 나는 눈물을 머금고 여러 차례 상사님의 성스러운 모습 앞에 꿇어앉아 절했습니다. 감격스러운 심정을 말로 다 표현할 수 없어 단지 묵묵히 기도만 계속했습니다. 상사님이 영원히 건강하고 장수하며 길상한 것이 뜻대로 되시기를 축복했습니다.

상사님께서 나를 구해주셨고 나에게 새 삶을 주었으며, 나로 하여금 건강한 신체를 되찾게 함과 동시에 심성도 더욱 밝게 해주었습니다. 하루하루 수행하면서 상사님의 자비로운 마음이 수시로 나를 감화해주었으며 내 마음의 상태도 좋아지고 흉금도 더 넓어졌습니다.

이제는 시어머니를 떠올려도 화가 나지 않을 뿐만 아니라 오히려 모두 내 잘못이 크니 시부모를 원망하지 말아야겠다는 생각이 들었습니다. 그리고 시어머니를 좀 만나 뵙고 싶어졌고, 혹시라도 길을 가다가 우연이라도 만나기를 바라기도 했습니다.

그러나 나는 아직도 그들이 예전처럼 나를 무시하고 내쫓지는 않을까 걱정되었습니다. 이에 나는 상사님 성상 앞에서 이런 나를 교화해주시기를 빌었습니다. 상사님의 가피 아래에서 나는 드디어 모든 것을 내려놓고 지난 8월 18일에 조카 생일을 기회로 하여 시부모를 만나 뵙고 그분들에게 사과드리기로 결심했습니다. 그날 아침 나는 상사님의 길싱카드가 들어있는 가방을 메고 차에 앉아 속으로 생각했습니다.

'오늘 드디어 17년 동안이나 뵙지 못했던 시어머니를 만나는구나. 시어머니는 지금 어떤 모습일까? 또 나를 어떻게 대할까?

시어머니가 어떻게 나오시든 간에 나는 시어머니를 만나 뵙고 사죄해야 한다.'

차에서 내린 다음에 나는 걸어가면서 한편으로 궁리했습니다. 이렇게 여러 해 동안 시댁 근처에도 오지 않다가 갑자기 이렇게 찾아오는 것이 약간 쑥스럽다고 느꼈습니다. 나는 길에서 우연히 시아버지나 혹은 시어머니를 만났으면 좋겠다는 생각을 했습니다. 순간 저 멀리 대문을 열고 집에서 나오는 시아버지를 보았습니다. 어디론가 외출하려는 듯이 보였습니다. 나는 얼른 시아버지 앞으로 다가가서 조심스럽게 '아버님'이라고 불렀습니다. 시아버지는 나를 보고는 매우 놀라는 기색이었습니다. 내가 시아버지에게 약간의 용돈을 드리려고 했지만 내 손에 있는 돈은 받지 않고, 그저 내 손을 잡아끌며 말했습니다.

"아가야, 얼른 들어가자, 집에 너의 시어머니도 있단다."

대문 안으로 들어서자 시어머니가 보였고, 나는 참았던 눈물을 터트리며 시아버지와 시어머니를 부둥켜안고는 한바탕 함께 울었습니다. 당시에 나의 머릿속은 텅 비었습니다. 이전의 고통과 갈등은 이미 깨끗이 잊어버렸습니다. 오로지 나에게 잘못이 있음을 반성하고, 그분들에게 미안하다는 생각뿐이었습니다.

나는 이런 모든 것이 상사님이 가피하신 결과라는 것을 깊이 깨달았습니다. 상사님의 자비는 개미 한 마리마저도 구하고 제도할 수 있는데, 어떻게 푸티 제자가 자기의 시아버지와 시어머니를 제도하지 않는 것을 허용할 수 있겠습니까? 나의 마음 속 깊이 자리 잡고 있던 응어리들이 풀어지는 순간이었습니다.

집으로 돌아온 나는 이 모든 것을 남편에게 들려주었지만, 남편은 도지히 믿기지가 않는다며 나에게 재차 확인을 했습니다. 이것이 사실이라는 것을 알게 된 남편 역시 감동하여 눈물을 흘렸습니다. 그리고 나와 함께 나란히 상사님의 성상 앞에 무릎을 꿇고 머리를 조아리고, 깊이깊이 상사님에게 절을 했습니다. 상사님께서 17년 동안 쌓인 고부간의 원망을 녹여 풀어 준 것에 대해 감사드렸습니다.

이 이야기는 온 동네에 금방 퍼졌고 마을의 홍보담당이 나를 찾아왔습니다. 그는 나에게 인터뷰를 요청하며 마을에다 이름이라도 남겨 이 시대의 며느리들 앞에서 옛날 갈등을 따지지 말고 시부모님을 공경하라는 본보기가 되어달라고 했습니다.

하지만 나는 인터뷰를 거절했습니다. 왜냐하면 스스로 생각하기에 내가 아직 많이 부족했기 때문이며 다른 사람들의 본보기감으로는 더더욱 부족하다고 느꼈기 때문입니다. 그러나 나의 이런 행동은 도리어 많은 며느리들을 감화시켰습니다. 나의 올케도 일찍이 나의 어머니와 갈등이 있어 오래도록 만나지 않고 있었습니다. 하지만 내 경우를 보고 난 이후 그녀도 시어머니와 화해했으며 또 시어머니에게 용돈을 드릴 정도로 마음을 열었습니다.

이 모든 것은 모두 상사님의 공로이고, 고난 속에서 나를 구해 수신 상사님에게 마음 속 깊은 곳에서부터 감사를 느낍니다. 상사님이 창립한 '중생을 널리 제도하고 고난에서 구해주자.'는 상승上乘의 수련법문이 우리로 하여금 진정한 불법을 만날 수 있게 했습니다. 나는 반드시 금생에서 얻은 이 귀중한 기회와 인연을 더욱 아끼며, 각고하며 수련하여 상사님의 두터운 희망에 지지 않고 금생에 보리를 증득할 것을 싸워 얻을 것입니다.

편지를 다 읽자 사람들은 여기저기서 웅성거렸다. 쑨 부인도 감동을 받은 듯 말했다.

"이야기를 들어보니 내가 너무 부족한 것 같네요."

내가 말했다.

"사실 다른 사람을 이해할 수 있다는 것도 바로 자기를 해탈하는 것입니다. 그러므로 우리는 반드시 넓고 대범한 마음을 가져야 합니다. 상사님이 말씀하시길, 매일 아침잠에서 깨어나 첫 번째로 생각할 것은 나는 미래의 부처님이니 오늘의 나는 어제의 나보다 더 선량하고 더 자비로우며 더 도량이 넓어야 한다고 하셨습니다.

상사님은 또 말씀하셨습니다. 곤란과 장애는 성공과 해탈을 향해 가는 사다리이며, 이런 것들이 우리로 하여금 자아를 초월할 것을 알게 해주며, 매번 있는 초월이 바로 한 단계 더 높은 깨달음이라고 말입니다."

쑨 부인은 연신 고개를 끄덕이며 말했다.

"이제야 깨달았어요. 바이이씨, 정말 고마워요."

사랑의 마음으로 세계를 보자

사랑하는 마음[愛心]의 힘이란 불가사의한 것이다. 그중에서 크게 사랑하는 마음[大愛之心]은 더욱 그러하다.

자아를 희생하고 자아를 초월하고 모든 것을 중생들에게 이익이 되게 하고 중생을 도와 고난에서 벗어나 즐거움을 얻고 철저히 해탈하게 해주는 것이 바로 크게 사랑하는 것[大愛]이다.

상사님과 여러 부처님, 보살님 그리고 역대 대덕*들이 생명의 따사로움이 가득차고, 희열로 가득 찰 수 있었던 것은 그들이 진정한 지혜와 진정한 자비의 열정으로 크게 사랑하는 마음을 실제 생활 속에 융합시키고, 그 사랑의 마음을 진실하게 표현했기 때문이다.

상사님은 〈사랑의 마음으로 세계를 보자〉라는 글에서 이렇게 말하고 있다.

---

* 대덕(大德): 덕이 높은 사람이라는 뜻으로 비구 가운데 장로, 부처, 보살, 고승 등을 높여 이르는 말이다.

따뜻하고 향기 나고 아름다운 생활은 모든 사람이 다 바라는 일이다. 하지만 이런 아름다움은 결코 우리 현실 생활 속에 항상 존재하는 것이 아니다. 사람들이 인생에 대한 체험은 인생은 하룻밤 꿈처럼 짧은 잠시뿐이며, 고통은 말로 감내하지 못할 만큼 많다는 것이다. 그러나 내가 느끼고 얻은 경험으로 말하자면, 이런 따뜻하고 향기 나는 아름다움이란 우리 스스로 마음을 써야 찾아낼 수 있는 것이다. 그런 것들을 항상 우리 주변에 있으므로 이를 얻고자 생각한다면 조금도 어렵지 않다.

우리 모두 사랑하는 마음을 담아 주위에 있는 풀 한 포기, 나무 한 그루를 살펴보자. 그리고 주변에 있는 사람들과 일을 둘러보자.

집 밖을 나설 때에 부드러운 눈길로 우주와 하늘, 주변의 모든 사물들, 눈에 보이는 만물을 향해 진심을 담아 "안녕하세요!"라고 말을 건네 보자. 그런 다음 발걸음을 가볍게 하여 개미나 벌레들을 다치게 하거나 해치지 않고, 실수로라도 그들의 생명을 상하게 하는 일은 절대로 하지 말아야겠다고 다짐한다. 아마도 그들의 집에는 젖 먹기를 기다리는 자식들이 있을 것이고, 그가 돌아오기만을 기다리는 아내, 혹은 아들을 기다리는 어머니가 있을 수 있다. 그걸 떠올리며 발걸음을 조금 더 가볍게 디뎌본다.

나무 앞으로 다가가서 마음을 다해 안부를 전하면 아마도 나무의 대답을 듣거나 볼 수 있으며, 그들이 기뻐하는 것을 느낄 수 있을 것이다. 이때 나무와 자연스럽게 융화하여 한 몸이 되면 '내가 바로 나무이고 나무가 바로 나!'인 것이다. 짧은 시간 안에 나무의 신선함과 깨끗함, 고요함과 자유 자재함과 편안하게 나부끼는 것을 몸으로 느낄 수 있을 것이며, 나무의 맑은 향기가 내 몸에서 발산하는 것 같은 경험을 할 수 있을 것이다.

나무는 사심이 없어서 우리에게 아주 많은 것을 준다. 봄이면 생기발랄한 녹색과 아름다운 무늬를 가진 꽃으로 우리의 환경을 장식해주고, 가을이면 커다란 열매를 매달고서 우리의 몸과 마음을 잘 길러준다. 여름날의 땡볕 속에서는 우리를 위해 허리를 굽혀 녹음을 지어주고, 폭풍우가 닥쳐오면 온몸으로 바람을 막고 모래를 피하게 해준다. 늙어서 죽는 그 순간까지도 나무는 여러 가지 생활용품으로 변하여 우리의 일상생활로 들어와 묵묵히 우리를 위해 봉사한다. 심지어 한 줌의 재가 되더라도 나무는 따뜻함과 광명을 필요로 하는 모든 사람들에게 남겨 준다.

나무! 나무는 이렇게 사심이 없고 위대하다. 하지만 우리는 그들의 보호 속에서 살고 있으면서 알지 못하고 느끼지 못하고 있다. 하지만 그들은 우리의 영원한 희망이고 동반자이다. 내 마음속의 나무는 곧 부처님이다.

산을 보면 산을 향해 "안녕하세요!"라고 안부를 전하고 다시 생각한다. 내가 바로 산이고 산이 바로 나다. 나는 세상에 튼튼하게 우뚝 서서 해와 달과 별이 비추는 빛을 받고, 바람과 눈과 비와 서리의 세례를 받는다. 그러면 바로 산의 기운을 느낄 수 있고 생명이 더 충실해짐을 경험할 수 있을 것이다.

짙게 푸르른 하늘을 바라보면, 자신도 모르게 너무나도 작은 나를 포기하고 몸과 마음을 융화시킨다. 내가 곧 하늘이고 하늘이 곧 나이니 만물을 포용하며 우주와 공존한다. 이 시각에는 비로소 공명功名과 이록利祿을 위해 목숨을 걸고 파도처럼 달려 나가며, 크건 작건 간의 모든 일에 성질을 내고 화를 내며, 조급해하고 고뇌하는 것이 얼마나 무지하고 이기적인가를 깨닫는다.

물을 마시기 전에도 똑같은 생각을 한다. 네게 고맙다. 묵묵히 말도 없는 물아! 물은 나에게 에너지를 주며 나에게 윤기 있는 자양분을 준다. 그들이 있어서 나는 피로하거나 더럽지 않고 미친 듯이 조급하지 않고 분노하지 않을 수 있다. 물은 중생의 발원지이며 그들이 없는 곳은 없다. 그들이 있어서 시냇물과 하천과 바다가 있다.

물의 부드러움은 더욱더 막을 수 없다. 물이든 얼음이든, 비, 구름, 수증기, 무지개 등 어떤 형태를 막론하고 그들이 가지 못하는 곳은 없다. 그리고 그들은 깊은 골짜기에도 늘 변함없이 머무르고 있다. 어떤 상황 아래 있든지 간에 그들은 사람들의 필요에 의해 수시로 나타날 수 있다.

몸이 편하지 않을 때에는 진심으로 정성을 다해 물과 소통하며 천천히 마시면 기적은 바로 나타날 수 있으며, 물로 인해 병이 제거되는 효과를 거둘 수 있다. 먼 길을 걸은 후에 몸과 마음이 모두 피곤하고 지칠 때에 깨끗한 물 한 사발은 피로를 가시게 하고 마음속의 화를 식혀주며 에너지를 보충해준다. 그리고 개운하게 목욕을 하면 몸과 마음이 이른 아침의 새싹처럼 시원하고 상쾌해진다.

매일 일어나자마자 먼저 체내의 노폐물과 오물을 배출하고 맑은 물 한 모금을 마신다. 이는 오관을 깨끗이 씻어주고, 동시에 우리 자신의 사심, 탐욕과 더러움을 모두 씻어준다. 그리고 정결하고 밝고 이지적이고 큰 도량을 갖춘 나로 돌아간다고 관상觀想을 하라. 그렇게 이어지는 하루는 모두 즐겁고 아름다울 것이다. 물은 없는 곳이 없고 그들의 공덕은 이루 다 말할 수 없다.

그리고 누구를 만나더라도 진심으로 "안녕하세요!"라고 인사하자. 입에서만 나오는 인사가 아닌, 만나는 사람 모두를 자신의 가까운 사람으로 여기고 마음으로 말을 건네 보자.

우리의 심령이 선량과 친선으로 충만하면 우리는 상대방에게 선량하고 우호적인 보답을 얻을 수 있다. 이런 보답은 우리가 내보내준 것 보다 훨씬 더 크고 많다. 행복과 상서로움이 항상 내 주변을 맴돌고 있는데, 우리 생활이 어떻게 따사로움과 기쁨으로 가득하지 않을 수 있겠는가? 이와 반대로 만약 우리의 마음속에 온통 사심과 탐욕과 원망이 가득하다면 우리 앞의 세계는 암담하여 빛이 없고, 번뇌, 근심, 고통이 항상 우리를 둘러싸게 된다. 왜냐하면 우리가 받는 것은 사심, 탐욕, 보복심에 대한 보답이기 때문이다.

마음을 움직이기 시작하면 점차 한걸음씩 우리의 착한 마음과 자비심이 커지게 되고, 바르고 확실한 생활의 지혜와 방법을 얻을 수 있다. 성공은 알지 못하고 깨닫지 못하는 사이에 우리 곁에 있을 것이다.

모든 것은 모두 자기가 창조한 것이다. 악한 마음으로 세계를 대하면 곧 고통을 얻고, 선한 마음으로 세계를 대하면 곧 행복을 얻는다.

원을 깨우쳐 주다

이른 아침부터 하늘에서 비가 내리기 시작했다. 하늘을 한번 올려다보니 오늘은 중간에 큰 비를 만날 것 같았다.

상사님을 모시러 가는 길에 나는 일부러 차 안의 라디오를 일기예보 채널에 맞춰놓았다. 나의 예측이 증명되듯이 오늘 큰 비가 온다고 했다.

잠시 후에 상사님의 거처에 도착했다. 상사님은 그저 몸에 긴 적삼을 입고 늠름하게 걸어 나올 뿐이었지만 그의 양미간에서 어떤 빛이 은은히 방출되고 있는 것이 보였다. 이럴 때면 나는 늘 기쁜 일이 있다는 것을 안다. 상사님은 나에게 버나비 호수로 가자고 했다. 나는 차를 운전하면서 상사님과 이야기를 나누었다.

"상사님, 요 며칠은 너무 바쁘고, 찾아오는 사람이 아주 많아서 자주 찾아뵙지 못했네요."

그리고 나는 상사님에게 물었다.

"오늘 버나비 호수에 가는 건 비 오는 풍경을 보기 위한 건가요?"

상사님은 천천히 대답했다.

"지난 이틀 동안 텅 빈 경계 속에서 나는 하나의 '원圓'을 보았는데, 그 원이 바로 버나비 호수가의 풀숲에 있었네. 아주 거대한 모양의 창포가 공중에 떠다니는 것 같았고, 또 어렴풋한 UFO같기도 했는데, 마치 거기서 나를 기다리고 있는 것 같았어."

상사님의 이야기에 나는 정신이 번쩍 들었다. 상사님은 이어서 또 말했다.

"내가 예전에 거기서 산책할 때에도 어렴풋이 그것을 느꼈지."

상사님의 말을 들으면서 나는 그것의 형태와 모양을 상상해보았다. 아주 커다란 원이라… 공중에서 떠다니고 있다…….

호수가를 향해 달리는 가운데, 어느새 인가 차창밖에는 비가 멎어 있었다. 대략 20분 만에 우리는 목적지에 도착했다. 차문을 열자 시원한 공기가 우리를 반갑게 맞이했고, 나는 한 모금 깊게 들이마셨다. 아! 발밑의 땅은 왜 말랐을까? 마치 비가 오지 않은 것 같았다.

버나비 호수는 아주 크고 긴 자연호수로, 그 주변은 무성한 갈대와 관목이 숲을 이루고 있었으며 이미 주황 빛깔로 물들어 있었다. 아름다운 해오라기가 파란 호수 수면 위에 서서 예쁜 날개를 펼치고 있었다. 캐나다의 큰 기러기들은 유연하게 호수에서 놀고 있었다. 어떤 기러기는 호수 위의 나뭇가지에 머물러 있었고, 몇 마리의 검은 거북이들이 수면 위를 떠다니는 판자 위에 엎드려서 게으름을 피우며 볕을 쬐이고 있었다. 가장 우리의 주목을 끈 것은 수달들의 보금자리였다. 멀리서 보니 커다란 흙무더기들이 멋진 예술작품처럼 쌓여 있었다.

차에서 내리자 상사님은 애초 풍경을 감상할 생각조차 없었던 것처럼 곧장 호수가 풀숲 사이의 오솔길로 걸어갔다. 그리고는 얼마 걸어가지 않고 오른쪽으로 꺾어들어 1미터 정도 높이의 갈대숲 속으로 들어갔다. 우리 몇 사람도 바짝 붙어서 상사님을 따라갔다.

그런데 눈앞에 펼쳐진 광경에 나는 놀라움을 그치지 못했다. 직경 10여 평방미터의 바닥이 평평한 솥 모양으로 갈대가 넘어져 형성된 원이 우리의 눈앞에 드러난 것이다. 주위는 끝도 없이 우뚝 서 있는 갈대와 관목 숲이었다. 이 원 안에 눌러서 넘어져 있는 풀들은 모두 질서 있게 한 방향을 향하고 있었는데, 마치 인위적으로 누군가가 미리 다듬질 해놓은 것 같았다.

상사님이 열한 살에 좌선할 때에 앉았던 땅이 백색 원이 되었고, 상사님이 이를 친히 '월광月光'이라 불렀다던 일이 떠올랐다. 그렇다면 그 원과 눈앞의 이 원은 무슨 연관이 있지는 않을까?

내 몸이 원 안으로 들어가자 온몸이 경미하게 감전된 느낌이 들면서 저려왔다. 나는 여기에 강력한 에너지가 있다는 것을 직감했다. 꽌성 사매는 이 에너지에 충격을 받았는지 어지럽고 토할 것만 같다고 했다.

나는 얼른 앉아서 두 눈을 감고 호흡을 조절했다. 그러자 아주 빠르게 온몸이 깃털처럼 가벼워지는 것을 느꼈다. 두 팔만 벌리면 바로 하늘로 날아오를 것만 같았다. 그리고 눈앞에 아주 많은 아름다운 색채들이 나타났다. 나는 불현듯 이곳의 기운이 범상치 않다고 느끼고는 이 광경을 마땅히 남겨야 한다고 생각했다. 그래서 즉시 사진기를 꺼내 상사님을 찍었다. 그 '원' 속에 있는 상사님의 사진은 과연 매우 특이했다.

첫 번째 사진은 상사님의 몸 오른쪽에서 한 조각의 자홍색 빛이 빛나고 있었다. 자세히 보니 마치 천수천안을 가진 관세음보살이 빛 속에 앉아 있는 것 같았다. 각도를 바꿔 관찰하자 또 마치 몇몇 보살들이 상사님에게 합장하여 인사드리는 듯한 모습이었다.

나로 하여금 놀람을 그치지 못하게 한 것은 이어서 나온 사진들이었다. 그 자홍색 빛이 점차 상사님과 일체가 되어 한 묶음의 빛의 구슬들이 상사님의 인당혈 부위에서 내리 비추고 있었다. 그 가운데 가장 밝은 연한 남색의 빛 구슬이 그의 이마에서 특별히 눈에 띄었다. 이미 말했지만 당시 상사님은 자신이 득도하는 과정을 이야기할 때에 상사님의 이마 부위에 연한 남색 보배 구슬을 보았다. 그리고 그 구슬은 호흡에 따라서 나왔다 들어갔다 했으며, 어떤 때에는 몇 미터 밖까지 나갈 수 있었다고 했다.

가장 뛰어난 한 장의 사진은 바로 상사님의 발밑에서 한 송이의 자홍색 빛을 발하는 연꽃이 출현한 것이었다.

우리는 이 특별한 원을 뒤로 하고, 오솔길을 따라 계속 앞으로 걸어갔다. 그리고 어느 한 구간에 이르자 상사님은 오른손을 내밀어 공중을 향해 가리키며 우리에게 말했다.

"내가 자네들에게 혜검[慧劍, 지혜의 검]의 에너지와 광채를 느낄 수 있도록 해주겠네!"

나는 갑자기 한 뭉텅이의 열의 흐름이 머리끝에서 온몸을 꿰뚫고 가는 것을 느꼈다. 우리는 이 정경도 사진으로 남겨둘 수 있었다. 사진에서 우리는 줄기줄기 일곱 빛깔의 광채가 공중에서 쏟아져 내려오고 있고, 상사님의 온몸이 그 빛의 줄기 속에 있는 것을 선명하게 볼 수 있었다.

당시에 부처님이 상사님에게 혜검을 하사할 때에 상사님의 손에서 이미 세 갈래의 광채가 나왔다는 이야기를 나는 기억한다.

호숫가의 오솔길을 걷다가, 멀리 길가에 있는 한 작은 나무에 긴 물건 하나가 걸려 있는 것을 보았다. 우리는 그것을 향해 다가갔고, 상사님이 손을 내밀어 그것을 내려서 보니 용두선장*이었다. 이 용머리는 아주 신기하게도 용을 아주 빼어 닮았다. 사람이 만든 것 같지 않고 천연적으로 형성된 것 같았다. 상사님은 또 그것을 짚고 사진 몇 장을 찍었다. 나는 선종조사인 달마의 손에 있었던 지팡이가 불현듯 떠올랐다.

그대들은 이 모든 것들을 직접 눈으로 본 것이 아니기 때문에 나의 이야기의 진실성을 의심하며 심지어 이런 사진들은 모두 '특별처리'를 거친 것이라고 의심할 수도 있을 것이다. 그러나 나는 몸과 마음, 생명까지 모두 부처님에게 바친 불문의 제자로서 거짓을 만들 수 없으며 더욱 망령된 말을 할 수 없다. 이 모든 기적들은 모두 상사님의 큰 자비심과 부처님, 보살님들이 서로 융

---

* 용두선장(龍頭禪杖): 선승(禪僧)이 짚는 나무로 된 지팡이 머리 부분에 용을 조각한 것이다.

합하여 상통한 결과이다. 또한 불법의 신성함과 '불가사의'가 인간 세상에 존재한다는 가장 진실한 증거이다.

　상사님이 열세 살에 좌선할 때에 앉았던 땅이 하나의 백색 '원'으로 변했다. 그리고 지금 또 하나의 특수한 '원'이 다른 모양으로 여기에 나타났는데, 이는 절대 우연이 아니라고 본다. 나는 이것이 마땅히 진푸티상사님의 수행과 자비와 깨달음이 이미 원만한 경지에 도달되었음을 상징한다고 생각한다. 그렇다면 원만한 자비는 또 어떻게 이해할 것인가? 그것의 실제는 '무아'의 경지이다. 일반 사람들의 모든 사유와 행위는 거의 모두 '나'를 둘러싸고 있지만, 상사님의 경우는 모두 어떻게 하면 중생을 도와 복을 마련해 줄 것인가에 그 초점이 맞춰져 있다. 상사님에게는 일찍부터 개인의 득과 실, 고생과 즐거움이 없다. 심지어 자기의 생사안위도 돌보지 않고 있다. 이 모든 것은 오직 대자대비하신 부처님과 보살님들만 할 수 있는 것이다!

해와 달과 같이 빛나다

밴쿠버의 겨울은 맑은 날씨가 아주 드물다. 보통은 가랑비가 보슬보슬 내리는 날씨이다. 때때로 이런 가랑비가 쉬지 않고 몇 날 며칠 밤낮을 가리지 않고 내리는데, 이는 마치 창공과 대지가 마주하고서 서로 이야기를 끝내는 것을 아쉬워하는, 말로 다 표현할 수 없는 부드럽고 끈끈한 정을 가지고 있는 듯한 느낌이다.

그날은 확실히 날씨가 화창했다. 아침 일찍 상쾌하게 내리비추는 밝은 햇빛이 맑은 유리창을 뚫고 방안을 환하게 비추었다. 아침 식사를 마치고 우리들 일행 여섯 명은 상사님을 따라 차를 몰아 휘슬러 산으로 달려갔다. 그곳에는 세계적으로 유명한 큰 스키장이 있으며, 사계절 관광하기에 좋은 곳이었다.

나는 차 창가에 앉았다. 겨울날의 햇빛이 차창을 통해 들어와서 내 얼굴과 몸을 따뜻하게 감싸주었다. 나는 두 눈을 감고서, 이 진하고 따스한 느낌을 향유하고 있었다. 자동차의 가벼운 흔들림과 함께 따사로운 햇빛은 나의 눈앞에 끊임없이 뛰어다니는 광점을 만들어 내며, 마치 선경에 나타나는 빛처럼 그렇게 아름답고 그렇게 흡족할 수가 없었다. 나는 일찍이 상사님이 푸티중급반에서 우리에게 말씀하신 것을 떠올렸다.

"대광명수지법을 수련하여 일정한 정도에 이르게 되면, 그대의 눈앞에 광점과 빛이 나타나는데, 우리는 이를 '보리자菩提子'라 부르도록 하자."

보리자! 아! 얼마나 아름다운 이름인가! 금생에 연분이 있어 푸티를 수련하며 상사님의 제자가 되었으니 우리는 마땅히 모두 보리자이다! 진정한 보리자는 모두 밝은 빛을 내보이는데, 그것은 광명하고 선량한 곳에서 왔으며, 어두움과 혼미한 안개를 몰아낸다.

자동차는 해변도로를 따라 달리고 있었다. 도로에는 자동차들이 많았지만 모두 물 흐르듯이 시원스레 달리고 있어서 시끄럽거나 복잡하지 않았다. 바쁘고 혼란스런 것이 없었고, 붐비지 않았다. 모든 것이 다 편안하고 고요하고 우아하며 질서정연했다.

차창을 통해 먼 곳에서 바다와 하늘이 맞닿아 있는 끝없는 풍경을 바라보았다. 망망한 바다가 빛나는 햇빛 아래에서 반짝거리는 파도의 빛이 가물거리며 눈부셨다. 그리고 많은 유람선들이 바다 위를 유유자적 따라다니고 있었고, 하늘에는 헬리콥터가 낮게 날아다녔다. 이는 모두 개인 유람선과 비행기들이라고 했다. 개인생활을 아끼고 즐기는 게나다 사람들은 오늘 같은 토요일이 되면 일반적으로 모두 대자연 속에서 그들의 주말을 향유한다.

자동차는 캐나다의 아름다운 경치를 가진 10대 도로 중 하나인 씨투스카이를 달리고 있다. 씨투스카이는 산세에 따라 만들어져서 구불구불 꺾어져 있는데, 길가에 펼쳐지는 아름다운 풍경은 참으로 사람을 경탄케 한다. 아름다운 호수의 물은 깨끗하고 투명한데, 대부분 설산 위에 쌓여 있는 눈이 녹은 것이어서 여름이라도 물은 매우 차가웠다.

산 위에 쌓인 눈은 위치에 따라서 다소의 차이가 있지만 햇빛 아래에서 드넓고도 조용한 빛을 발산하고 있었다. 길을 따라가면 쉽게 붓대처럼 곧은 기백을 가진 많은 큰 바위들을 볼 수 있고, 여전히 졸졸 흐르는 시냇물과 쏟아지는 폭포는 한 폭의 그림이었다.

두 시간 남짓 달려서 우리는 휘슬러 산에 도착했다. 그곳은 마치 한 조각의 얼음으로 이어진 듯한 엄청난 설산이었고, 대규모 스키장이 있었다. 이곳에 와서야 비로소 우리는 제대로 된 겨울 기분을 느낄 수 있었다. 지붕 위, 길 위, 나뭇가지 위, 그리고 멀리 있는 산부터 근처 산비탈까지 모두 두터운 눈으로 덮여있었다. 주차장에 있는 많은 차들 위에도 눈이 쌓여있었는데, 모양을 보아하니 차 주인은 이미 여기에서 며칠을 머무른 것 같았다.

산등성이에서는 케이블카가 천천히 아래위로 이동하고 있고, 멀리서 스키를 타고 있는 사람들이 보이는데, 모두 작은 바둑돌처럼 끊임없이 움직이고 있었다. 산 정상에서 내리뻗은 스키장의 활강로는 마치 은색의 띠와 같이 설산을 장식하고 있어 매우 아름다웠다. 밝은 햇빛은 마치 동화 속 나라처럼 백색의 세계를 비추어 주고 있었다.

우리는 먼저 휘슬러 리조트로 향했다. 휘슬러 리조트는 휘슬러 산 아래에 위치하고 있는데, 캐나다의 작은 스위스라고도 불리고 있다. 사방에는 숲처럼 늘어선 여러 형태의 호텔, 상점, 카페들이 즐비해 있었다. 모두 아주 깨끗하고 아름다웠다.

노천 파라솔 아래에는 음식을 먹는 사람들로 붐볐다. 그 옆의 횃불 모양 난로에서는 거대한 열기를 발산하고 있었는데, 멀리서도 그 따스함을 느낄 수 있었다. 여러 식당들은 저마다 눈이 부시도록 깨끗하고 멋있는 인테리어로 단장하고 있었다.

어느 한 호텔의 디자인은 아주 특별했다. 지붕 위에서부터 베란다에까지 긴 쇠사슬을 걸어두었는데, 눈 녹은 물이 쇠사슬을 따라 건물의 꼭대기에서부터 흘러내려 모두 굵은 고드름이 되었다. 호텔 전체는 이 투명하고 아름다운 고드름으로 독특하게 꾸며져 있었다. 카페의 장식은 눈부신 진홍색이었는데, 그것은 산위 아래의 흰 눈과 선명한 대비를 이루었다.

거리는 화려한 스키복과 방한잠바를 입고 있는 젊은 남녀들 덕분에 더더욱 밝고 환한 분위기가 되었다. 그리고 사람을 취하게 만드는 커피향기가 곳곳에 퍼져 있어서 사람은 차마 발걸음을 옮기지 못했다. 비록 겨울철이었지만 도처에는 생기가 넘쳐났고 모두 화사한 꽃과 같았다. 이 모든 것은 고전적인 캐나다 풍경화를 그려내고 있었다.

우리는 케이블카를 타고 산 위로 올라갔다. 케이블카는 원형의 유리로 되어 있어 안에서도 주위의 경치를 한눈에 내다 볼 수 있도록 되어 있었다. 케이블카는 아주 천천히 움직이고 있었는데, 아마 관광객들이 천천히 경치를 감상할 수 있도록 배려한 것 같았다.
　주변은 점점 고요해지고 아무런 소리도 들리지 않았다. 방금 전까지만 해도 북적거리고 있던 리조트는 점점 작아지고, 점점 멀어졌고, 케이블카는 금세 앞으로 다가오는 큰 산봉우리에 둘러싸이게 되었다. 다만 바람만이 윙윙 소리를 내면서 창 밖에서 불어오고 있었다. 눈앞에서 끝없이 펼쳐지는 설산의 모습이 사람을 유혹했다. 여기저기 흩어져 있는 숲속의 소나무들을 살펴보니, 어떤 것은 이미 눈에 완전히 덮여 있었고, 또 어떤 것은 가지에 핀 묵직한 눈꽃에 눌려서 허리를 숙이고 있었다.
　케이블카를 따라서 계속 올라가니 산 사이에서 연한 구름안개가 일어났다. 끝없이 이어지는 백설로 뒤덮여 있는 산은 점점 구름안개에 휩싸여서 마치 흰 옷을 입은 천녀의 몸에 얇은 면사를 걸친 것같이 부드럽고 신비해보였다. 이 순간의 이 경치는 나도 모르게 하늘에서 날아다니는 솔개를 흠모해 하게 만들었다. 그리고 잠시 솔개의 날개를 빌려서 이 선경 속에서 자유롭게 날고 흘러가는 상상을 해보았다.
　케이블카에서 내리자 우리는 누가 먼저랄 것도 없이 환호하며 이곳저곳을 둘러보았다. 가장 먼저 시야에 들어온 것은 캐나다의 단풍잎 국기였는데, 눈에 띠는 건축물과 여러 개의 산봉우리에서 바람에 나부끼고 있었다. 산 위에는 큰 구름층이 공중에서 드리우고 있고, 마주 불어오는 바람에 눈꽃이 춤을 추며 흩날리고 있었다. 그리고 여러 피부색을 가진 사람들은 각가지 울긋불긋한 스키복을 입고, 다양한 무늬의 스키를 타고 모든 것을 잊은 듯이

웅장하고 위엄 있는 휘슬러 설산. 2010년 동계올림픽 개최지이다.

활강로를 활주하고 있었다.

　나는 캐나다인들의 열정적이고 호탕함에 경탄하지 않을 수 없었다. 그들은 그렇게도 생명을 열렬히 사랑하고 자신의 생활에 도취 되었으며 대자연을 무척 사랑하고 자기 주변의 모든 것을 사랑하고 있었다.

　우리는 광활하고 깨끗한 산 정상에 서 있었다. 바람은 없었으나, 유유하게 흩날리는 눈꽃들이 드문드문 얼굴위로 떨어지는데 그 산뜻한 느낌이 참으로 미묘했다. 나는 몸을 굽혀 한줌의 눈을 움켜쥐었다. 눈, 그렇게 깨끗하고 결백하고, 그윽하게 푸르른 빛이 띄는 순백색이었다. 그 색깔을 보면 한 점의 오염이나, 한 점

道를 논하다 423

의 이물질도 없어서 사람으로 하여금 심취하고, 사람을 매혹시킨다.

어렸을 때에 외할머니가 눈꽃에 대해 이야기를 했던 것이 떠올랐다. 눈꽃은 하늘의 사자使者이면서 봄의 사자이고, 항상 눈꽃이 흩날리는 곳은 가장 영기가 있고 가장 성결한 곳이라고 말했다. 고개를 들어 상사님을 보니 얼굴은 차가운 날씨 때문에 약간은 불그스레했지만, 기색은 부드럽고 조용했으며 무언가 생각에 잠긴 것 같았다. 새하얀 설경을 바라보는 상사님은 마치 칭장고원에서 18년 동안 수련할 때의 고행과 신비로움으로 가득 찬 영원히 잊을 수 없는 세월로 되돌아 간 듯했다.

수련할 때의 상사님은 동굴에 한번 앉기만 하면 몇 달이었고, 가지고 간 음식물을 다 먹으면 스스로 벽곡 상태로 들어갔다. 동굴에서 나올 때면 아무 것도 보이지 않아서 한참이 지나서야 겨우 시력을 회복했다. 호숫가에 도착하여 세수를 하면서 물에 비친 자신을 보면 기다란 장발머리에 거무스름한 얼굴을 하고 있었으니, 이러한 모습은 스스로조차도 알아보지 못할 정도였다.

또 그 잊을 수 없고 평범하지 않은 늦가을의 어느 날, 스무 살의 상사님은 서쪽으로 가는 몹시 흔들리는 버스 지붕위에 앉아 있었다. 버스를 같이 탄 사람들은 모두 사금을 캐러 가는 사람들이었다. 그들은 산에 들어가서 몇 달씩 사금을 캐는 사람들이다 보니, 먹을 것과 쓸 것을 충분히 가지고 있었다. 그리고 사금을 캐서 나오는 사람들은 꽤 많은 양의 금을 가지고 있었다.

버스가 칭하이와 티베트 경계에 있는 황량한 고원지대에 도착했을 때에는 이미 황혼에 가까웠다. 갑자기 '탕탕'하고 총소리가 들렸다. 맙소사. 앞에는 노략질을 일삼는 잔인한 떼강도들이 달려들고 있었다. 버스에 타고 있던 사람들은 대부분 먼 길을 떠나거나, 특히 사금을 캐러 가는 사람들이었기 때문에 모두 몸에 칼이나 총을 휴대하고 있었다.

순식간에 사금 캐는 사람들과 강도들 사이에 생사를 건 싸움이 전개되었다. 사방에 울려 퍼지는 총소리에 모두가 혼란에 뒤엉켜서 전쟁터를 방불케 했다. 혼전 속에서 상사님은 오로지 한 방향으로만 결사적으로 내달리기 시작했다. 어느덧 총소리가 점점 멀어지고 더 이상 추격하는 사람이 없어진 것을 알아채고는 비로소 발걸음을 늦추었다.

하늘은 점점 어두워지고 텅 빈 넓은 고원은 고요했다. 발밑은 말라버린 강바닥이었고, 주위에는 빛도 없고, 인가도 없고, 또한 사람의 그림자도 보이지 않았다. 다만 '윙윙' 몰아치는 찬바람만이 황사를 일으켜 상사님의 얼굴과 몸을 무정하게 때리고 있을 뿐이었다.

상사님은 계속 걷다가 잠시 길을 잃었다. 방향을 식별하기 위해 지나간 자리에 모래와 흙을 파고는 커다란 흙무더기를 쌓았다. 한참을 걸은 후에 다시 그 흙무더기를 발견한 상사님은 속으로 나직이 말했다.

"어찌하여 다시 흙무더기 있는 곳으로 되돌아왔는가?"

그리고 한편으로는 목이 마르고 배도 고팠다. 몸에 지녔던 떡은 혼란 속에서 어디에 떨어졌는지 알 길이 없었다. 이미 지치고 힘이 빠진 상사님은 주저앉아서 일어날 수가 없었다.

광야의 찬바람이 모래를 가져다 얼굴을 때리니, 정말 추웠고 매우 아팠다. 드문드문 널려있는 야생초들도 바람 속에서 외롭게 떨고 있었다. 하늘에는 달도 없고 드문드문 차가운 별들만 때도 없이 눈을 반짝이고 있었다. 보아하니 오늘 밤은 이 황야에서 고독하게 보내야 할 것 같았다. 상사님은 그 흙무더기를 좀 더 크게 만들고, 흙더미에 등을 기대어 좌선하기 시작했다.

인조 스승님의 자상한 얼굴이 눈앞에 떠오르며 낯익은 목소리가 귓가에 들려왔다.

"뱃속의 난로가 타오르며 작은 불이 크게 변한다고 관상하라."

불이 점점 세차게 타오르니 상사님의 몸에서 열이 나기 시작했고 땀이 나는 느낌이 들었다. 그때였다. 갑자기 승냥이의 울음소리가 들려왔다. 상사님이 눈을 떠보니 저 멀리서 두 개의 푸른 빛이 점점 가까이 곧장 다가오고 있었다.

"큰일인데. 승냥이가, 진짜 승냥이가 왔다."

상사님은 떨리는 마음을 감출 수 없었다. 그러나 야생 승냥이는 그의 앞에서 한 바퀴 돌더니 금방 달아났다. 옛날에 할아버지에게 들은 바로는, 이러한 상황은 아마도 정찰하는 한 마리의 승냥이가 먼저 길을 탐지하면 곧이어 승냥이 떼들이 나타난다는 것이었다.

상사님은 주위를 둘러보았지만 그 어떤 작은 불빛조차 없었다. 누런 들풀들이 바람 속에서 떨고 있는 것을 제외하고 주변에는 몸뚱이 하나 가릴 만한 곳을 찾을 수 없었다. 상사님은 두 눈을 꼭 감았다. 이미 그의 머릿속은 텅 비어 있었다.

얼마 지나지 않아 승냥이들의 난잡한 발자국 소리가 들렸다. 다시 두 눈을 뜨니, 사방에는 이미 수십 마리의 야생 승냥이들이 시퍼런 눈을 뜨고 그를 둘러싸고 서서 호시탐탐 노리고 있었다. 상사님은 그때 난생 처음으로 승냥이를 대면했다. 식은땀이 머리와 잔등을 타고 아래로 줄줄 흘러내렸다. 이번에는 아예 눈을 감고 마음속으로 눈앞에 있는 승냥이들에게 말했다.

"여보시게들, 오늘 우리가 여기서 만난 것도 하나의 연분이라고 할 수 있지. 만약 자네들이 너무나 배가 고프다면 나를 잡아먹어도 나는 원망하지 않을 거야. 자네들도 전세*하다가 금생에 승냥이가 된 것도 다 부득이해서일 테니 말일세."

승냥이 떼들은 어떠한 미동도 하지 않은 채 그 자리에 서 있었다. 그들의 시퍼런 눈길들이 곧장 상사님을 향해 쏘아보고 있었다. 그대는 상상하기 매우 어렵겠지만, 사람들이 알고 있는 흉폭하고 잔인한 승냥이는 의외로 이러한 인내심을 갖고 있었다. 상사님은 계속해서 그들과 소통했다.

"너희들은 알고 있는가? 나는 수행을 하는 사람이다. 일찍이 득도한 이후에 많은 중생을 해탈시켜서 구할 수 있네. 그리고 지금 내가 구해야 할 것은 바로 너희들이야. 너희들 중에 누가 우

---

* 전세(轉世): 윤회하는 속에서 무수한 삶으로 돌고 도는 것을 말한다.

두머리인지는 몰라도 내 뜻을 알아듣기를 희망하네."
　상사님은 마음으로 천천히 손을 내밀어 한 마리씩 한 마리씩 승냥이들의 머릿속에 보리자*를 넣어주었다. 그런 다음에 친절하게 승냥이들에게 말했다.
　"내가 오늘 자네들에게 관정**을 하였네. 자네들은 내세에서는 다시는 야수가 되지 말고 전세하여 사람이 되고, 열심히 수련하여 나처럼 중생을 구하여 제도하기를 바라네."
　승냥이들은 사람을 압박하는 그 흉악한 눈길을 점점 거두어들이고 흩어지는 것 같았다. 딱딱한 상태에 있던 분위기가 점차 누그러졌다. 상사님은 재차 호흡을 조절하며 좌선하기 시작했다. 그리고 점점 선의 상태에 들어갔으며 몸이 유난히 투명하고 빛났다. 바람이 멎고 끝없는 황야는 고요해졌으며, 승냥이들도 하나 둘 조용히 몸을 엎드려 선정에 드는 듯 했다.
　상사님의 머리 위에는 줄기줄기 영광이 나타나 적막하고 황량한 사막을 눈처럼 밝게 비춰주었다. 주위에 있는 이 승냥이들은 상사님의 의식 속에서 모두 한 송이 한 송이의 새하얀 연꽃으로 변했으며, 꽃잎에는 맑고 투명한 이슬이 맺혀 있었다.
　그런 상태로 시간은 계속 흘러 새벽이 되었고, 동녘 하늘에서 희미하게 빛의 기운이 감돌기 시작했다. 상사님은 몸을 일으켜서

---

*　원주: 밤하늘의 별빛처럼 반짝이는 빛이다.

**　관정(灌頂): Abhisecana, Abhiske를 말한다. 여러 부처님이 대자비의 물로 보살의 정수리에 붓는 것, 등각보살이 묘각위에 오를 때에 부처님이 그에게 관정하여 불과(佛果)를 증득하게 하는 것이다.

얼굴을 비비고 손발을 움직이며 승냥이들 앞에 다가가 차례로 마치 세상을 아는 어린아이의 머리를 만지듯이 그들의 머리를 차례로 어루만지며 말했다.

"좋아, 이젠 나는 길을 떠나야겠네."

승냥이들도 서둘러 일어나 뒤쳐질까 두려워하며 앞 다투어 상사님의 주변으로 몰려왔다. 그 가운데 가장 크고 가장 건장한 승냥이 한 마리가 계속 상사님 앞에서 걷고 있었는데, 마치 상사님을 위해 길을 인도하는 같았다. 한참을 지난 후에 상사님은 멀지 않은 곳에서 오르막과 내리막을 이루며 뻗어있는 도로를 어렴풋이 볼 수 있었다. 상사님은 웃으면서 승냥이들에게 손을 저으며 나직이 말했다.

"애들아, 고맙다. 또 만나자구나. 나중에 만날 것을 기약하자."

한참을 걸어가다가 상사님이 잠시 뒤를 돌아보니, 몇 몇 승냥이들이 차마 돌아갈 수 없다는 애틋한 얼굴로 여전히 아침햇살 속에 서 있었다.

중국의 상고시대에는 순舜이라 부르는 제왕이 있었다. 그는 제왕이 되기 전부터 능력과 선량함으로 칭송이 자자했다. 당시 제왕인 요堯가 그를 관찰하고 시험하기 위해 그를 홀로 밀림 속으로 보내면서 반년 안에 반드시 출발지로 돌아와야 한다고 명령했다.

그 당시의 산림은 몹시 넓었고, 맹수들이 아주 많이 있어서 말을 타고 무리를 지어 들어간 이들도 쉽게 그곳을 빠져나올 수 없는 곳이었다. 하물며 순은 작은 쇳조각 하나도 가지고 있지 않았고, 양식조차도 몸에 지니고 있지 않았다.

그러나 그는 석 달을 넘기지 않고, 한 무리의 사슴과 말, 소, 양들과 함께 사자의 등에 올라타고 돌아왔다. 요는 그 모습을 보고 매우 만족스러워하며, 자기의 두 딸을 순에게 시집을 보냈다. 그런 다음에 그들 세 사람으로 하여금 황량하고 인적 없는, 야수들조차 살지 않는 지역으로 보내 살도록 했다.

그들은 지혜와 근면함으로 땅을 개척하여 밭을 만들었다. 농한기에는 흙으로 도자기를 굽고 집을 수리하며 길을 닦았다. 몇 년 후에 많은 사람들이 그곳을 알게 되었고, 그들을 찾아와서 그들의 지혜를 본받고 배우기를 희망했다. 심지어 그들 곁에서 같이 거주하는 사람들도 생겨났다. 몇 백 년이 지난 다음에 그곳은 번화한 도시가 되었다. 이런 도덕적인 행동과 여러 가지 기적들은 요가 왕위를 순에게 전해주게 했다.

예로부터 이와 같이 자아의 탐심이 없는 마음은 중생들을 이익 되게 하는 소원을 품은 많은 고승과 대덕 그리고 성인들로부터 나왔다. 그들의 크게 이로운 마음과 크게 사랑하는 마음은 자연과 더불어서 천지만물과 서로 소통하고 융화될 수 있었으며, 그들의 자기장은 생명을 끌어와 집결시킬 수 있었다.

그들이 어디에 나타나든지 모두 그곳에 있는 중생들에게 복을 마련해주고 보호해주었다. 또한 맹수들이 순종하고 만민이 귀의하게 했으며, 소금기 있는 땅에서 곡식을 자라게 하고 말라죽은 초목에서도 새로이 싹을 트이게 했다. 중생들의 고질병도 신속히

휘슬러 산 정상에 서있는 진푸티상사

치료 되었으며 역병의 마귀 같은 손도 자취를 감추는 등 여러 불가사의한 기적들이 나타났다.

1996년 여름, 중국 산뚱성의 어느 지역에서 푸티 중급학습반을 만들었다. 우리가 상사님이 강론하는 법문 녹화테이프를 틀었을 때에 나는 몇 마리의 용이 창문밖에 똬리를 틀고 머리를 쳐들고 오랫동안 법문을 듣고 있는 것을 보았다.. 또 각양각색의 새들이 무리를 지어 법회장 부근 나뭇가지 위에 한가득 앉아있는 것도 보았다. 그곳 사람들 모두 신기하다며 찬탄을 금치 못했다.

케이블카가 산허리에 이르렀을 때에 구름층은 점점 걷히고 태양이 나왔다! 태양 위에는 크고 익숙한, 우리가 여러 번 본 적이 있는 상서로운 구름들이 나타났다! 상서로운 구름들은 오색찬란한 빛을 비추는데, 그렇게도 미묘하고 그렇게도 아름다웠다. 하늘에는 많은 구름송이들이 나타났는데, 어떤 것은 하늘을 나는 것 같고, 더 많은 것들은 여러 가지 형태의 용들이 장난치며 빙빙 돌고 나는 모습이 마치 춤추는 것 같았다. 달도 나왔다! 달 주위에는 한 오라기의 구름도 없었다. 멀리 멀리 바라보니 마치 반원형 옥구슬이 조용히 푸른 하늘의 공중에 걸려있는 것 같았다.

동행하던 장 박사가 흥분을 참지 못하고 고함을 쳤다.

"아, 참으로 일월이 함께 빛나는구나!"

나의 마음도 쉽게 진정이 되지 않았다. 돌아오는 길에 상사님은 줄곧 주문을 염송하고 있었다. 그의 호소력 있는 목소리는 차창 밖 저 멀리 사방팔방으로 전해졌다.

한참 지난 다음 상사님이 갑자기 낮은 소리로 말했다.

"자네들 모두 밖을 한번 보게나."

우리는 얼른 차를 세우고 차에서 내려서 하늘을 올려 보았다.

하늘에는 너무나 많은 형상들이 나타나있었다. 부처님과 보살님의 모습, 노인, 어린이, 천녀의 모습들이 있었다. 또 서방사람 모습의 수많은 존자[尊者, 성자와 현자]들도 있었다. 그들은 하늘에서 묵묵히 우리를 바라보고 있었다. 어떤 이들은 우리가 있는 방향으로 손을 모아 합장하고 있었고, 어떤 이는 우리에게 고개를 끄덕이며 인사를 보내고 있었다. 자동차로 돌아오자 상사님은 담담하게 우리에게 말했다.

"나는 산 위에서 이미 그들이 다시 나와서 배웅할 것을 알았었네."

자동차는 구불구불하고 평탄한 도로를 달려 나갔다. 상사님은 여전히 주문을 외우고 있었는데, 심령을 흔드는 소리와 거대한 에너지가 성난 파도마냥 우리를 덮쳐왔다. 나의 몸과 마음은 계속 떨렸고, 나도 모르게 눈물이 흘러내렸다.

"상사님이시여! 중생들의 평안과 건강, 그리고 해탈을 위해 당신께서는 천신만고를 겪으며 온갖 고통과 억울함을 당하면도 묵묵히 모든 것을 인내하고 계십니다. 당신께서는 발원하시기를 중생들의 모든 고난과 불행 그리고 업장들을 전부 이어받아 그들로 하여금 몸과 마음이 가볍게 해탈의 길을 가게 하련다고 했습니다. 당신은 밤낮으로 수고하고 근심걱정하며, 꿈속에서도 다른 사람들을 도와 마귀들을 없애고 재난을 해소시켰습니다. 매번 치료하기 어려운 중환자를 만났을 때에도 당신께서는 조금도 주저하지 않고 그 병을 당신 몸에 가져다 상사님의 공덕과 생명으로 환자의 생명과 편안함과 건강을 바꿔오셨습니다."

보름 전에 상사님은 성이 린林이라는 여자의 인후병을 치료해 주었다. 그녀의 병은 특별한 '인과병因果病'인데, 당사자가 도리를 알지 못하고 특별한 한 생령生靈을 상해했기 때문에 생긴 병이었다. 이치로 보자면 그 병은 그녀의 목숨을 필요로 할 만큼 위중한 병이었다. 다행스러운 것은 그녀의 어머니가 중국에서 여러 해 동안 푸티를 수련한 덕분에, 중요한 시기에 딸에게 전화를 걸어서 꼭 상사님을 찾아뵈라고 한 것이었다.

그녀가 상사님을 찾아왔을 때에 이미 그녀의 목은 두껍게 부어올랐고, 얼굴도 좀 변형되어 한 쪽 눈은 크고 다른 한 쪽 눈은 작았다. 그녀는 누군가가 목을 잡고 있는 것 같아서 숨조차도 제대로 쉬지 못하겠다고 말했다. 상사님은 그녀의 병이 너무 심각해서 법력을 사용해도 치료하기 어렵다는 것을 알았다. 하지만 그녀는 아직 젊은 나이였고, 슬하에 두 명의 총명하고 사랑스러운 아이가 있었다. 그녀를 바라보던 상사님은 마음이 너무 아팠다.

상사님은 의연히 자신의 몸으로 이 마장을 받아들여 대항하기로 결정했다. 몇 시간 후에 상사님의 식도에도 그녀와 같은 증세가 나타났다. 이리하여 그녀의 병은 좋아졌지만 상사님은 목이 아파서 밥과 물을 삼키기가 어려워졌다. 매우 오랜 시간이 지난 후에야 비로소 상사님의 병은 천천히 회복되었다.

옛날에 이런 이야기를 들은 적이 있다. 어떤 대수행자들은 어느 지역에 전염병이 유행하게 되면 사람들의 병을 치료하기 위해 그들의 신통력을 이용하여 전염병을 자기 몸으로 옮겼고, 스스로 묵묵히 병고를 참아내어 천천히 병을 해소시켰다는 것이다. 그리고 사람들은 그 이후 건강을 회복했다는 이야기이다.

가장 안타까운 일은 그렇게 건강을 회복한 사람들이 근본적으로 사실의 진상을 모르고, 이러한 위대한 심령이 묵묵히 자기를 보호하고 있다는 것을 알지 못한다는 점이다.

차창 밖의 상서로운 구름은 이미 사라졌고, 언제부터인지는 모르지만 잔잔한 비가 떨어지기 시작했다. 빗물은 차창유리를 타고 천천히 흘러내렸다. 그리고 나의 마음에도 비가 내리고 있었다.

곰곰이 생각해 보면, 이 책을 쓰는 동안에 상사님은 계속하여 자신의 평범하지 않은 경력을 추억함과 동시에 자신의 수행과 사상을 정리하고 있었다. 또 이 기간에는 일련의 많은 기이한 현상들이 나타났고, 이를 조합해 보니 매우 아름다운 신화이야기가 되었다.

상사님이 열한 살 때 좌선했던 자리에 나타난 흰색 원, 상사님 이마 부위의 연한 푸른색 구슬, 서쪽에서 날아온 일곱 빛깔의 가사, 반복적으로 출현한 일곱 빛깔의 상서로운 구름, 사진으로 찍은 부처님의 빛이 두루 비추는 사진, 상사님이 거처하는 곳의 상공에 드러난 관세음보살의 성상, 상사님의 선의 경지 속에 있던 원과 버나비 호수 갈대 숲속의 미묘하고 신비한 원, 원 속에 나타난 보살의 붉은 광채, 보살의 붉은 광채와 상사님이 한 몸이 된 것, 상사님 발밑에 나타난 붉게 빛나는 연꽃, 호숫가 나뭇가지 위에 있던 선장禪杖……。

설마 이 모든 것들이 전부 우연의 일치라고 말하겠는가? 만약에 이것이 모두 우연이라면 그 확률은 실제로는 너무나 보기 드문 것이다.

사실 아주 많은 일들이 모두 그 존재의 필연성과 상호간의 연관성을 갖고 있다. 다만 그대는 마음을 써야 하고, 단지 그대의 심령 깊은 곳에 있는 혜안을 열 수 있어야 한다.

그대는 《서유기》보다 더 신기하고 아름다운 이야기들이 사실 우리와 멀리 떨어져있지 않다는 점을 놀란 듯 기쁘게 발견하게 될 것이다. 이로부터 그대는 우주와 천지 사이에 있는 오묘함과 광대함, 그리고 부처님 법의 깊고 그윽하며 방대함도 온몸으로 느낄 수 있을 것이다.

행운의 문을 열자

지금 이 책을 읽고 있는 사람은 바로 느끼고 받아드릴 수 있는 가능성이 있고, 아마도 범상치 않은 많은 일들이 그대의 주변에서도 발생할 수 있다고 믿는다. 그대에게 이렇게 한번 해 보라고 말하고 싶다. 만약에 그대가 내일 아침에 일찍 일어나지 못할 것을 걱정한다면 자명종시계를 맞춰놓고 자야할 것이다. 하지만 자명종 시계 대신 진푸티상사님의 성상을 마주하여 정성으로 말해 보는 것이다.

"당신께서 내일 아침 몇 시에 저를 불러 깨워주십시오."

다음 날에 효험이 있는지를 꼭 확인해보라.

진푸티상사님은 당신의 꿈속에 들어갈 수 있다. 그대가 생각하든지 생각을 아니하든지에 상관없이 모두 가능하다. 그대에게 또 벽곡현상이 나타날 가능성도 있다. 이는 정상석으로 먹고 마시는 것을 자연히 멈추게 되는 것으로, 목마르지 않고 배고프지 않으며, 잠은 아주 적게 자게 되지만 여전히 정력은 충만하고, 정신은 풍요로워지며, 얼굴색은 이전에 비하여 더욱 좋아진다.

벽곡은 그대에게 다양한 방면에서 이로운 점이 있다. 이는 몸 안에 있는 쓰레기를 배출할 뿐만 아니라 우리의 질병이 점차 완화되거나 소실된다. 당연히 미용과 다이어트에 큰 효과가 있다. 벽곡은 그대에게 얼마간의 특수한 능력을 계발할 수 있게 해준다.

벽곡기간에는 약간의 물이나 과일을 먹기도 하는데 개개인의 반응은 모두 같지는 않으며 시간의 길고 짧음도 같지 않아서, 며칠 혹은 몇 달, 심지어 몇 년에 이르기도 한다. 이런 현상은 그대가 이 책을 읽고 상사님과 정보를 교류하게 되면 자연적으로 나타나는 것이다. 그렇다고 해서 함부로 스스로 벽곡을 강행해서는 안 되며, 이는 매우 위험한 행동이라고 할 수 있다.

이 책을 읽은 다음에 어떤 사람은 벽곡과는 상반되게 입맛이 더 생겨서 식사량이 원래보다 더 많아질 수도 있다. 이것 역시 나타날 수 있는 정상적인 반응이다. 이는 바로 그대의 신체가 옳은 방향으로 조절되었기 때문에 많이 먹을 필요가 생긴 것이다. 이런 상황은 오래 지속되지는 않는다. 그 시기가 지난 다음에는 정상적으로 먹고 마시도록 다시 회복될 것이다.

또한 그대에게 위와 같은 현상이 나타나지 않을 수도 있다. 그러나 이 책을 읽는 것만으로도 진푸티상사님이 바로 당신과 인연이 있는 것이다. 실제로 그의 이야기를 읽으면서 그의 이름을 접할 때에 당신은 이미 그와 소통하고 있는 것이다.

만약 당신의 몸에 병이 있거나 혹은 인생의 위기에 처해 있다면 더욱 마음을 다해 이 책을 읽기를 바란다. 그러면 그대는 반드시 이로움을 얻을 수 있다. 매번 거듭 읽을 때마다 그대가 얻는 인지와 이해는 크게 다를 것인데, 마치 오래 묵은 술을 맛보는 것과 같다.

진푸티상사님의 신비로운 발자취는 수천수만의 사람들이 직접적인 검증을 거치고 십여 년 동안 실천에 의해 증명되었으며, 세계 도처에서 일어난 일이다. 만약 그의 영적인 능력을 받으려거나 혹은 그의 도움을 필요로 한다면 몸과 마음을 느슨히 하고, 마음을 다해 그와 소통하려고 하면 당신은 바로 느끼고 도움을 받을 수 있을 것이다. 영원히 그대를 도와주고 그대와 동반하는 것이 바로 진푸티상사님이 영원히 마음으로 원하는 바이다.

이 책을 다 읽은 다음에 아마도 그대는 특별히 진푸티상사님을 생각하면서 지금 그가 무엇을 하고 있는지 궁금할 것이다.

진푸티상사님은 한 걸음 한걸음씩 그의 위대한 소망을 실현하고 있다. 그는 사람들을 구하고 사람을 제도하는 동시에 또 비범한 능력을 여러 사람들에게 전해주고자 한다. 또한 부처님의 위대한 사상으로 여러 사람들을 교화히며, 자기의 훌륭한 말과 선행으로 여러 사람들에게 영향을 주고 있다.

인연이 있는 많은 사람들이 짧은 시간 안에 안정적이고 즐거운 수련과 연습을 통해 인생에 대한 관념에 근본적인 변화가 발생하고 있다. 실제의 능력도 비약적으로 제고되며, 동시에 아주 강한 끈기와 인내력과 영감이 개발되어 진정으로 대중과 사회에 유익한 사람으로 변해 삶의 과정에서 성공하는 빛을 드러낸다.

십여 년 동안에 중국 대륙에는 이미 푸티의 씨앗이 광범위하게 퍼져나가고 있다. 수천수만의 도움을 얻은 자들이 모두 진푸티상사님의 화신인 '푸티행자'가 되었다. 그들은 인간세상의 보살이고, 어디든지 그들이 있으면 건강과 행복과 즐거움이 생기게 된다.

오늘날, 신기한 푸티불법은 전혀 새로운 모습으로 세계를 향해 뻗어 나아가고 있다. 보살의 성상을 드러낸 곳, 세계에서 가장 아름다운 도시 캐나다 밴쿠버에서 신성한 푸티수행기지가 이미 기초를 잡았다. 장래에 더 많은 푸티의 사람들이 그들의 자비와 대애를 사심 없이 중생들에게 기여할 것이며, 보살의 정신을 세계 각지에 전파할 것이다.

그래서 각 지역마다 빛을 발하고, 열을 내게 하여 그 지역의 해와 달이 되거나 혹은 반짝이는 하나의 별이 되어 인간 세상에 광명과 희망을 가져다주며 이상적인 인간사회를 함께 창건할 것이라 믿는다. 그곳에는 기아가 없고, 가난이 없으며, 병고가 없고, 전쟁이 없으며, 멸시가 없고, 압박이 없으며, 나라 사이의 경계도 없을 것이다.

부록

【후록】 무엇을 깨달음이라고 하는가

【진푸티상사 연대기】

《가사》가 얼마나 큰 몫을 할 것인가

약사부처님의 열두 가지 큰 소원

[후록]
무엇을 깨달음이라고 하는가

보살은 사람들에게 상서로움과 부귀를 하사하신다. 그러므로 보살은 가장 부귀한 분이다. 만약 그의 이런 선량하고 자비롭고 애휼하는 마음을 사람들에게 확산시킨다면, 인류사회는 우리의 이상 속의 천당으로 변할 것이다.

진정으로 깨달은 사람은 중생을 도와 구하기 위해 세상에 온 사람이니, 그들의 국적, 종족, 계급을 상관하지 않고 또한 빈부, 직업, 문화를 상관하지 않는다. 만약에 나누어 구별한다면, 이는 깨닫지 못한 것이다.

무엇을 깨달음이라고 하는가? 깨달음이란 '안'과 '밖'을 향하는 탐구를 통하여 자아와 환경에 대하여 깊게 이해하는데 도달하는 것이다. 그 '안'이란 인간이 본래 가지고 있는 것과 환경의 영향으로 인해 형성된 습관적인 의식을 가리키며, 혹은 고뇌가 생기는 근본적인 것을 말한다. '밖'이란 자연에 대한 우리들의 인식을 가리킨다.

'안'과 '밖'에 대해 깊이 있게 이해하기 위해서는 우리의 기본 능력만으로는 충분하지 않다. 형상과 형체를 갖고 있는 사물은 인식하기 쉽지만, 형상으로 되어 있지 않고 형체가 없는 것들, 예컨대 의식 같은 것은 알기 어렵다.

옛날에 크게 깨달은 사람은 더 이상이 없는 최고의 지혜를 가지고서 좌선의 방법을 빌려서 지혜로운 시각을 획득하고, 우리의 의식을 투시할 수 있다. 비교하자면 미생물에 대한 인식은 현미경의 도움을 받아야 하고 천체에 대한 인식은 망원경이 필요한 것처럼 의식 속에 있는 문제를 해결하는 것이다.

마음을 밝히고 깨달음의 도리는 모든 사람들이 다 느껴서 얻을 수 있다. 마음이 맑으면 눈이 밝아지고, 눈이 밝으면 인생행로의 도중에 있는 온갖 곡절을 꿰뚫어 볼 수 있어서, 이로부터 인생은 더 성공할 수 있으며, 근본적인 깨달음을 향하여 나아가게 된다. 사람과 사람 사이에서 서로 존중하고 넓고 사심 없는 사랑과 사람과 자연환경 사이에서 서로 조화로운 관계를 갖는 것은 인류가 공동으로 추구하는 목표이다.

이 책의 모든 이야기들 속에는 '도道'에 대한 숨은 뜻을 내포하고 있으므로 그저 마음을 써서 읽기만 하면 깨달음이 있을 것이다. 또 여러분을 도와서 더욱 도에 적합하게 융합하고 자연에 융화될 수 있어서, 탐욕을 버리고 번뇌를 벗어버리고 사랑하는 마음과 선량한 것을 향해 가게 된다. 그리하여 평화를 유지하고 보호하게 됨으로써 우리의 평범한 인생이 더욱 휘황찬란하게 될 것이다.

보통사람과 성인聖人이 다른 것은 단지 순간적인 생각의 차이이다. 이는 마치 인생의 교차로에서 여러 방향을 선택하는 것이 곧 다양한 인생길을 선택하는 것과 같다. 역대에 깨달은 사람들이 깨달음을 이루게 된 까닭은 그들이 중생을 사랑하는 데에 가장 용감했기 때문이다. 그들은 용감하게 자아를 내려놓고 용감하게 이상을 가지고 이를 실천에 옮겼다. 하지만 많은 사람들은 어떻게 하면 깨달은 사람이 될 수 있는지를 알았지만 용기도 없고 자신감도 없어서 자신이 가지고 있는 것을 잃어버릴까봐 무서워했다. 즉 잃을까 걱정하고, 얻을까를 걱정했기 때문에, 그들은 여전히 하나의 보통사람으로 남아있을 수밖에 없다.

이러한 견해가 있다. 지금은 '말법시대'여서 수행하기가 쉽지 않고 깨달음을 얻기는 더욱 어렵다며 미리 포기한다. 심지어 부처와 마귀가 뒤섞여 있어서 진정으로 수행하는 사람이 적고 복잡한 것을 구경하는 사람들이 많다는 것이다. 사실 지금이 우리를 시험하는데 가장 좋은 시기이다. 깨달음을 얻는 것은 확실히 쉽지 않으며, 바른 것과 사악한 것은 원래 뒤섞여 있다. 그러나 마음속에 자비심만 있다면 모든 장애를 물리칠 수 있을 것이며, 심지어 사악한 것을 고쳐서 광명을 볼 수 있을 것이다.

이 시대에 바른 생각과 큰 자신감을 가지고 대도大道를 추구하는 사람에 대해 말한다면 지금이 바로 수행하여 깨달을 수 있는 절호의 시기이다. 자비롭고 지혜로우며 용감하게 깨달은 사람은 반드시 이런 시기에 운에 호응하여 나타나 중생들을 돕는다.

나는 더 많은 구도자들이 두려움이 없는 큰마음을 가지고 나아가서 사회의 책임을 감당하고 중생들의 고통을 이어받기를 진정으로 바란다.

바이이씨가 많은 시간을 들여 나의 수행경험의 일부분과 생활의 편린에 대해 기록하고 정리하여 책을 만들어서 많은 독자들에게 받들어 드리게 되었다. 그녀는 지혜와 실제의 생활을 유기적으로 결합하여 작은 나[小我]를 타파할 수 있었다. 인연의 계기를 마련하여 선한 씨앗을 심어주어 사심 없는 사랑을 진심으로 정성스럽게 중생들에게 바쳤다. 그녀의 경험도 하나의 보통사람에서부터 한 걸음 한 걸음씩 나아가서 박애를 실천하는 인생 역정을 가고 있으니, 그대의 인생에 새로운 계시를 줄 수 있기를 바란다.

2004년 8월
밴쿠버에서
진푸티 金菩提

【진푸티상사 연대기】

- 1964년 중국 허베이성 우이(武邑)현에서 출생하다.
  부모의 영향을 받아 어려서부터 불법을 배우며 수행하다가 일곱 살 때 중국 칭하이성으로 이사하다.
- 1972년 봄, 여러 날 '혼수'상태에 빠졌는데, 한 노인의 도움으로 기적적으로 소생하다.
- 1973년 한 특별한 고수의 도움을 받아 허약하고 병이 많던 신체가 건장하게 변하다.
- 1976년 생애의 근본 스승인 인조(仁祖) 사부(師父)를 만나다. 인조 스승을 따라 좌선을 배우던 땅의 흙이 직경 3미터에 달하는 백색의 원으로 변하다.
- 1978년 봄, 10세(世) 판첸라마의 경사(經師)를 스승으로 삼다.
  겨울, 특수한 여 선생님을 스승으로 삼다.
- 1981년 황난저우에 가서 신비한 예언을 듣다.
  좌선을 하던 도중에 용이 각긴 금반지가 날아와서 손에 끼워지다.
- 1982년 선(禪)의 경지에서 사면이 금으로 된 부처를 보다.
- 1984년 선(禪)의 경지에서 보살의 세례와 가피를 받다.
- 1986년 머릿속에서 '대폭발'이 일어나다.
- 1987년 머리가 다섯 개인 뱀왕을 항복시켜 호법(護法)신장으로 받아들이다.

부록 447

- 1988년 증도(證道)하다. 왼쪽 손바닥에 선명하게 암홍색 '불(佛)'자가 드러나다.

  가을. 칭하이 대학에 초청을 받아 불법을 강의하다.
- 1991년 8월 3일. 정식으로 하산하여 방편으로 '푸티 공(菩提功)'이란 명칭으로 불법을 전파하여 중생들에게 이익을 주기 시작하다.

  8월 10일. 중국 광뚱성 광저우시에서 처음으로 법회를 열다.

  10월. 광저우에 있는 쭝산대학의 초청을 받아 불법을 강의하고 아울러 특약고문으로 초빙되다.
- 1992년 3월. 광저우에서 첫 번째 푸티 조직인 '광둥성 기공(氣功)과학 연구회 푸티공 연구회'를 창립하다.

  10월. 중국 광시 쭈앙족자치구 난닝시에서 1만 명 법회를 거행하고, 뒤 이어서 5천 명이 참가한 대형 푸티학습반을 거행하다.
- 1993년 봄.중국 네이멍구 자치구에서 연속 3번의 대형법회를 거행하다. 네이멍구대학의 명예교수가 되다.

  당시 네이멍구 지역에 큰 가뭄이 들어서 목민(牧民)들을 도와 기우(祈雨)하고 기쁘게 감로(甘露)를 얻다.
- 1994년 5월 8일. 푸티 제자들을 소집하여 중국 허베이성 베이따이허에서 대형법회를 거행하다. 이는 이를 '제자 대집회'라 부른다.

  5월 26일. 푸티 베이따이허 양성기지를 설립하다.
- 1995년 1995년도 중국뉴스인물로 선정되다.

  중국공산당 청년단 중앙위원회와 함께 희망공정을 실시하여 빈민지역의 배움을 잃은 아동들을 구조하다.
- 1997년 10월 18일. 중국 산뚱성 치버시에서 빈민을 돕고 이재민을 구하기 위한 대형법회를 진행하여 6만여 명이 참가하다.
- 1998년 초빙되어 중국무술협회 부주석이 되다.

  여름. 티베트불교계의 초청으로 티베트를 방문하여 그 기간에 라싸의 몇몇 유명사원을 참배하고, 당지 신도들을 위하여 관정가피(灌頂加持)를 하였으며, 사원의 라마들이 앞 다투어 그에게 하다(哈達)를 공경하여 바치며 머리를 조아려서 절을 하다.

· 1999년   캐나다로 이주하다.
· 2002년   1월, 캐나다 '푸티법문협회'를 성립하다.
· 2003년   7월 18일(음력 6월 19일) 관세음보살이 그의 거처 상공에 나타났
          으며 직접 관세음보살의 현성상(顯聖像)을 사진으로 촬영하다.
          그날은 바로 관세음보살의 성도 기념일이었다.
· 2004년   5월 8일, 캐나다 밴쿠버에서 '푸티 선(禪)수행센터'를 설립하다.

《가사》가 얼마나 큰 몫을 할 것인가

중생들을 깨닫게 할 수 있는 모든 경문이 진짜 불경이며, 중생들이 고난에서 벗어나 낙을 얻게 하는 모든 방편들이 진짜 불법이다.

부처님은 "세상에는 본래 불법은 없었지만 자비심과 중생들의 요구에 의해 나타났다."라고 말씀하셨다.

2004년 12월 6일, 진푸티상사님은 법당의 석가모니 불상 앞에서 우리에게 의미심장하게 말씀하셨다.
"자네들은 《가사》라는 이 책의 몫을 아는가? 그것은 우리 당대의 수행자, 특히 금생에 성취하고 금생에 깨달으려고 진력하는 푸티수행자들에게 있어 매우 중요한 것이라네. 엊저녁 선禪의 경지 속에서 보살님이 제시하여 말씀하기를 '만약에 어떤 사람이 인연 있는 사람에게 이 《가사》라는 책 20권을 증정할 수 있다면 그 공덕은 한 차례 큰 재난을 없애게 도울 수 있을 것이며, 이 책을 인쇄하여 2만 권을 증정하면, 조난당해도 기사회생하고 상서로움을 만날 것이다. 만약 이 책을 장기적으로 읽고 다른 사람을 위해 해설해주며 또 이것에 의지하여 봉행한다면, 해탈할 수 있고 극락세계가 자기에게 속하는 연화대를 만들 수 있을 것이다'라고 하셨다."

우리는 얼마나 다행스러운가! 아마도 이 시각에도 그대는 아직 의식하지 못했을지도 모르겠다.

《가사》라는 이 책은 단지 상사님이 수련한 것과 성취한 이야기를 기술한 것만 아니다. 더 중요한 것은 이 책 모두가 상사님이 눈 쌓인 고원지역에서 홍진紅塵 인간 세상에 오셔서 몇 십 년 동안 수련하고 증도하고 법을 전하여 사람들을 제도한 과정에 대한 하나의 총결이며 축소판이며, 그의 심혈과 땀방울의 결정체이다. 이 속에는 상사님의 무한한 자비와 지혜가 응집되어 있고, 그가 중생에 대한 따뜻한 관심과 기대와 당부 그리고 그의 넓고 큰 원력과 강대한 가피력이 응집되어 있다.

우리가 악을 떠나 선으로 향하면서 고난을 조금 덜 받고, 죄를 조금 덜 짓고 진정으로 빛나고 지혜로운 인생을 갖기 위해, 우리로 하여금 굽은 길을 조금만 가게 해준다. 이 세상의 보배롭고 귀한 시간과 인연을 잘 얻게 하기 위해, 그는 수천 수백의 계책과 방법을 생각하고 노파심에 고생스럽게 가르치시며 먹고 자는 것도 잊으며 구하고 제도하면서 마음과 몸과 생명을 모두 중생에게 주고 우리에게 주었다! 이 책은 크나큰 에너지를 갖고 있으며 불가사의한 효과와 힘을 드러낸다. 핵심은 그대가 마음을 쓰느냐의 여부에 있다.

(단지 이 책을 읽기만 해도 그대는 이미 상사님과 인연이 있는 사람이며, 또한 이미 푸티법문으로 이익을 받은 한 사람이 되었다.)

부처님은 《금강경》속에서 우리들 후세 제자들에게 강조하셨다.

"만약 색으로 나를 만나고 음성으로 나를 얻으려 한다면 이는 사도를 행하는 사람이니 여래를 만날 수 없다."

통속적으로 말한다면 고양이를 보고 호랑이를 그릴 수 없고, 뜻을 세워서 명상만 추구할 수 없으니, 고유한 명상과 성색에 현혹되지 말아야 하는데, 부처님이 말한 모든 경전을 포함하지만 이 책도 이와 같다.

《가사》라는 이 책이 전통적인 다른 불경과 다른 것은 그것이 현재의 환경과 인연에 따라서 생겨났다는 점이다. 더 귀중한 것은 이 책은 통속적이고 알기 쉬우며 명확하고 간단한 현대 언어를 사용하여 부처님의 사상과 교리를 우리에게 전달하고 있는 것이다. 진푸티상사님이 사람들 속에서 수행하고 사람들 사이에서 증도하고 사람들 사이에서 깨달은 과정을 우리에게 제시함으로써 우리로 하여금 아주 쉽게 알아듣고 받아들여 수용할 수 있게 해준다. 그리고 우리에게 말법시대에 수행하고 깨닫는다는 믿음을 덧붙여 주고 있는 것이다.

만약 진심으로 성실하게 믿고, 부처님을 존경하고 상사님을 공경하며, 뜻을 세워 성취하고 아울러 실제 수행하는 가운데 자아를 잘 장악하여 여러 가지 악을 저지르지 말고 여러 가지 착한 일을 받들어 시행한다면, 현세에 성취하는 것을 바라보기만 하고 따라잡을 수 없는 것이 아니다.

《가사》라는 이 책의 글자와 행간에 흘러 노출되는 것은 부처님의 원융과 지혜라는 교법과 완전히 일치한다. 모두 우리에게 작은 나[小我]를 내려놓고 큰 나[大我]를 성취하며 스스로를 이롭게 하고 다른 사람을 이롭게 하여 운명을 개선하며 생존환경을 개선함으로써 우리로 하여금 깨달음을 향해 나아가게 한다. 그리고 해탈로 나아가게 하여 현세에 복을 얻고 제도함을 얻게 한다.

가장 중요한 것은 상사님의 설교는 청정의 근본이고, 수행과 부처를 이루는 근본을 말하고 있다는 점이다. 그리고 간단하고 직접적으로 가르쳐 주는 방법 역시 쉽게 파악할 수 있어서 효과가 빠르다는 점이다. 그 어느 면을 막론하고 이 책은 확실히 당대 불법의 수행과 깨달음의 보전이자 중생들의 지혜를 계발하는 보전이다. 그것은 중생들에게 이익을 주려고 만들어졌으며, 응당 당대에 진심으로 수행하고 진심으로 깨달으려고 생각하는 인연 있는 수많은 사람들의 정성스런 기대에 의해 탄생하게 되었다.

우리는 아직도 범부이고 세속적 인간이며 육안을 가진 보통 인간이기에 많은 일들을 분명하게 파악하지 못하고 생각하지도 못했기 때문에, 자기 신변에서 발생해도 믿으려 하지 않는다.

지난 10여 년이란 세월을 돌이켜 보면 우리는 아직 원리와 진상 어느 것도 모르는 상황에서 상사님이 법을 강론하는 것을 들었거나 혹은 푸티수련에 참가했다. 그리하여 스스로의 몸에 있던 질병이 기적적으로 낫고 심령이 변화하여 더욱 온화하고 선량해졌다. 또 다른 사람을 도와서 병을 진찰하고 치료할 수 있는 능력을 갖게 되었으니, 우리의 몸과 마음 그리고 생활과 인생은 모두 천지개벽의 변화가 일어났다. 이 모든 것은 오직 불경 속에서 서술한 부처님이나 보살만이 할 수 있는 것들이다!

그러나 오늘날 이런 신화와 같은 이야기와 경험들이 마침내 우리 몸에서 일어났으며, 또 우리 신변에서 일어났다! 이는 얼마나 스스로 자랑할 만하고 찬탄할 만한 가치가 있는 보기 드문 일인가? 금생에서 상사님과 푸티와 인연을 맺을 수 있다는 것은 우리가 세세생생에 공덕을 쌓아서 된 일이고 우리의 선근善根이 깊어서 도달했기 때문이다.

내가 《가사》라는 이 책을 쓰고 정리할 때의 일이다. 어느 날 상사님이 창가의 흰 범포로 된 의자에 앉아 여러 승냥이무리들이 귀의하던 그 진실한 경험을 얘기할 때에 수천수만 마리의 날개 달린 개미들이 새까맣게 날아왔다. 순식간에 창문 유리와 지붕 아래 그리고 뒤쪽 울타리 안의 오솔길과 풀밭에는 모두 큼직큼직한 개미떼들이 빼곡하게 들어찼다. 그리고 상사님이 이야기를 다 마치자, 이 날개달린 개미들은 흔적 없이 사라져버렸다.

이 일이 있고 며칠이 지난 후에 상사님이 우리에게 법을 말씀하고 계실 때에 갑자기 한 무더기의 벌들이 날아들었다. 이 꿀벌들은 창문유리를 둘러싸고, 집 주위 화원을 둘러싸고, 심지어 뒷마당에 널어놓은 상사님의 옷을 둘러싸고 윙윙거리며 날아다녔다. 며칠 동안 이런 상황이 계속되니, 나는 마음대로 문을 열고 밖에 나가지도 못했다. 그리고 항상 각양각색의 대단히 아름다운 새들이 창문 밖 나무 위와 풀밭에 머물며 오랫동안 날아가지 않았다. 하늘에서는 아주 기이하고 특별한 천상天象이 반복적으로 나타났다. 그것은 많은 천신들이 모인 법회, 많은 무리의 참배, 관세음보살의 성스런 현성顯聖, 버나비 호숫가의 그 특별한 '원' 등등이었다.

이 모든 것은 우리가 직접 겪고 본 것이며 어떤 장면들은 촬영까지 해 두었다. 이 속에서 우리는 상사님이 평범하지 않은 위대한 성자이시고, 《가사》라는 이 책이 대단하다는 것을 알 수 있다! 상사님의 이념과 상사님의 교법과 상사님의 광대한 흡인력은 우리 인류를 유익하게 하는 것만이 아니다. 사실 천지만물 생령生靈들도 모두 그와 천만갈래 연계를 가지고 있으며, 모두 그의 단비를 맞고 가르침을 받으며 그와 교류하기를 갈망하고 있다!

《가사》라는 이 책에서 상사님은 우리 주변에서 발생하는 평범하고 일상적인 일을 이용해서 우리에게 제시하여, 우리들로 하여금 속에 가지고 있는 것을 발굴하고 인생을 생각히며 답안을 찾게 한다는 것을 쉽게 알 수 있다. 이 얼마나 지혜롭고 간단하며 편리한 교법教法인가! 바로 중급 푸티학습반에서 상사님이 법을 말할 때처럼 말하고 웃는 가운데에서 상사님은 길상과 능력, 지혜를 인연 있는 사람들에게 가피하고 있으니, 단지 그대는 진실한 정성과 선량한 마음을 갖고 있으면 된다.

미적미적할 필요도 없고 의심할 것도 없이 우리 모두 최대의 공경심을 가지고 진심으로 부처님을 마주하고 상사님을 마주하자. 우리로 하여금 마음을 다하고 힘을 다해《가사》라는 이 책을 인쇄하여 전파하자. 부처님의 사상과 상사님의 자비, 이념, 교시 더불어 어머니 같은 보살핌과 그의 비범한 능력 그리고 가피를 가능한 한 빨리 그대가 아끼는 사람들에게 차례로 전해 주고, 우리가 현세에 알거나 모르는 무시겁 이래의 모든 친인들에게 전달해주자!

《가사》라는 이 책을 인쇄하여 제작하는 것은, 일찍이 죄를 범하고 그 죄의 뿌리가 너무 깊은 사람들, 부모에게 불효하고 장사하면서 저울눈을 속이고 옳지 않은 재물을 욕심내어 가진 사람들에 대해, 그리고 불법을 비방하고 인과를 믿지 않아 악업을 빚어낸 사람들에 대해, 병을 앓고 있는 환자나 심령적으로 상처를 크게 받은 사람들, 건강과 인정을 기대하는 모든 사람들에게 재난을 제거하여 이를 시행하는데 효과적이고 즉시 효험을 볼 수 있는 훌륭한 처방이 될 것이다.

이 시각에 석가모니부처님의 그 자비로운 눈길을 바라보고, 상사님의 그 자애롭고 친절하며 강렬한 눈빛, 그리고 그의 피곤어린 얼굴을 바라볼 때마다 부처님이《무량수경無量壽經》에서 말한 것이 마치 우리의 귓가에 울려 퍼진다.

"여래가 세상에서 나신 것은 만나기도 어렵고 보기도 어렵다. 여러 불경에서는 얻기도 어렵고 듣기도 어렵다고 말했는데……. 이러한 고로 반드시 마음을 오로지 하여 믿어 받아들이며 계속 읽으며 수행하라."

오직 진실로 정성어린 마음을 내야하며, 용감하게 행동하면 그대는 지금 바로 인간 세상의 진정한 보살이다!

좋은 기회와 수승하기는 얻기 어렵지만, 부처님이 이미 우리를 향하여 자비의 손길을 내밀었다.

2004년 12월 10일
푸티 후학 바이이

약사부처님의 열두 가지 큰 소원

■ 첫 번째 큰 소원

내가 내세來世에 아뇩다라삼먁삼보리를 얻을 때에, 스스로 몸을 밝게 불꽃을 태워서 한량없고 헤일 수 없으며 가없는 세계를 비추게 하여 주십시오. 32개의 대장부 상相과 80개의 수형隨形으로 그 몸이 장엄莊嚴하여 모든 유정有情으로 하여금 나와 다름이 없게 되기를 바랍니다.

■ 두 번째 큰 소원

내가 내세에 보리를 얻을 때에, 몸은 유리 같아서 안팎이 밝게 뚫리고 깨끗하여 흠과 때가 없으며, 광명함이 넓고 크고 공덕이 우뚝하며, 몸은 편안한데 머물고, 불꽃의 그물이 장엄하여 해와 달보다 더하게 하며, 어둠 속에 있는 중생衆生들이 모두 열려 알게 되어서 뜻하는 대로 나아가서 여러 사업을 하게 하기를 바랍니다.

■ 세 번째 큰 소원

내가 내세에 보리를 얻을 때에, 한량없고 가없는 지혜의 방편으로 여러 유정有情들로 하여금 모두 다함이 없이 받아 쓸 물건을 얻게 하여 중생들로 하여금 부족하거나 적은 바가 있지 않게 되기를 바랍니다.

■ 네 번째 큰 소원

바라건대 내가 내세에 보리를 얻을 때에, 만약에 여러 유정有情들 가운데 사악한 길을 가는 자가 있다면 모두 보리의 도道 가운데 편안히 살게 하고, 만약에 성문聲聞과 독각獨覺의 수레를 타고 가는 사람이라면 모두 대승大乘으로 편안하게 이를 세우기를 바랍니다.

■ 다섯 번째 큰 소원

내가 내세에 보리를 얻을 때에, 만약에 한량없고 가없는 유정有情이 있어서 나의 법法 속에시 범행梵行을 수행하여 모두가 계율戒律을 빼지 않게 하여 삼취계三聚戒를 갖추게 하시고, 설사 훼손하고 범犯하는 것이 있다 하여도 나의 이름을 듣고 나면 다시 청정함을 얻어서 악한 방향에 떨어지지 않게 되기를 바랍니다.

■ 여섯 번째 큰 소원

내가 내세에 보리를 얻을 때에, 만약에 여러 유정有情이 그 몸의 아래가 열악劣惡하고 여러 뿌리가 갖추어지지 않았으며, 더럽고 누추하며 완고하고 어리석고 눈멀고 귀먹고 벙어리이며, 발은 떨고 곱사등이며 백치이고 지랄하며 미치고 여러 병고를 앓는다고 하여도, 나의 이름을 듣고 나면 모두 단정하고 지혜로워지며 여러 뿌리가 완전히 갖추어져서 여러 질고疾苦가 없기를 바랍니다.

■ 일곱 번째 큰 소원

내가 내세에 보리를 얻을 때에, 만약에 여러 유정有情이 여러 병고가 압박해 오고, 구할 곳도 없고, 돌아갈 곳도 없으며, 의사도 없고, 약도 없으며, 부모도 없고 집도 없고, 가난하고 궁핍하여 고통이 많다면 나의 이름이 한번 그 귀를 지나가도 여러 병이 모두 없어지고, 몸과 마음이 편안하고 즐거우며 가족이 갖추어지고, 모두가 풍족하고 마침내 무상의 보리를 증득證得하는데 이르기를 바랍니다.

■ 여덟 번째 큰 소원

내가 내세에 보리를 얻을 때에, 만약에 여인이 있는데, 여자의 백 가지 악함이 압박하는 바 되어, 싫고 떨어지는 것이 극도로 생겨서 여자의 몸을 버리기를 원한다면, 나의 이름을 듣고 나서 여자가 모두 변하여 남자가 될 수 있어서 장부상丈夫相을 갖추고, 마침내 더 없는 보리를 증득하는데 이르기를 바랍니다.

■ 아홉 번째 큰 소원

내가 내세에 보리를 얻을 때에, 여러 유정有情으로 하여금 마귀의 올가미 그물을 벗어나서 모든 외도外道의 속박에서 벗어나게 하고, 만약에 여러 악한 것에 떨어져서 빽빽한 숲을 보게 되어도 모두 마땅히 이끌림을 받아서 정견正見에 놓여서 점차로 여러 보살행을 닦고 익혀 속히 더 없는 정등正等보살을 증득하기를 바랍니다.

■ 열 번째 큰 소원

내가 내세에 보리를 얻을 때에, 만약에 여러 유정이 왕의 법에 기록되어 오라에 묶이고 채찍을 맞게 되며, 감옥에 갇혀서 혹은 형벌로 죽임을 당하게 되고, 나머지 한량없는 재난과 능욕을 만나서 슬픔과 근심으로 들볶임을 당하며 몸과 마음이 고통을 받더라도 만약에 나의 이름을 들으면 나의 복덕福德과 위신력威身力 때문에 모두 일체의 근심과 고생을 벗어날 수 있기를 바랍니다.

■ 열한 번째 큰 소원

내가 내세에 보리를 얻을 때에, 만약에 여러 유정有情이 주리고 목마른 것이 괴롭힘을 받아, 먹을 것을 구하기 위하여 여러 악업惡業을 지었다고 하여도 나의 이름을 들을 수 있어서 오로지 외우고 받아 지키면 내가 마땅히 먼저 묘한 음식을 올려서 그 몸을 배부르게 하고, 이후에 법法의 맛으로 끝내 편안하고 즐거움을 세우게 되기를 바랍니다.

■ 열두 번째 큰 소원

내가 내세에 보리를 얻을 때에, 만약에 여러 유정有情이 가난하여 의복이 없고, 모기에 물리고 등애에 물리며 춥거나 더워서 밤낮으로 괴로움을 당하여도 만약에 내 이름을 듣고, 오로지 외우고 받아 가지면 바로 그가 좋아 하는 것과 같은 여러 가지 묘한 의복을 얻게 되고, 역시 모든 보배로운 장엄구莊嚴具를 얻으며, 화려한 비녀에 향기를 바르고 북치고 음악하는 여러 재주꾼이 마음에 따라서 노는 바 되어 모두 만족하게 되기를 바랍니다.

이 도서의 국립중앙도서관 출판시도서목록(CIP)은 e-CIP홈페이지(http://www.nl.go.kr/ecip)와 국가자료공동목록시스템(http://www.nl.go.kr/kolisnet)에서 이용하실 수 있습니다.(CIP제어번호: CIP2013003580)

가사

2008년 9월 8일 초판 1쇄 찍음
2017년 6월 18일 개정판 2쇄 찍음
+
지은이   바이이
옮긴이   권중달
펴낸이   성철재
만든이   권희선 문미라
디자인   선영은

펴낸곳   도서출판 삼화
　　　　주소   서울 관악구 남현1길 10, 2층
　　　　홈페이지 www.samhwabook.com
　　　　전화 02)874-8830 팩스 02)888-8899
　　　　등록 제320-2006-50호

ⓒ 도서출판 삼화, 2017, Printed in Seoul Korea
ISBN 978-89-92490-55-9 (03220)

• 값은 뒤표지에 있습니다.
• 파본은 구입하신 서점에서 바꿔드립니다.